Ruth Ingston

E.F. Norton

T. Howard Somervell

Bentley Beetham

E.O. Shebbeare

J.B.L. Noel

Geoffrey Bruce

N.E. Odell

Verschollen am Mount Everest

CONRAD ANKER / DAVID ROBERTS

Verschollen am Mount Everest

Dem Geheimnis von
George Mallory auf der Spur

Aus dem Amerikanischen von Michael Windgassen

WILHELM HEYNE VERLAG
MÜNCHEN

Die Originalausgabe erschien unter dem Titel *The Lost Explorer*
bei Simon & Schuster, New York.

Der Vor- und Nachsatz zeigt die Unterschriften
der Expeditionsmitglieder auf den Mount Everest von 1924.

Umwelthinweis:
Dieses Buch wurde auf chlor- und säurefreiem Papier gedruckt.

Copyright © 1998 by Conrad Anker and David Roberts
Copyright © 1999 der deutschen Ausgabe
by Wilhelm Heyne Verlag GmbH & Co. KG, München
Satz: Gramma GmbH, München
Druck und Bindung: Wiener Verlag, Himberg
Printed in Austria

ISBN 3-453-16538-1

*In Erinnerung
an George Leigh Mallory
und Andrew Irvine*

INHALT

Prolog 9
Snickers und Tee 18
Mon dieu! – George Mallory! 52
Meinungsverschiedenheiten 76
Mallorys Everest 108
Die Rettung 138
Die Zähne im Wind 161
Die zweite Stufe 204
Apotheose 242
Danksagungen 273
Register 276
Bildnachweis 280

PROLOG

Wie wohl die meisten Bergsteiger kannte auch ich schon von Kindesbeinen an die legendären Berichte über George Leigh Mallory und Andrew »Sandy« Irvine. In der langen, vielfältigen Geschichte des Bergsteigens gibt es kaum ein spannenderes und rätselhafteres Kapitel. Als Teenager – auf steinigem Grat im mühsamen Anstieg auf irgendeine windige, unscheinbare Bergspitze im heimischen Colorado – stellte ich mir oft dieses heldenhafte Gespann vor, wie es sich am 8. Juni 1924 dem Gipfel des Mount Everest näherte, sich in bislang unerreichte Höhen emporkämpfte.

Zu diesem Zeitpunkt, zehn Tage vor seinem achtunddreißigsten Geburtstag, galt Mallory als der beste Bergsteiger Großbritanniens. Gutaussehend und charmant, von Freunden und Bewunderern verehrt, hatte er es sich in den Kopf gesetzt, den höchsten Punkt der Erde zu erreichen. Sein Partner Irvine, Student aus Oxford, war mit 22 Jahren als Bergsteiger zwar noch relativ unerfahren, wies sich aber durch sein Streben nach alpinistischen Weihen als perfekter Gefolgsmann aus.

Was der Expeditionsleiter 1925 niederschrieb, trifft

heute nicht weniger zu als damals, denn Mallory ist »der größte Antagonist, den der Everest je hatte – oder haben wird.« Und obwohl er auf ewig im Schatten von Mallorys Ruhm stehen wird, bleibt Irvine, wie es ein anderer Teamgefährte formulierte, der Inbegriff des »geborenen Adepten [...] Er konnte beides, folgen und führen, egal wo.«

Kurz nach Mittag, um 12.50 Uhr des besagten 8. Juni, kletterte Noel Odell zur Unterstützung des Gipfelduos allein in eine Höhe von fast 8000 Meter. Für kurze Zeit öffneten sich die Wolken und gaben einen flüchtigen Blick auf zwei Gestalten weit über ihm frei, Silhouetten vor blauem Himmel, in »zügiger Bewegung« über eine Felsstufe und Eislappen am Nordostgrat hinweg, gut 300 Meter unter dem Gipfel – ein Bild, das als die vielleicht gespenstischste Sichtung in die Annalen der Entdeckungsreisen eingegangen ist. Dann schlossen sich die Wolken wieder, und Mallory und Irvine waren verschwunden.

Mit Ausnahme von Amelia Earhart hat im zwanzigsten Jahrhundert niemand, der verschollen ging, so viele Spekulationen angeregt wie George Mallory. Geheimnisvoll und spannend genug erscheint allein die Frage, was ihm und dem jüngeren Gefährten widerfahren ist und wie die beiden mutigen Männer ihrem Schicksal begegneten. Was aber die Phantasie der nachfolgenden Generationen seither noch stärker beflügelt, ist der Gedanke, daß sie vor ihrem Tod womöglich den Gipfel erreicht hatten – 29 Jahre vor der ersten offiziell anerkannten Besteigung durch Edmund Hillary und Tenzing Norgay. Falls Mallory und Irvine erfolgreich gewesen sind, muß ihnen zugute gehalten werden, die größte bergsteigerische Leistung vollbracht zu haben, die je in Angriff genommen worden ist.

Für mich nahm das Rätsel um Mallory und Irvine, im Alter von 18 Jahren eine sehr persönliche Dimension an. In meinem ersten Semester an der Harvard Universität stieß ich zu dem Kreis derer, die seinerzeit zu den besten Kletterern des Landes gehörten und im Mountaineering-Club der Uni organisiert waren. Unter den sechs oder sieben besonders talentierten und angesehenen Kommilitonen, die bereits so respektable Gipfel wie den Logan, den Waddington oder die Stiletto Needle in Kanada erklommen hatten, war einer, der zunächst zu meinem Helden avancierte, dann mein Mentor wurde – und schließlich Freund und Partner.

Rick Millikan – bärtig, mit verhaltener Stimme, blitzschnell von Begriff, latent rebellisch, brillant an senkrechter Fels- oder Eiswand, im wirklichen Leben hingegen oft verträumt. An einem Wochenende im Herbst führte er mich in den im Staate New York gelegenen Shawangunks auf die für mich bis dahin schwerste und spektakulärste Felsspitze. Im Januar darauf spurte er einen Weg über den vereisten Kamm des Presidential Range in New Hampshire, während ich bei einem minus 35 Grad kalten Gegenwind Anschluß zu halten versuchte.

Irgendwann im Laufe jenes ersten Studienjahrs erfuhr ich, daß Rick der Enkel von George Mallory ist. Er kam 1941 zur Welt und hat seinen berühmten Großvater natürlich nie kennengelernt. Seine Mutter Clare, die älteste der drei Kinder Mallorys, war acht Jahre alt, als ihr Vater verscholl. Sie erinnerte sich noch gut an ihn und machte ihre drei Söhne mit den alten Geschichten vertraut.

Rick und ich wurden Freunde und unterhielten uns häufig über Mallory. Er war überzeugt davon, daß sein Großvater an jenem Junitag den Gipfel erreicht hatte. Zur Begründung für diese Behauptung führte er seine Intuition an. »Die beiden Jungs waren gut«, sagte er. »Die wußten genau, was sie da oben taten.«

Ricks anderer Großvater war Robert Millikan, dem für die von ihm entwickelte Öltröpfchenmethode 1923 der Nobelpreis für Physik zuerkannt wurde. Clare hatte dessen Sohn Glenn geheiratet, der 1947 in den Great Smoky Mountains von Tennessee vor ihren Augen tödlich verunglückte. Ich kenne von dieser Katastrophe nur ein paar dürre Fakten: Ricks Vater war infolge einer unglücklichen Verkettung geringfügiger Fehleinschätzungen an einer kleinen Steilwand von einem herabfallenden Stein getroffen worden und auf der Stelle tot. Mit meinen zwanzig Jahren war ich zu schüchtern und unbeholfen, Rick darüber auszufragen, wie es zu diesem Unfall hatte kommen können. Er war damals noch jünger als seine Mutter zu dem Zeitpunkt, als sie ihren Vater verlor.

Um so erstaunlicher fand ich, daß Clare trotz dieser doppelten Bergsteiger-Tragödie in ihrer Familie die gefährliche Leidenschaft ihrer Söhne nicht nur tolerierte – sie hatte ihnen sogar das Klettern beigebracht und sie aus vollem Herzen dazu ermutigt. Als ich Rick einmal in Berkeley besuchte, lernte ich Clare kennen. Sie machte auf mich den Eindruck einer klassischen Exzentrikerin. Als Quäkerin setzte sie sich vehement für den Weltfrieden ein, vertrat, ohne ein Blatt vor den Mund zu nehmen, liberalistische Thesen und war in dem ohnehin schrillen Berkeley der späten sechziger Jahre ein echter Bohemien.

Während meiner ersten Alaska-Expedition, die 1963 zur Wickersham Wall des Mount McKinley führte, wurden Rick und ich zusammen mit fünf weiteren Gefährten als vermißt gemeldet. Man fürchtete schon, daß wir tot seien (unser Pilot hatte durch eine Wolkenlücke unsere Spur ausgemacht, die in einem Chaos aus Lawinenabgängen endete). Vier Tage lang galten wir als verschollen. In Interviews verliehen unsere Eltern ihren Ängsten und ihrer verzweifelten Hoffnung Ausdruck. Nur Clare blieb resolut und skeptisch, sie gab wörtlich zu Protokoll: »Unsinn. Die Jungs wissen, was sie tun.«

Drei Jahre später, an einem Septembernachmittag in den Kichatha Spires, als Rick und ich uns bis auf zwölf Meter einem bislang unbezwungenen, namenlosen Gipfel genähert hatten, ging unter unseren Füßen eine Felsplatte ab. Hilflos rutschten wir auf eine tödliche Kante zu. Uns blieb noch Zeit, den freien Fall in die Tiefe zu antizipieren – eine Vorstellung, die wie eine Urahnung vermutlich im Unbewußten eines jeden Bergsteigers verwurzelt ist –, als wir nach gut 100 Metern auf wundersame Weise kurz vor dem Abgrund abgebremst wurden.

Ich weiß nicht, ob – und falls ja, *wie* – Rick seiner Mutter von diesem Beinaheabsturz berichtet hat. Jedenfalls machten wir uns schon im nächsten Sommer erneut auf den Weg nach Alaska, um eine unerforschte Berggruppe kennenzulernen, der wir den

Namen Revelation Mountains gaben. Diesmal begleitete uns Ricks älterer Bruder George, mit dem ich bis dato noch nie geklettert war. (George war noch zerstreuter als Rick – im Graduiertenkolleg hatte er einmal einen Dozenten aus Versehen in eine begehbare Vogelvoliere eingesperrt.)

52 Tage lang trotzen wir dem scheußlichsten Wetter, das die Bergwelt von Alaska zu bieten hat. Erst vor kurzem erfuhr ich, daß Clare in jenem Sommer schließlich auch von den Ängsten befallen wurde, die alle Eltern kennen. Nächtelang fand sie keinen Schlaf, und als wir Ende August wieder auftauchten, ließ sie sich von Rick und George versprechen, wenigstens nie mehr gemeinsam in den Revelations zu klettern.

Doch die Brüder Millikan hatten ihr Versprechen natürlich vergessen, kaum daß sie einen Gletscher sahen und die Mutter außer Sichtweite war. Eines Tages versuchten George und Rick einen wunderschönen Gipfel zu erstürmen, den wir Angel getauft hatten. Auf einem fast horizontalen Grat über steilen Felsabbrüchen und Eishängen kamen sie rasch voran. Zur Nacht richteten sie sich in einem winzigen Biwak auf einer luftigen Platte rund 300 Meter unter dem Gipfel ein. Es regnete. Aus dem Regen wurde Schneeregen und schließlich Schnee, getrieben von stürmischen Winden. Übermüdet und unterkühlt mußten sie am nächsten Tag umkehren und sich unter übelsten äußeren Bedingungen – Rauhreif und glitschigem Granit – abseilen. Demselben Sturm sollten 150 Meilen nordöstlich sieben Bergsteiger, die sich auf dem Wilcox-Plateau hoch über Denali festgestiegen hatten, zum Opfer fallen.

Als im vergangenen Mai die sensationelle Nachricht vom Fund der Leiche Mallorys am Everest in einer Höhe von über 8200 Metern bekannt wurde, meldete ich mich nach langer Zeit wieder bei Rick, und George und Clare. Rick war aufgrund der Details, die veröffentlicht wurden, fester denn je davon überzeugt, daß Mallory den höchsten Punkt der Welt erreicht hatte, ehe er starb. Clare, inzwischen 83 Jahre alt, hatte anderes im Sinn. »Im ersten Moment habe ich kaum etwas dabei empfunden«, sagte sie mir. »Ich wußte nur, daß der Körper meines Vaters sehr weit von seiner Seele entfernt war. In den Wochen danach habe ich aber immer mehr darüber nachdenken müssen. Ich wollte wissen, wie er ums Leben gekommen ist. Friedlich, wie in Meditation versunken, oder verkrampft in Agonie? Ich dachte: Wäre ich doch dabeigewesen, um ihm Beistand leisten zu können! Wie auch immer, ich wünschte, er wäre nicht gefunden worden. Ich wünschte, man hätte ihn in Frieden gelassen.«

Nachdem ich mich so viele Jahrzehnte mit Mallory beschäftigt hatte, hatte ich das Gefühl, ihn gewissermaßen selbst zu kennen. Doch als ich mich in einem Artikel des *National Geographic Adventure* über die Entdeckung informierte, machte ich plötzlich mit einem Mann und Bergsteiger Bekanntschaft, der noch charismatischer, geheimnisvoller und bemerkenswerter war als die mythische Gestalt, die ich im Kopf hatte. Und als ich die Expeditionsteilnehmer aufsuchte, die im vergangenen Frühjahr in der Absicht aufgebrochen waren, das Rätsel um Mallory und Irvine zu lösen – ich hätte es zuvor kaum für möglich gehalten, daß sie von der Expedition im

Jahre 1924 überhaupt etwas finden, geschweige denn Mallorys sterbliche Überreste –, traf ich auf ein eingeschworenes Team aus starken, kompetenten Bergsteigern, die unserem gefährlichen Sport alle Ehre machen.

In dieser Gruppe sticht vor allem Conrad Anker hervor. Er ist einer der weltbesten Bergsteiger mit einer erstaunlichen Liste an Erstbesteigungen, hat es aber irgendwie geschafft, dem Riesenrummel um kletternde Superstars zu entfliehen. Statt dessen macht er einen geradezu bescheidenen Eindruck und hört den Sorgen und Nöten anderer ebenso aufmerksam zu wie den Sirenengesängen seiner eigenen Ambitionen. Die buddhistische Weltanschauung, die ihn zu seinen Wanderungen im Himalaja veranlaßt hat, und von der er tief durchdrungen ist, verleiht ihm innere Ruhe. Diese unerschütterliche Festigkeit, das sichere Gefühl für das, was sein Selbst ausmacht, kommt auch zwischen den Zeilen jener Artikel zum Ausdruck, die Conrad gelegentlich für das *American Alpine Journal* verfaßt – exklusive Berichte über einige der kühnsten Bergtouren, die je unternommen worden sind. Seine Prosa in diesen stilistisch einwandfreien, aber zur Untertreibung neigenden Artikeln entspricht der eines Gelehrten, der für eine Leserschaft aus Gleichgesinnten schreibt.

Im Zuge unserer Zusammenarbeit an diesem Buch drängte sich mir immer mehr der Eindruck auf, daß Conrad Anker und George Mallory gewissermaßen aus demselben Holz geschnitzt waren. Und es wurde deutlich, daß Conrad eine ungemein spannende Geschichte über »Everest '99« zu erzählen hat – nicht bloß einen Beitrag für den offiziellen Expeditionsbericht über die große Leistung eines starken Teams, sondern eine eigene Geschichte über Mallory und den Berg.

Auf den folgenden Seiten ist die Suche eines Bergsteigers geschildert, der im Mai 1999 – unter Aufbietung all seiner Fähigkeiten und Instinkte, die sich ihm in zahllosen Extrempartien sozusagen in die Fingerkuppen eingeschnitten haben – fast im Alleingang mehr Erkenntnisse über das Rätsel um Mallory und Irvine vom Everest einholen konnte als sämtliche Forscher und Theoretiker in den 75 Jahren zuvor. Mit unserem Bericht versuchen wir zudem, im Rahmen der retrospektiven und evaluativen Möglichkeiten Mallory, den verschollenen Visionär, auch als Person neu zu entdecken, als Mensch, dessen Leistung nun endlich gewürdigt werden kann.

SNICKERS UND TEE

CONRAD ANKER:

Ich hatte mich gesetzt, um die Steigeisen abzunehmen, weil ohne sie die Traverse über das vor mir liegende Felsband leichter sein würde. Ich trank einen Schluck – ein kohlenhydrathaltiges Getränk aus der Wasserflasche – und steckte mir einen Hustenbonbon in den Mund. In dieser Höhe sollte man die Kehle stets feucht halten.

Ich schaute in die Weite. Im Süden und Westen war Nepal zu sehen, voller zackiger Spitzen bis hin zum Horizont. Im Norden erstreckte sich das große tibetische Hochland vor mir, braun und gewellt, soweit das Auge reichte. Der Wind frischte auf, und weiter unten, im Windschatten kleinerer Gipfel, bildeten sich dünne Wolken.

Plötzlich überkam mich ein starkes Gefühl, die Ahnung, daß etwas geschehen würde. Etwas Gutes. Für gewöhnlich bin ich einfach nur zufrieden, wenn der Anstieg problemlos verläuft, doch in jenem Moment war ich richtig glücklich. Ich befand mich an einem guten Ort.

Es war 11.45 Uhr, am 1. Mai 1999. Wir waren in die

Nordflanke des Everest gestiegen, gut 8200 Meter hoch. Die anderen vier hatten sich auf dem Hang schräg über mir verteilt. Sie waren in Sicht, aber zu weit entfernt, als daß wir uns hätten etwas zurufen können. Wir konnten uns nur über Funk verständigen.

Ich schnallte die Steigeisen aufs Gepäck, stand auf, schulterte den Rucksack und machte mich auf den Weg über eine schmale Verschneidung. Plötzlich fiel mir am linken Blickfeldrand ein blaugelber Fetzen auf, der hinter einem Stein klemmte und im Wind flatterte. Ich beschloß, ihn mir einmal anzusehen, denn uns interessierte all das besonders, was nicht zur natürlichen Umgebung gehörte.

Von nahem betrachtet, sah der Fetzen wie ein Stück Zeltwand aus, das sich, vom Wind herbeigeweht, an diesem Stein verfangen hatte. Modernes Material, Nylon. Überraschen konnte so etwas nicht – am Everest sind schon viele Zelte zurückgelassen worden, die im Laufe der Jahre vom Wind zerfetzt werden.

Aufmerksam ließ ich den Blick rechts und links über den Hang streifen. Ich trug meine geschliffene Sonnenbrille und konnte gut sehen. In etwa 30 Metern Entfernung entdeckte ich zur Rechten einen hellen Fleck. Aufgrund der Farbe war mir auf Anhieb klar, daß es damit etwas Besonderes auf sich haben mußte. Es war nicht das strahlende Weiß von sonnenbeschienenem Schnee, es war auch nicht das Weiß von Quartz- oder Kalkgestein, auf das man an der Nordflanke des Everest gelegentlich stößt. Dazu war es zu matt; es absorbierte Licht, wie Marmor.

Ich ging näher heran und traute meinen Augen

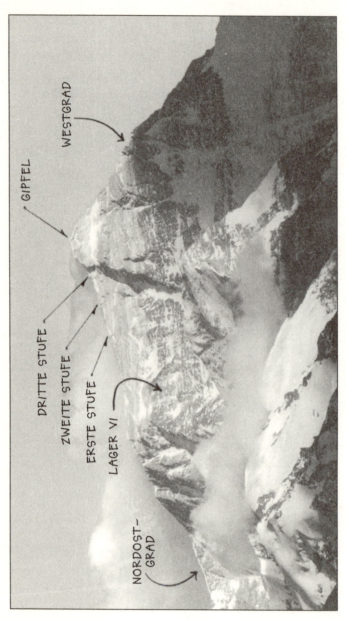

Die Nordwand des Mount Everest

kaum, denn was mir als erstes auffiel, war ein nackter Fuß, der in die Luft ragte, die Ferse nach oben, die Zehen nach unten gerichtet.

Ich hatte einen menschlichen Leichnam gefunden.

Als ich noch näher trat, erkannte ich an den Kleiderresten, daß es sich nicht um die Leiche eines Bergsteigers aus jüngerer Zeit handeln konnte.

Es dauerte eine Weile, bis ich begriff. Wie in Zeitlupe bewegten sich meine Gedanken. *Träume ich?* fragte ich mich. *Bin ich wirklich bei Sinnen?* Aber dann dachte ich: *Deswegen sind wir doch gekommen. Danach haben wir gesucht. Das ist Sandy Irvine.*

Da alle, die sich am Berg aufhielten, unseren Funkverkehr abhören konnten, hatten wir uns für unsere Suchaktion eine Reihe kodierter Meldungen ausgedacht. Wir wollten verhindern, daß, falls wir etwas fänden, irgendeine andere Expedition mit der Nachricht an die Weltöffentlichkeit treten würde.

»Boulder« (Felsblock; klettern) war das Codewort für »body« (Leichnam). Ich setzte mich auf den Rucksack, nahm das Funkgerät zur Hand und meldete: »Last time I went bouldering in my hobnails, I fell off.« (Als ich das letzte Mal frei geklettert bin, wäre ich fast abgestürzt.) Das Wort »hobnails« flocht ich mit ein, weil der rechte Fuß des Toten in einem solchen nagelbeschlagenen Schuh steckte – ein untrüglicher Hinweis auf sein Alter, da diese Schuhe spätestens in den vierziger Jahren aus der Mode gekommen waren.

Wir trugen unsere Funkgeräte tief in der Innentasche, weshalb nicht jeder aus dem Team meine Nachricht hörte. Von den vieren, die mit mir unterwegs waren, schnappte nur Jake Norton einen Teil davon auf, nämlich das Wort »hobnails«. Ich konnte ihn sehen: knapp 20 Meter höher und ein ganzes Stück weit östlich. Jake setzte sich, kramte sein Funkgerät hervor und fragte: »Was war das, Conrad?«

»Komm mal runter«, antwortete ich. Er schaute in meine Richtung, also winkte ich ihm mit dem Skistock zu, den ich in diesen Höhen immer bei mir trage. »Auf 'ne Runde Snickers und Tee.«

Jake wußte jetzt, daß ich einen wichtigen Fund gemacht hatte, aber die anderen waren immer noch ahnungslos. Er versuchte, sie auf sich aufmerksam zu machen, indem er ihnen zurief und mit der Hand winkte. Vergeblich. In Höhen über 8000 Meter zieht man sich immer in eine Art persönliches Schneckenhaus zurück, und die übrige Welt nimmt irreale Züge an. Also funkte ich ein zweites Mal und schlug dabei einen etwas schärferen Ton an: »Ich verlange, daß wir uns sofort treffen.«

Das Terrain, in dem wir suchten, war ziemlich heikel, voller steiler Schieferplatten, die zum Teil mit einer dünnen Schneeschicht bedeckt waren. Wenn man an der falschen Stelle ausrutschte, hätte es einen bis hinunter auf den 2000 Meter tiefer gelegenen Rongbuk-Gletscher geschleudert. Es dauerte also eine Weile, bis sich die anderen bei mir eingefunden hatten.

Unterdessen durchwühlte ich mein Gepäck nach der Kamera. Ich war mir sicher, sie am Morgen in Lager V eingepackt zu haben. Allerdings besaß ich zwei sehr ähnlich aussehende Stoffbeutel, und es stellte sich heraus, daß ich versehentlich den mit den

Ersatzbatterien eingesteckt hatte. Ich war ohne Kamera unterwegs. *Sei's drum*, dachte ich. *Wenn ich eine dabei gehabt hätte, wäre ich womöglich achtlos an der Leiche vorbeigegangen.* Das ist nun mal häufig so.

Als ich später einem Freund davon berichtete, empfahl er mir die Lektüre von Faulkners Novelle »Der Bär«. Ich las sie und erkannte die Analogie: Die besten Jäger aus den weiten Wäldern Mississippis bekommen Old Ben, den riesigen, sagenhaften Bären, der seit Jahren den Bauern das Vieh stiehlt, trotz intensiver Suche kein einziges Mal zu Gesicht. Erst als Ike McCaslin alles aufgibt, worauf er sich bislang verlassen hat – er legt nicht nur das Gewehr ab, sondern auch Kompaß und Uhr –, und sich im Wald verirrt, erweist ihm Old Ben die Ehre und zeigt sich auf einer Lichtung. »Er trat nicht heraus, in Erscheinung: Er war einfach da, unbeweglich, gebannt unter der grünen und sonnenfleckigen heißen Windstille des Mittags [...]«

Während ich, auf dem Rucksack sitzend, auf die anderen wartete, überkam mich ein Gefühl von Ehrfurcht und Respekt für den toten Mann, der da vor mir ausgestreckt lag – auf dem Gesicht, den Kopf zum Berg hin, festgefroren im Felsschutt. Ein Haarbüschel lugte unter dem Rand der ledernen Pilotenkappe hervor, die er auf dem Kopf trug. Die Arme waren ein wenig angehoben, die Finger steckten im Schotter, als suchten sie Halt. Möglich, daß er noch lebte, als er so zu liegen kam. Die Hände waren ungeschützt – ein Umstand, der mir später einiges Kopfzerbrechen bereitete. Ich zog meine Handschuhe aus, um meine Hände mit seinen zu vergleichen. Ich habe kurze, kräftige Finger, seine waren lang und dünn, zudem braungebrannt, wahrscheinlich aufgrund des wochenlangen Trecks von Darjeeling über die Pässe im Himalaja bis hierher.

Über die Jahrzehnte hatte der Wind die Kleidung zerrissen und den größten Teil des Rückens freigelegt. Der Körper war auf natürliche Weise mumifiziert. Der helle Fleck, den ich aus 30 Metern Entfernung entdeckt hatte, war die nackte, vollkommen intakte Rückenhaut. Kaum zu glauben, aber wahr: Man konnte noch die kräftigen, ausgeprägten Muskeln im Schulter- und Rückenbereich erkennen sowie die blaue Verfärbung der Prellungen.

An Schultern und Oberarmen hingen noch Überreste der in sieben oder acht Lagen übereinander getragenen Kleidungsstücke – Hemden, Pullover und Jacken aus Wolle, Baumwolle und Seide. Um die Hüfte war ein weißes, geflochtenes Seil geschlungen, zirka einen Zentimeter dick und sehr viel weniger reißfest als die heute gebräuchlichen Seile. Es war um die linke Schulter gewickelt, noch etwa drei Meter lang und an der Bruchstelle zerfranst. Irvine war also mit seinem Partner verbunden gewesen und dann tief abgestürzt. Entweder war das Seil beim Sturz gerissen oder bei dem Versuch des Partners, ihn über eine scharfe Kante hinweg zu sichern.

Der rechte Ellbogen schien aus dem Gelenk gesprungen oder gebrochen zu sein. Sehr verrenkt steckte er im Schotter. Das rechte Schulterblatt war ein wenig entstellt. Und an den Rippen über der rechten Hüfte ließ sich noch die blau angelaufene Quetschung erkennen, die wahrscheinlich vom Seil herrührte, das den fallenden Körper ruckartig abgebremst hatte.

Der rechte Unterschenkel war an Schien- und Wadenbein mehrfach gebrochen und auf groteske Weise abgewinkelt. Offene Frakturen gab es nicht – an keiner Stelle staken Knochen durch die Haut. Allem Anschein nach war die rechte Körperhälfte am stärksten in Mitleidenschaft gezogen worden, und es sah so aus, als hätte der Sterbende das linke über das rechte Bein gelegt, um es möglicherweise vor weiteren Verletzungen zu schützen. Der linke Schuh war entweder beim Sturz verlorengegangen oder verwittert und zerfallen. Übriggeblieben war nur die Lasche dieses Schuhs. Sie klemmte zwischen den nackten Zehen des linken Fußes und dem Absatz des rechten Schuhs.

Goraks – die großen Rabenvögel des hohen Himalaja – hatten die rechte Gesäßhälfte weggefressen und ein so großes Loch aufgerissen, daß eins der Tiere hätte hindurchschlüpfen können. Durch diese Öffnung hatten die Goraks einen Großteil der inneren Organe hervorgezerrt und so den Torso weitgehend ausgehöhlt.

Mir fiel auf, daß die unter der aufgeplatzten Haut freiliegende Muskulatur des linken Beins fasrig und ausgetrocknet war. Darüber hatten sich die Goraks aus irgendeinem Grund nicht hergemacht.

15 oder 20 Minuten später kam Jake Norton bei mir an, und kurz darauf die anderen: zuerst Tap Richards, dann Andy Politz, schließlich Dave Hahn. Sie sagten nicht viel, sondern murmelten nur: »Wow, gratuliere, Conrad«, und »Das ist bestimmt Sandy Irvine.« Dave gestand später: »Mir kamen vor Ergriffenheit die Tränen«, und Tap bemerkte: »Ich war ziemlich durch den Wind. Es sah wie eine griechi-

sche oder römische Marmorstatue aus, dabei war es ein toter Mensch.«

Sie machten Fotos und ein paar Videoaufnahmen, und wir betrachteten einige Details mit besonderer Aufmerksamkeit. Anfänglich scheuten wir davor zurück, die Leiche zu berühren. Den Mut dazu brachten wir erst nach etwa einer halben Stunde auf. Uns war klar, daß wir Mallory oder Irvine gefunden hatten, und wir wollten die Bergung so professionell wie unter den gegebenen Umständen möglich durchführen, damit das Geheimnis um das Schicksal dieser beiden Männer gelüftet werden konnte. Wir hatten uns sogar von ihren Familien die Erlaubnis geben lassen, den Toten, falls wir sie finden würden, Gewebeproben zur DNA-Analyse entnehmen zu dürfen.

Tap und Jake trugen die Hauptlast der Bergungsarbeit. Wir beschlossen, kleine Stücke aus der Kleidung zu schneiden und sie im Basislager untersuchen zu lassen. Als Jake sich am Kragen eines der Hemden zu schaffen machte, fand er ein aufgenähtes Namensetikett. Darauf stand zu lesen: »G. Mallory.« Jake schaute uns an und sagte: »Komisch. Wieso trägt Irvine ein Hemd von Mallory?«

DAVID ROBERTS:

Irgendwann am Morgen des 8. Juni 1924 brachen George Mallory und Sandy Irvine vom 8170 Meter hoch am Nordostgrat gelegenen Lager VI auf. Tags zuvor hatten Träger, die das Lager mit Ausrüstungsgegenständen und Lebensmitteln versorgten, eine Nachricht von Mallory an John Noel, den Kameramann der Expedition, nach unten ins Lager III gebracht, das gut 1500 Meter tiefer lag.

Lieber Noel,
wir werden morgen (am 8.) wahrscheinlich schon früh aufbrechen, um das klare Wetter auszunutzen. Gegen 8.0 p.m. kannst Du nach uns Ausschau halten; entweder überqueren wir dann das Felsband unter der Pyramide oder steigen den Gipfelgrat hoch.
Immer Dein
G. Mallory

Noel hatte ein 600-Millimeter-Objektiv, das die Expeditionsmitglieder auch als Teleskop verwendeten, um die Bewegungen ihrer Gefährten hoch oben am Berg zu verfolgen. Später haben alle Kommentatoren Mallorys »8.0 p.m.« (20.00 Uhr) für einen Schreibfehler gehalten und vermutet, daß er acht Uhr morgens im Sinn gehabt hatte. In dem Fall wäre Mallorys Zeitschätzung allerdings sehr optimistisch gewesen, denn es war in jener Frühzeit der Himalaja-Expeditionen sehr ungewöhnlich, daß die Bergsteiger von einem hochgelegenen Lager aus schon vor 6.30 Uhr aufbrachen.

Die Expedition von 1924 war der dritte Versuch am höchsten Berg der Welt. Er folgte einer gründlichen Erkundung im Jahre 1921 und einem tollkühnen Angriff im Jahr darauf. Mallory hatte als einziger an allen drei (britischen) Expeditionen teilgenommen. Das Wetter war in jenem Mai 1924 jedoch außergewöhnlich schlecht. Es verwehrte diesem so tüchtigen Team um Mallory sogar die Möglichkeit, sich in eine für einen Gipfelvorstoß günstige Ausgangsposition zu versetzen. Die Teepflanzer in Darjeeling bestätigten später, daß es seit mindestens 20 Jahren zu dieser Jahreszeit kein solches Wetter gegeben hatte.

Als schon alle Hoffnungen aufgegeben waren, hatte der Berg jedoch ein Erbarmen mit den Bergsteigern und schenkte ihnen über mehrere Tage schönes Wetter, obwohl der Beginn der Monsunzeit anstand, die den Himalaja vier Monate lang mit einem Miasma aus Schnee überziehen würde.

Als Mallory und Irvine ihr Leinwandzelt verschlossen und anschließend über den windumtosten Grat stiegen, waren sie voller Erwartung. Erst vier Tage zuvor hatte ihr Teamgefährte E. F. »Teddy« Norton in einer bewundernswerten Anstrengung eine bis dahin unerreichte Höhe von 8574 Meter erstiegen, ehe er, nur 270 Meter unter dem Gipfel, zur Umkehr gezwungen wurde. Er hatte diesen waghalsigen Versuch ohne Sauerstoffflaschen unternommen. Mallory und Irvine nahmen diese Atemhilfe jedoch in Anspruch. Obwohl Mallory zunächst skeptisch war, was den Nutzen von Sauerstoff anging, hatte er während der Expedition von 1922 aus eigener Erfahrung gelernt, daß sein Einsatz den Bergsteiger in extremen Höhen doppelt so schnell vorankommen ließ.

Wie schon bei den beiden vorausgegangenen Expeditionen hatte sich Mallory auch in dem 1924 unternommenen Versuch als der beste und ambitionierteste Bergsteiger seines Teams erwiesen. Den Everest zu bezwingen war für ihn mittlerweile zur fixen Idee geworden. Sechs Wochen zuvor, auf der Anreise zum Everest, schrieb er in Chiblong einen Brief an seine Frau Ruth. An einer Stelle heißt es: »Es ist kein Denken daran [...], daß ich den Gipfel nicht erreiche; ich kann mir nicht vorstellen, geschlagen umzukehren.«

Mallorys Hybris schien seinen 22jährigen Gefährten alles andere als entmutigt zu haben. Vier Tage vor seinem eigenen Versuch und während er auf den Ausgang des kühnen Vorstoßes von Teddy Norton und Howard Somervell wartete, schrieb Irvine in sein Tagebuch: »Ich hoffe, sie haben es geschafft; aber, bei Gott, ich hätt's lieber selbst gepackt.«

Man hat sich oft gefragt, warum Mallory für seinen zweiten Versuch Irvine zum Partner genommen hat und nicht etwa den sehr viel erfahreneren Noel Odell – zumal der sich in allerbester Form befand, weil er erst eine Woche zuvor in extremer Höhe gewesen war. Irvine hingegen hatte sehr wenig Klettererfahrung und konnte nur mit einem Erkundungsausflug nach Spitzbergen aufwarten. (In einem Brief an Ruth äußerte Mallory leise Bedenken: »Ich wünschte, er hätte eine Saison in den Alpen verbracht.«) Der Oxford-Student bewies jedoch am Everest, daß er zäher war als mancher der anderen, erprobten Gefährten. Er war fleißig, ohne zu murren, und ein sehr angenehmer Begleiter. Außerdem war er ein kleines Genie in Sachen Technik: Unterwegs hatte er das Sauerstoffgerät auseinandergenommen und zu einer handlicheren, besser funktionierenden Version zusammengebaut. Und weil Sauerstoff der Schlüssel zu Mallorys Ansturm auf den Gipfel sein sollte, machte es also durchaus Sinn, Irvine als Partner mitzunehmen.

Am 8. Mai 1924 war von dem übrigen Team nur Odell hoch am Berg. Er stieg zur Unterstützung des Gipfelduos über Umwege allein in der Nordwand zum Lager VI auf. Als Geologe hielt er zudem ständig Ausschau nach interessanten Gesteinsformationen. Gegen Mittag befand er sich in seinem ganz persönlichen Himmel, denn hier, an einem der kargsten Orte der Welt, entdeckte er die ersten Fossilien, die je am Everest gefunden worden sind.

Als er um 12.50 Uhr in 7920 Meter Höhe einen kleinen Felsvorsprung erklomm, riß die Wolkendecke auf. Blinzelnd schaute er auf und bekam für einen kurzen Moment ein Bild zu Gesicht, das in den folgenden Jahren unter Everest-Begeisterten sehr viel Aufsehen erregt hat. Odell berichtete später:

> Ich sah den gesamten Gipfelgrat und -aufbau des Everest unverhüllt. Weit entfernt auf einer Schneeflanke – die zu der offenbar vorletzten Stufe zum Sockel der Gipfelpyramide führte – war eine winzige Gestalt zu erkennen, die sich auf diese Felsstufe zubewegte, gefolgt von einer zweiten Gestalt […] Mir fiel auf, daß sie sich recht zügig bewegten, wie um Zeit gutzumachen.

Dann schlossen sich die Wolken wieder. Odell stieg zum Lager VI auf, wo Teile der Sauerstoffausrüstung im Zelt verstreut lagen, was ihn irritiert vermuten ließ, daß Irvine in aller Eile Änderungen an den Geräten vorzunehmen versucht hatte. Und noch etwas beunruhigte Odell: Es war fast ein Uhr mittags gewesen, als er die Freunde – noch ein gutes Stück unterhalb der Gipfelpyramide – gesehen hatte, also rund fünf Stunden später als Mallorys optimistische Vorhersage.

Am Nachmittag klarte es erneut auf, und der obere Grat leuchtete in der Sonne. Doch von den beiden konnte Odell nun keine Spur mehr erkennen. Er kletterte ungefähr 60 Meter über das Lager hinaus, pfiff und johlte in der Hoffnung, daß sie auf dem Abstieg waren und ihn hören konnten, machte dann aber schweren Herzens kehrt, so wie Mallory es verlangt hatte, denn das kleine Zelt im Lager VI war für drei Männer nicht groß genug.

Innerhalb der nächsten beiden Tage stieg Odell ins Lager V hinab und dann wieder den ganzen Weg hinauf ins Lager VI – eine erstaunliche Leistung. Als er dort oben das Zelt genauso vorfand, wie er es am 8. Mai verlassen hatte, sah er seine schlimmsten Befürchtungen bestätigt. Er legte zwei Schlafsäcke auf dem Schnee in T-Form aus und gab damit einem Teamgefährten, der ihn von weiter unten beobachtete, zu verstehen, daß keine Hoffnung mehr bestand.

In den 75 Jahren nach dem Rückzug der Expedition von 1924 wurde nur wenig mehr ausfindig gemacht, was Licht in das Geheimnis um Mallorys und Irvines Schicksal gebracht hätte – im Grunde bloß zwei Hinweise, die jedoch genauso unergiebig waren wie Odells Sichtung der zwei Silhouetten auf dem hohen Grat. Auf der ersten Everest-Expedition nach der von Mallory fand Percy Wyn Harris 1933 einen Eispickel, knapp 80 Meter von der Stelle entfernt, die inzwischen mit Erste Stufe bezeichnet wurde – also deutlich tiefer als jener Punkt, an dem Odell seine Teamgefährten um 12.50 Uhr gesichtet hatte. Der Pickel hatte offenbar entweder Mallory oder Irvine gehört, ließ aber ansonsten alle Fragen offen. War er einem von beiden abhanden gekommen? Oder hatte man ihn absichtlich abgelegt, weil er auf dem hauptsächlich felsigen Gelände nur behindert hätte? Oder markierte er womöglich den Ort des tödlichen Absturzes, da einer der beiden – vielleicht schon auf dem Rückweg – den Pickel fallen ließ bei dem vergeblichen Versuch, den Partner zu sichern?

Von 1938, dem Jahr der letzten britischen Expedition vor dem Krieg, bis 1960, als die Chinesen die erste Everest-Besteigung von Norden aus meldeten, blieb die tibetische Seite des Berges für ausländische Expeditionen verschlossen. Den Zugang über »seine Provinz« Tibet erlaubte China erst wieder 1979. In diesem Jahr kam ein zweiter Hinweis auf Mallorys und Irvines Tod zum Vorschein.

Ryoten Hasegawa, der Leiter einer sino-japanischen Expedition, berichtete von einem Gespräch mit Wang Hongbao, einem der chinesischen Mitglieder. Der Mann hatte behauptet, vier Jahre zuvor, also 1975 während des zweiten chinesischen Vorstoßes auf den Everest, von Lager VI aus in 8230 Meter Höhe zu einem kleinen Alleingang aufgebrochen und 20 Minuten später auf die Leiche eines abgestürzten Bergsteigers gestoßen zu sein. Es sei, so beteuerte Wang, »an old English dead« gewesen. Seine Kleider seien zu Staub verfallen und vom Wind verweht worden. Er habe auf der Seite gelegen, und eine Wange sei von Goraks weggepickt worden.

Das Gespräch zwischen Hasegawa und Wang wurde in einem sprachlichen Durcheinander aus Japanisch und Chinesisch geführt. Hasegawa fragte, ob es sich bei dem Toten nicht vielleicht auch um einen Russen gehandelt haben könnte, und zwar von jener Expedition, die – so wurde lange Zeit gemunkelt, inzwischen aber widerlegt – 1952 einen heimlichen Vorstoß unternommen haben soll, dem angeblich sechs Bergsteiger zum Opfer fielen. Doch Wang verneinte entschieden und wiederholte: »English, English!«

Hasegawa erkannte, daß die Leiche sehr wohl die von Mallory oder Irvine sein mochte. Aber nur einen Tag nach dieser Entdeckung, und ehe er mehr dazu hätte sagen können, kam Wang unter einer Lawine ums Leben.

Während der vergangenen zwei Jahrzehnte haben Dutzende von Expeditionen den Everest von der Nordseite aus zu bezwingen versucht. Alle Teilnehmer hielten Ausschau nach Hinweisen auf die verschollenen Bergsteiger, konnten aber nichts finden. Der amerikanische Alpinismus-Historiker Tom Holzel verbohrte sich in dieses Rätsel. Nach ausführlichen Recherchen grenzte er das Suchgebiet auf ein großes Rechteck an der Nordwand ein, unterhalb des Grates, den Mallory und Irvine überquert hatten. 1986 stellte Holzel eine Expedition zusammen, die sich erstmalig eine systematische Suche zum Ziel setzte. Das Team bestand aus so versierten Bergsteigern wie David Breashears, Sue Giller und Dave Cheesmond, doch widriges Wetter hinderte sie, höher hinaus zu steigen als 7950 Meter, womit sie rund 300 Meter unter dem von Holzel festgelegten Suchareal blieben. (Im nachhinein ist es kaum verwunderlich, daß diese im Herbst durchgeführte Expedition wegen der gewaltigen Schneemassen aus der unmittelbar vorausgegangenen Monsunzeit unweigerlich scheitern mußte.)

Zuvor hatte Holzel alle Forschungsergebnisse zu einer gewagten Hypothese zusammengefaßt und im abschließenden Kapitel seines zusammen mit Audrey Salkeld verfaßten Buches *First on Everest: The Mystery of Mallory & Irvine* dargelegt. Holzel nimmt an, daß Mallory und Irvine schon ein gutes Stück unterhalb des Gipfels erkannt hatten, daß der Sauerstoff aus ihren Flaschen nicht ausreichen würde. Irvine war nach Holzels Einschätzung deutlich schwächer gewesen als Mallory und hatte sich womöglich von der für ihn unvergleichlichen und übergroßen Herausforderung einschüchtern lassen mit dem Ergebnis – so die Behauptung –, daß er das verbleibende Gas an den Partner abgetreten habe und wieder abgestiegen sei, während Mallory einen Alleingang zum Gipfel versucht habe.

Überzeugt von der Gültigkeit seiner Vermutungen, schreibt Holzel im Stil eines Tatsachenberichts:

> Nachdem sie sich gegen ein Uhr getrennt hatten, erstieg Mallory sehr schnell die Gipfelpyramide des Everest. Irvine kehrte über die Erste Stufe zurück und traversierte im Abstieg die Nordwand [...] Wahrscheinlich geriet er mehrere Male ins Stolpern und verlor schließlich

den Halt. Seine Füße rutschten unter ihm weg. Er versuchte sich mit dem Eispickel zu halten, der seiner erschöpften Hand jedoch entglitt, und stürzte 300 Meter tief auf einen Schneeabsatz.

Ferner war Holzel davon überzeugt, daß Mallory den Gipfel erreicht hatte, dann aber entweder, weil er zum Biwakieren gezwungen war, an Unterkühlung gestorben oder zu Tode gestürzt sei, womöglich bis hinab auf den Rongbuk-Gletscher.

In den Jahren nach 1986 äußerten die meisten Kenner der Szene starke Zweifel an Holzels Behauptung, daß Mallory den Gipfel erreicht habe. Dennoch wurde die Vermutung, daß Irvine nach der Trennung von Mallory an der Nordwand den Pickel verloren habe und abgestürzt sei, zur allgemeinen Lehrmeinung. Der von Wang Hongbao in der Nähe von Lager VI gefundene Leichnam mußte demnach der von Irvine sein. Aus eben diesem Grund glaubten auch im Mai 1999 alle fünf Zeugen, die Überreste von Sandy Irvine vor sich zu sehen, als sie auf die »Marmorstatue« starrten, die bäuchlings vor ihnen im gefrorenen Schotter lag.

Zur endgültigen Beantwortung der überragenden Frage, ob Mallory und/oder Irvine 1924 den Gipfel erreicht haben oder nicht, bleiben wir auf die vage Möglichkeit angewiesen, daß sich in der Nähe des Gipfels ein Teil der Ausrüstung findet, ein Erinnerungsstück oder eine Notiz, die unzweifelhaft einem der beiden Männer zuzuordnen wäre. (Ausschau haltend nach Spuren von Vorgängern, nahm Edmund Hillary 1953 den Nordgrat in Augenschein und bezeichnete ihn als unbesteigbar.)

Eine andere Möglichkeit klingt so verwegen spekulativ, als stamme sie von Conan Doyle. Wir wissen, daß Mallory eine Kodak-Taschenkamera bei sich hatte. Wenn diese Kamera gefunden würde und wenn sich der darin enthaltene, seit 1924 tiefgefrorene Film entwickeln ließe, könnte womöglich ein Foto zum Vorschein kommen, das eindeutig vom Gipfel aus aufgenommen wurde – ein Foto, das Berge wie etwa den Ama Dablam oder Lhotse zeigen würde, die von der Nordwand des Everest aus nicht zu sehen sind. (Im Jahre 1897 blieb ein dreiköpfiges, von Salomon Andrée geführtes Expeditionsteam aus Schweden, das den Nordpol in einem Fesselballon zu überfliegen versuchte, in der Arktis verschollen. 33 Jahre später wurden die Leichen der drei Männer auf dem entlegenen White Island gefunden. Der belichtete und perfekt konservierte Film in ihrer Kamera lieferte eindrückliche Hinweise auf die letzten Tage der drei Abenteurer und die drohende Katastrophe.)

Vor einigen Jahren machte sich schließlich ein junger deutscher Geologiestudent daran, die von Tom Holzel begonnene Suche fortzusetzen. Jochen Hemmleb ist ein Bergsteiger von eher bescheidenen Fähigkeiten, aber als Forscher von einer Detailbesessenheit getrieben, die selbst jene von Holzel in den Schatten stellt. Als begeisterter Leser der englischen Schriftstellerin Audrey Salkeld (der unumstrittenen Autorität in Sachen Mallory) ließ sich Hemmleb schon früh von jener Saga aus dem Jahre 1924 faszinieren. Ein einziges, nicht besonders scharfes Foto aus einer kuriosen Publikation, die den chinesischen Expeditionserfolg von 1975 feierte, brachte Hemmleb darauf, daß die Chinesen ihr Lager VI an einer ganz anderen Stelle errichtet hatten als sämtliche Vorgänger. Anhand der Hintergrunddetails glaubte Hemmleb den genauen Standort lokalisieren zu können. Eine Suche nach der von Wang Hongbao entdeckten Leiche hätte sich dann auf die nähere Umgebung dieses Lagers konzentrieren müssen (Wang hatte sich ja nur bei einem Abstecher von etwa 20 Minuten Dauer davon entfernt).

Hemmleb trat mit Eric Simonson in Kontakt, einem Bergführer am Mount Rainier, der 1991 von Norden aus den Everest bestiegen hatte. Von der Begeisterung des Deutschen angesteckt, fand Simonson schnell Sponsoren für eine neuerliche Suchexpedition und stellte ein Team zusammen, das mehrheitlich aus seinen Bergführerkollegen vom Mount Rainier bestand. Im letzten Moment gelang es ihm, noch einen echten Star für sich zu gewinnen, nämlich Conrad Anker, der auf eine Anzahl schwierigster Erstbesteigungen – entlegene Berge von Patagonien bis zum Karakorum – verweisen konnte wie kaum ein zweiter. BBC und NOVA erklärten sich zur Mitwirkung an einem Film über die Expedition bereit, und die in Seattle ansässige Firma MountainZone verpflichtete sich zur täglichen Berichterstattung aus dem Basislager via Internet.

Die meisten Kommentatoren hielten diese Expedition jedoch für reine Zeit- und Geldverschwendung und ihr erklärtes Ziel für einen Verkaufstrick, mit dem ein teurer Ausflug auf den höchsten Berg der Welt finanziert werden sollte – vergleichbar mit

Spendenaufrufen zur Unterstützung medizinischer Forschung in Extremhöhen oder der Entsorgung von Müll, den andere Expeditionen hinterlassen haben. Auch wenn man Simonson und Hemmleb ernsthafte Motive zugute hielt, waren nach all dem vergeblichen Suchen der vergangenen Jahre die Aussichten darauf, weitere Spuren der Expedition von 1924 zu finden, über alle Maßen gering.

Selbst Anker, der sich 1997 zwischen noch unbestiegenen Felstürmen in der Antarktis aufhielt, hatte für den Everest-Zirkus der vergangenen Jahre zunächst nur spöttische Bemerkungen übrig. Dann aber machte er doch mit. Kurz vor seiner Abreise nach Nepal lud ihn ein Freund zum Essen ein.

»Was hast du als nächstes vor, Conrad?« fragte der Freund beim Kaffee.

»Ich gehe nach Tibet. Ein bißchen Hochgebirgs-Trekking.«

»Am Kailas?« So heißt der heilige Berg, das Ziel buddhistischer und hinduistischer Pilger.

»Nein, noch ein Stück höher«, antwortete Anker trocken. »Ich steige auf den Everest.«

CONRAD ANKER:

Unser Hauptanliegen war es, nach Spuren von Mallory und Irvine zu suchen. Die meisten von uns wollten auch auf den Gipfel steigen, doch Eric Simonson – genannt »Simo« – betonte, daß die Suche der eigentliche Grund sei, weshalb wir zum Everest gereist waren.

Erst am 30. April 1999, als die Lager endlich eingerichtet und die Seile fixiert waren, konnten wir unser Vorhaben in Angriff nehmen. Die Tatsache, daß im vorausgegangenen Winter außergewöhnlich wenig Schnee gefallen war, machte uns zusätzlich Hoffnung. Schon der Blick durchs Flugzeugfenster beim Anflug auf Kathmandu hatte offenbart, daß der Berg so wenig beschneit war wie selten. Als wir das Basislager erreichten, konnte Simo, der schon an sechs Everest-Expeditionen teilgenommen hatte, über die günstigen Bedingungen nur staunen: Seit Menschengedenken war der Berg nicht trockener gewesen. Und den ganzen April über hatten wir richtig gutes Wetter. Wenn es also je einen geeigneten Zeitpunkt für eine Suche gegeben hat, dann im Frühjahr 1999.

Am 1. Mai um 5.15 Uhr brachen wir – Andy Politz, Tap Richards, Jake Norton, Dave Hahn und ich – bei Dämmerlicht von Lager V in 7770 Meter Höhe auf. So früh am Morgen war es noch lausig kalt, und dazu wehte ein kräftiger Wind. Wir folgten der regulären Route zum Lager VI, das auf 8230 Meter Höhe liegt, und kamen gegen 10.30 Uhr dort an.

Ich entschied mich gegen den Gebrauch von Sauerstoff, weil ich wissen wollte, wie mein Körper in einer solchen Höhe funktioniert. Dave, mit dem ich schon in der Antarktis geklettert war, reagierte ungehalten – vermutlich glaubte er, daß ich mit Atemgas mehr Leistung bringen würde. Tatsächlich aber erreichte ich Lager VI lange vor ihm. Daraufhin sagte er: »Ich schätze, du hast das Zeug wohl wirklich nicht nötig.«

Dave und Andy hatten den Everest schon einmal von der Nordseite aus bestiegen. Andy war insgesamt bereits viermal auf dem Gipfel gewesen. Meine Höchstmarke hingegen lag bei nur 7300 Metern, erreicht während einer erfolglosen Expedition zum Annapurna IV. Mein höchster Gipfel war der im Karakorum gelegene Latok II mit 7100 Metern.

Von Lager VI aus traversierten wir nach Westen in das von Jochen Hemmleb gekennzeichnete Suchgebiet. Er hatte es auf der Karte mit einem Kreis umrissen, der seiner Meinung nach jene Fläche umgrenzte, die von dem 1975 errichteten chinesischen Lager aus innerhalb von 20 Minuten zu begehen war. Simo schätze die Fläche auf eine Größe von ungefähr zwei Fußballfeldern. An nur einem Tag konnten wir dieses Areal unmöglich vollständig absuchen. Das Ganze kam mir tatsächlich wie eine Art Fahndung vor, und ich dachte: *Gut, daß wir hier sind. Das hat bisher noch keiner gemacht.*

Jochen hatte jedem von uns mitgegeben, was er sein »Forschungshandbuch« nannte – ein achtseitiges, mit einer Spirale gebundenes und gegen Feuchtigkeit geschütztes Heft, das Auskunft darüber gab, wie, warum und wo wir suchen sollten. Zu Beginn hatten wir noch klare Vorstellungen von einer systematisch durchgeführten Suche. Wir wollten zum höchsten Punkt aufsteigen, uns dann auf einer zirka 20 Meter langen Linie verteilen und langsam bergab gehen. Doch dieser Plan ließ sich nicht durchhalten, denn auf 8200 Metern ist man in einer anderen Welt. Um logische Pläne verfolgen zu können, braucht das Gehirn Sauerstoff, wovon es da oben nur wenig gibt.

Es dauerte nicht lange, und Jake fand eine mit blauer Farbe markierte Sauerstoffflasche. Über Funk rief er das Basislager und beschrieb die Flasche, die

Jochen der chinesischen Expedition von 1975 zuzuordnen wußte. Wir waren also in der richtigen Gegend.

Bald geriet ich außer Hörweite der anderen und driftete immer weiter nach rechts unten ab. Ich verließ mich weniger auf Jochens Handbuch als auf meine bergsteigerische Intuition und wähnte Lager VI der Chinesen tiefer als von ihm geortet. *Wo würdest du in dieser Gegend ein Lager aufschlagen?* hatte ich mich ganz unvoreingenommen gefragt.

Außerdem hielt ich die Sache mit dem 20minütigen Abstecher für zweifelhaft, denn auch der Zeitsinn gerät in solchen Höhen ziemlich durcheinander. »Wir sehen uns in einer Dreiviertelstunde«, ist leicht gesagt, aber dort oben merkt man einfach nicht, wie schnell die Zeit vergeht. Außerdem stellte sich mir bei meiner einsamen Suche noch eine Frage: Wie trainiert war Wang Hongbao? Einige seiner tibetischen Teamgefährten waren in 8200 Meter Höhe immer noch leichtfüßig unterwegs. Aber wer weiß, wie weit Wang in zwanzig Minuten kommen konnte?

Ich stieg weiter ab und überquerte einen wenig markanten Vorbau. Dann, gegen 11 Uhr, entdeckte ich mit Blick nach unten den ersten Toten. Er trug einen dunkelroten Anzug. Ich sah ihn mir von nahem an. Der Kopf wies talwärts. Die Beine waren offenbar gebrochen oder verrenkt. Den schweren Verletzungen nach zu urteilen, hatte er einen tiefen Sturz hinter sich. Der rechte Arm ragte steil nach oben und schien zu winken, weshalb wir den Toten später »The Greeter« nannten. Die Kunststoffstiefel und die metallenen Steighilfen ließen erkennen, daß er ein Zeitgenosse gewesen war.

Goraks hatten das Gesicht weggefressen, nur der Schädel war übriggeblieben. Ein grausiger Anblick.

Mir war sofort klar, daß der Greeter nicht derjenige war, nach dem wir suchten. Dennoch vermittelte uns dieser Leichnam einige Informationen. Einer der Stiefel fehlte, was nicht verwunderlich ist, weil Stiefel in solchen Höhen nicht fest verschnürt werden und deshalb in Falle eines Sturzes ohne weiteres abgerissen werden können. Bezeichnend war auch, daß der Kopf nach unten wies. Ich hatte mich im Rahmen meiner Vorbereitung mit etlichen Bergsteigern unterhalten und mich danach erkundigt, wie die Leichen abgestürzter Kletterer normalerweise zu liegen kommen. Die einhellige Antwort lautete: zumeist mit dem Kopf nach unten. Warum das so ist, weiß ich nicht. Vielleicht, weil der Torso mehr Masse hat als die Beine – noch kopflastiger wäre also derjenige, der einen Rucksack trägt.

Beim Betrachten des Toten fragte ich mich, warum sein Sturz ausgerechnet hier geendet hatte, und mir fiel mir auf, daß ich mich in einer Art natürlichem Auffangbecken befand. Der kleine Grat, auf dem ich stand, war stark zerklüftet und dazu angetan, rollende oder rutschende Massen aufzuhalten. Vergleichbare Strukturen sind an Flußufern zu erkennen oder an den Rinnen von Lawinen. (Seit ich klettere, studiere ich Lawinen, deren Schneise und Schuttsaum, woran sich ablesen läßt, warum manche Bäume mitgerissen werden und andere wiederum standzuhalten vermögen. Alle am Berg wirksamen Kräfte zu analysieren ist zwar schlechterdings unmöglich, doch je größer die Erfahrung, desto mehr bleibt im Unterbewußtsein zurück.)

Ich traversierte weiter nach rechts, um dieses Auffangbecken weiter zu erkunden. Nebenbei wollte ich einen Blick in die Norton-Couloir werfen, die weit jenseits des von Jochen bezeichneten Suchgebietes liegt, jene Schlucht, die Reinhold Messner 1980 in seinem erstaunlichen Alleingang ohne Sauerstoff durchklettert hatte. Auf diesem Anstieg hatte Messner die Klippen überwinden müssen, die die Zweite Stufe bilden. Wie hatte er die Nordwand gemeistert? Meine Neugier trieb mich immer weiter westwärts.

Meine Partner waren nach wie vor in Sicht, aber winzig klein – sie befanden sich fast 500 Meter weit entfernt. Gegen 11.30 Uhr meldete sich Andy über Funk: »Conrad, warum bist du so weit weg? Wir müssen systematischer vorgehen.«

Ich antwortete: »Ich sehe mich bloß um. Ich will wissen, was hier Sache ist.« Andy war noch am Apparat, als ich eine weitere Leiche entdeckte, ein gutes Stück entfernt, rund 30 Meter tiefer. Der Tote hatte einen blauen Anzug an, der aber mittlerweile so verschossen war, daß er fast grau aussah. Also nahm ich an, daß die Leiche dort schon sehr lange lag.

Ich stieg zu ihr hinab. Sie war auf dem letzten Absatz vor einem großen Felsband zu liegen gekommen. Im Näherkommen entdeckte ich orangefarbene Stiefel mit leicht montierbaren Steigeisen, was ersichtlich machte, daß auch dieser Tote aus neuerer Zeit stammte. Auch er lag mit dem Kopf nach unten, in der Hüfte zusammengeklappt, Arme und Beine unnatürlich abgewinkelt. Es schien, daß er über eine weite Strecke geradezu radschlagend abgestürzt war. Ein Gesicht konnte ich nicht erkennen.

Dieser zweite Fund bestätigte meine Annahme,

daß ich mich in einer Art Auffangbecken befand. Mit Blick nach oben erkannte ich, wie die natürlichen Kräfte des Berges die stürzenden Körper auf die Stellen, an denen sie nun lagen, hingelenkt hatten. Ich machte kehrt und folgte dem Felsband in östlicher Richtung. Ein Sturz wäre in diesem steilen Terrain fatal gewesen, doch ich fühlte mich recht sicher.

Nach einer Weile setzte ich mich, nahm die Steigeisen ab, trank und lutschte einen Hustenbonbon. Kaum hatte ich mich wieder auf den Weg gemacht, entdeckte ich die Fetzen blaugelben Stoffs. Und schließlich, etwas weiter links, den hellen Fleck – den Toten, der nicht aus unserer Zeit stammte.

Uns blieb nicht allzuviel Zeit. Wir hatten uns darauf geeinigt, gegen 2.00 Uhr nachmittags umzukehren, um noch bei Tageslicht Lager V erreichen zu können, und als wir mit der Bergung anfingen, war es schon kurz nach Mittag. Wie man sich vielleicht vorstellen kann, fällt es nicht leicht, in einer Höhe von 8140 Metern (auf dieser Höhe lag der Tote, wie ich später errechnete) zu arbeiten. Weil die Sauerstoffgeräte uns zu sehr behinderten, hatten wir sie abgelegt.

Die Leiche war im Schutt festgefroren, und es galt, den Grund ringsum mit unseren Pickeln aufzuhacken. Das Eis war so fest, daß wir kräftig zulangen mußten. Als erfahrene Bergsteiger wußten wir mit unserem Werkzeug umzugehen, nur einmal rutschte ein Pickel so unglücklich ab, daß er sich in den Arm des Toten bohrte. Schließlich legten wir die Pickel beiseite und setzten die Arbeit mit Taschenmessern fort.

Wir waren uns absolut sicher, daß es sich bei dem Toten um Sandy Irvine handelte. Jake hockte sich hin und fing an, ein glattes Schieferstück zum Grabstein zu machen, indem er Sandys Namen und Lebensdaten – 1902–1924 – einritzte. Dann aber entdeckten wir das Namensetikett am Kragen, und wenig später fand Tap ein zweites an einem Saum unter dem Arm mit der Aufschrift »G. Leigh Mallory«. Wir starrten einander verwundert an, und plötzlich wurde uns klar, daß wir nicht Irvine, sondern George Mallory gefunden hatten.

Bei dem Versuch, ihn freizulegen, kratzte Tap auf der rechten Seite, Jake auf der linken. Ich hebelte von unten nach. Dave und Andy machten Fotos beziehungsweise Videoaufnahmen.

Es war ein Glück, daß Mallory auf dem Bauch lag. Was ein Bergsteiger an wichtigen Dingen bei sich trägt, steckt meist in den vorderen Taschen, und George schützte seine Mitbringsel seit 75 Jahren mit dem eigenen Körper. Es mag seltsam oder sogar anmaßend klingen, daß wir ihn George nannten und nicht Mallory. Doch in all den vorangegangenen Wochen hatten wir von den beiden gesprochen, als wären sie alte Freunde. Sie waren für uns zu George und Sandy geworden.

Als ich den unteren Teil des Körpers anheben konnte, langten Tap und Jake nach den Taschen. Der Körper erschien wie ein gefrorener Holzklotz. Beim Anheben gab er knarrende Laute von sich.

Der Anblick des Lochs, das Goraks in die rechte Gesäßhälfte gehackt hatten, war entsetzlich. Der Körper war regelrecht ausgehöhlt worden. Man konnte Körner und die Reste dessen sehen, was Mallory vor seinem Tod zu sich genommen hatte.

An Georges Kopf wagten wir uns nicht heran.

Zwar entfernten wir den losen Schutt ringsum, verzichteten aber darauf, ihn auszugraben. Ich glaube, keiner von uns wollte das Gesicht sehen.

Natürlich brannten wir darauf, die Kamera zu finden. Für einen Moment schien es, als klemmte sie in einem Beutel unter Georges rechtem Bizeps. Jake ertastete darin einen Gegenstand, der der Größe und Form nach das Gesuchte zu sein versprach. Wir mußten den Beutel aufschneiden, um den Inhalt zu bergen, doch es war keine Kamera – sondern eine Dose Pökelfleisch!

Ein weiterer Identitätsnachweis kam ans Licht, als Jake in einem sorgsam gefalteten, überraschend frisch wirkenden Seidentaschentuch mehrere Briefe entdeckte. Alle waren an Mallory adressiert. Auf einem der Umschläge stand zum Beispiel zu lesen: »George Leigh Mallory Esq., c/o British Trade Agent, Yalung Tibet«.

Außer diesen Briefen fanden wir in Georges Taschen einige handgeschriebene Notizen, ausnahmslos zu logistischen Fragen, wie etwa eine Spezifikation des Bedarfs für Lager VI und dergleichen mehr. Unsere Hoffnung, einen letzten, eilig niedergeschriebenen Vermerk zu finden, der darüber hätte Auskunft geben können, ob Mallory den Gipfel erreicht hatte oder zur vorzeitigen Umkehr gezwungen gewesen war, wurde enttäuscht.

Nach und nach holten Jake und Tap hervor, was wir später »die Fundstücke« zu nennen pflegten – sonderbare Gepäckstücke einer Gipfelbesteigung. Da waren: ein kleines Taschenmesser; ein rund sechs Zentimeter langer Bleistiftstummel, an dem Reste einer Pfefferminzcreme klebten (der Pfefferminzgeruch war noch wahrnehmbar); Nadel und Faden; eine kleine Schere mit integrierter Nagelfeile; ein zweites, blaues Taschentuch (womit er sich offenbar häufig geschneuzt hat), mit rotgelb geblümtem Muster sowie den gelb aufgestickten Initialen G. L. M.; eine Schachtel Spezialstreichhölzer der Marke Swan Vestas; ein kleines, mit einer Schlauchschelle versehenes Lederstück, das wahrscheinlich zum Mundstück der Sauerstoffausrüstung gehört hatte; eine Tube Zinkoxyd, zur Hälfte aufgerollt, und ein zusätzliches Paar Fäustlinge, die allem Anschein nach nicht benutzt worden waren.

Zwei weitere Fundstücke waren für uns von besonderem Interesse. In einer der Taschen fand Jake einen zerschlagenen Höhenmesser. Der Zeiger fehlte, aber es ließ sich erkennen, daß das Meßgerät speziell für den Everest auf Höhen zwischen 20 000 und 30 000 Fuß kalibriert worden war. Auf dem Rücken stand in feiner Gravur »M.E.E.II« – für Mount Everest Expedition II. In der Westentasche entdeckten wir eine Schneebrille, zwar mit verbogenem Gestell, aber mit noch intakten grüngetönten Gläsern. Der Umstand, daß die Brille in der Tasche steckte, mochte von Bedeutung sein – darauf machte Andy aufmerksam. Er meinte, daß es schon dunkel gewesen sein mußte, als George abstürzte. Bei hellem Tageslicht hätte er die Brille aufgesetzt gehabt, auch auf felsigem Untergrund, zumal ihm das Schicksal Teddy Nortons ganz gewiß eine Lehre gewesen sei. Der war nämlich in der Nacht nach seinem Gipfelangriff vom 4. Juni von einer schmerzlichen Schneeblindheit befallen worden.

Jedes einzelne Fundstück steckten wir vorsichtig

in eine verschließbare Plastiktasche. Andy erklärte sich bereit, sie nach unten ins Lager V zu bringen. Daß wir George diese Dinge abnahmen, mag man vielleicht anstößig finden. Auch wir hatten das unangenehme Gefühl, die Ruhe des Toten zu stören. Darum zögerten wir wohl auch so lange mit der Bergung. Doch andererseits war es ja das erklärte Ziel unserer Expedition, Mallory und Irvine zu finden und Indizien zu sammeln, die aufklären konnten, was am 8. Juni 1924 passiert war. Ich glaube nicht, daß wir etwas Unrechtes getan haben.

Ebenso aufschlußreich wie unsere Fundstücke war, was wir *nicht* fanden. George trug weder einen Rucksack, noch waren Teile der Halterung für die beiden Sauerstoffflaschen an seinem Leichnam zu sehen. An Gepäck hatte er nur den kleinen Beutel bei sich, den wir unter dem rechten Oberarm entdeckten. Keine Wasserflasche beziehungsweise Thermosflasche, wie man sie 1924 verwendete. Eine Taschenlampe mitzunehmen hatte er vergessen. Das wissen wir nicht von Odell, sondern erst seit 1933, als die in jenem Jahr gestartete Expedition die Taschenlampe im Lager VI von 1924 fand.

Und auch die Kamera fanden wir nicht – eine herbe Enttäuschung.

Es wurde spät. Der ausgemachte Zeitpunkt für die Rückkehr war längst überschritten. Zuletzt entnahmen wir dem Toten eine Gewebeprobe – eine DNA-Analyse sollte unumstößliche Gewißheit über die Identität des Toten bringen. Ich hatte mich dazu bereit erklärt. Aus dem rechten Unterarm trennte ich einen knapp vier Quadratzentimeter großen Hautlappen. Als Werkzeug stand mir nur die schartige Klinge von Daves Mehrzweckmesser zur Verfügung. Georges Haut war so hart und zäh wie Sattelleder.

Anschließend wollten wir ihn begraben oder zumindest mit Steinen abdecken. Also bildeten wir eine Kette und reichten Felsstücke, die sich vom gefrorenen Boden lösen ließen, bis zur Bestattungsstelle durch.

Dann sprach Andy ein anglikanisches Fürbittgebet, das uns der Bischof von Bristol eigens für diese Gelegenheit empfohlen hatte. Um 16.00 Uhr machten wir uns endlich auf den Rückweg. Ich blieb noch eine Weile zurück und legte als eine Art buddhistischer Opfergabe einen Schokoriegel auf die Steine. Schließlich wiederholte ich noch mehrfach eine Art Gebet.

Meine vier Begleiter kehrten über Lager VI auf der regulären Route ins Lager V zurück. Ich machte eine Abkürzung ausfindig und erreichte das Ziel gegen 17.00 Uhr, eine Dreiviertelstunde eher als die anderen.

Tap, Jake und ich teilten uns eins der Zelte. Dave und Andy waren in einem anderen untergebracht. Dave sagte später, daß er erst, als er im Lager V angekommen war, die Bedeutung des Erlebten allmählich zu begreifen begann und daß sich ein Gefühl von Erfüllung und Verwunderung eingestellt habe.

Vor dem Schlafengehen tranken wir Tee. Nach zwölf Stunden auf den Beinen war ich hundemüde. Doch lange zu schlafen war mir nicht vergönnt. Auf leicht abschüssigem Untergrund liegend, rutschte ich ständig in eine ziemlich unbequeme Lage, wachte darüber immer wieder auf und wälzte mich unruhig hin und her.

In meiner Schlaflosigkeit ließ ich den Tag noch einmal Revue passieren. An Georges Seite hatte ich ungeachtet des gebrochenen Beins und der durch Goraks zugefügten Verletzung das starke Gefühl gehabt, daß er mit sich im Frieden war. Als ich neben ihm saß, dachte ich: *Dieser Mann war ein Bergsteiger wie du, mit den gleichen Zielen und Hoffnungen, ähnlichen Freuden und Leiden. Sein Leben hatte denselben elementaren Beweggrund.* Ich machte mir klar, welch großartige Leistung George 1924 so hoch oben in der Nordflanke des Everest vollbracht hatte, und war voller Hochachtung für ihn.

Dann versuchte ich, mir die Tragweite unseres Fundes vor Augen zu führen. Daß die 1975 von dem Chinesen Wang entdeckte Leiche die von Mallory war, ist sehr unwahrscheinlich. Seine Beschreibung – eines auf der Seite liegenden Mannes, dem eine Backe von Goraks weggepickt war – unterschied sich doch deutlich von dem, was wir gesehen hatten. Hatte Wang womöglich Irvine gefunden, und wenn ja, wo? Hatte das zerrissene Seil zu bedeuten, daß die beiden gemeinsam in den Tod stürzten? Wäre in dem Fall nicht zu vermuten, daß Irvines Leichnam ganz in der Nähe lag? Hatte vielleicht *er* die Kamera bei sich? Schon machte ich mir Gedanken über eine zweite Suchaktion.

Mir war bewußt, daß wir einen wichtigen Fund gemacht hatten, doch erst, als wir den Berg verließen, wurde mir das Ausmaß seiner Bedeutung annähernd klar. Trotz streng eingehaltener Funkstille nach außen und der kodierten Verständigung untereinander war, als wir zwei Tage später das Basislager erreichten, bereits auf der ganzen Welt bekannt, daß wir George Mallory gefunden hatten.

MON DIEU! – GEORGE MALLORY!

David Roberts:

Wer war George Leigh Mallory, an dessen Schicksal die Welt so großen Anteil nahm?

Man kann behaupten, daß es in der Geschichte der Entdeckungsreisen kaum ein spektakuläreres Verschwinden gegeben hat, als das von Mallory und Irvine. Die Frage, welche Umstände zu ihrem Tod geführt haben, bleibt letztlich zweitrangig. Die Gefahr, auf den steilen Felsplatten der Nordflanke – den »Dachpfannen«, wie Teddy Norton sie nannte – abzustürzen, ist heute kaum geringer als damals, und nur wenig Überlebenschancen hat derjenige, der auf einer ihrer sturmumtosten Kanten zu übernachten gezwungen ist. Es kann auch kaum überraschen, daß die Leichen der beiden Männer so lange unentdeckt geblieben sind. Im Laufe der Jahrzehnte sind eine Reihe hervorragender Bergsteiger am Everest verschwunden – unter anderem die Briten Mick Burke, Pete Boardman und Joe Tasker sowie vier Tschechen, die 1988 die Südwestflanke im alpinistischen Stil zu besteigen wagten und nach einem letzten erschöpften Funkruf spurlos verschwanden.

Obwohl der Everest mittlerweile geradezu überrannt wird, ist der Berg weitläufig genug, um viele seiner Geheimnisse zu hüten, und die Gletscher, die alles in sich aufnehmen, was von den Hängen stürzt, sind für so manchen glücklosen Bergsteiger ein eisiges Grab geworden.

Was das Verschwinden von Mallory und Irvine aber so besonders macht, ist der Gedanke, daß die beiden vor ihrem Tod den Gipfel erreicht haben könnten. Noel Odell wurde in der Zeit nach dem Unglück derart häufig darüber ausgefragt, wo genau er die Freunde am 8. Juni um 12.50 Uhr gesichtet hatte, daß seine Erinnerung ins Schwanken geriet. Von Natur aus skeptisch, ließ er sich von anderen Skeptikern einreden, daß er Mallory und Irvine aller Wahrscheinlichkeit nach auf der noch relativ leicht zu besteigenden Ersten Stufe (über 300 Meter unterhalb des Gipfels) gesehen hatte. Den vermutlich frischeren, ersten Eindruck aber vermittelt sein Tagebucheintrag. Odell schrieb: »Sah um 12.50 Uhr M & I auf dem Grat in Annäherung an den Sockel der Gipfelpyramide« – mit anderen Worten, weniger als 150 Meter unter dem Gipfel.

In den folgenden 26 Jahren konnte keiner der insgesamt 14 Achttausender unserer Erde gemeistert werden, bis erst 1950 einer französischen Expedition die Erstbesteigung des Annapurna gelang – und das, obwohl in den dreißiger Jahren von erstklassigen amerikanischen, englischen und deutschen Bergsteigern Dutzende kühner Angriffe auf den K2, den Kangchenjunga, den Nanga Parbat und den Everest unternommen worden waren. Wenn Mallory und Irvine also 1924 den Gipfel erreicht gehabt hätten, stünden sie mit ihrer Leistung wahrlich einzigartig da.

Zudem war Mallory eine der talentiertesten und charismatischsten Gestalten der Bersteigergeschichte. Er kam am 18. Juni 1886 als Sohn eines Pfarrers in Cheshire zur Welt, besuchte eine Privatschule in Winchester und studierte anschließend am Magdalene College in Cambridge. Seine Schwester Avie erinnerte sich, daß er auf alles kletterte, was sich erklimmen ließ. »Es war, wie ich schnell lernte, völlig verkehrt, ihm zu sagen, daß er es unmöglich schaffen konnte, diesen oder jenen Baum zu erklettern. ›Unmöglich‹ war ein Wort, das ihn herausforderte.«

Einmal, er war sieben Jahre alt, wurde George in sein Zimmer geschickt, weil er sich beim Essen schlecht betragen hatte. Wenig später sahen ihn die völlig verblüfften Eltern über das Dach der angrenzenden Kirche klettern. »Ich *bin* in mein Zimmer gegangen«, rechtfertigte er sich frech, »um meine Kappe zu holen.«

Die Briefe, die George als Teenager treu seiner Mutter schrieb und die ganz und gar unbescheiden von seinen Erfolgen erzählen, strotzen von jungenhaftem Esprit und großspuriger Selbstsicherheit. Für eine Weile lautete seine Lieblingswendung »perfectly ripping«, was zu seiner Zeit mit »ganz famos« ins Deutsche übertragen worden wäre. »Der Grand-Combin ist 4314 Meter hoch, von da oben hat man eine ganz famose Aussicht.«

Intelligent, einnehmend und rastlos, wie er war, neigte Mallory in der Schule zur Faulheit. Einer seiner Lehrer schrieb: »Mallory war ein sehr liebenswerter, natürlicher Bursche, allerdings nicht gerade fleißig und, was seine schulischen Leistungen anging, im Vergleich zu Gleichaltrigen eher hintendran als vorneweg.« In Winchester brillierte er im Fußball und Turnen, er »mochte nicht verlieren«. In Cambridge avancierte er zum Kapitän das Magdalene Boat Club und ruderte in der Henley Regatta mit.

Zum Bergsteigen kam er erst im Alter von 18 Jahren, während der Sommerferien vor dem letzten Jahr in Winchester, als der Lehrer R. L. G. Irving ihn und andere Schüler mit in die Alpen nahm. Die von Irving ausgewählten Partien waren außerordentlich anspruchsvoll, und dort, während der anstrengenden Exkursionen auf den Monte Rosa und Mont Blanc, entdeckte Mallory die Leidenschaft seines Lebens.

Schon in den ersten Jahren offenbarte er zwei charakteristische Züge, die sich im nachhinein auf sein Schicksal am Mount Everest beziehen lassen. Mallory besaß eine Risikobereitschaft, die weniger freundlich gesinnte Beobachter als schieren Leichtsinn bezeichnet hätten. Von einem für ihn typischen Bubenstreich berichtet David Robertson, Mallorys Biograph:

> Eines Tages kletterte George auf einen schartigen Fels am Strand und nahm sich vor, darauf hocken zu bleiben, bis die Flut ihn umspült haben würde. Er war zuversichtlich, daß die Ebbe einsetzte, ehe das Wasser seine Füße erreicht hätte. Als die Familie vom Vorhaben ihres Jungen Wind bekam, hastete sie herbei und hatte

ihn dank des hellen Blazers seiner Vorschuluniform schnell ausfindig gemacht. Die hohe Springflut drohte ihn bereits vom Fels zu waschen. Großmutter Jebb bat flehend um Hilfe, die ein junger Mann, der zufällig vorbeikam, nur widerwillig zu leisten bereit war. George selbst blieb zuversichtlich und gelassen.

Diese schon früh ausgeprägte Neigung zur Selbsterprobung war der Entwicklung seiner bergsteigerischen Fähigkeiten, die er mit 18 Jahren auszubilden begann, offenbar förderlich. Wenige Jahre später, als Mallory einen sehr erfahrenen österreichischen Bergsteiger über eine anspruchsvolle Route in Wales führte, staunte der Besucher über Mallorys »Meisterung schwierigster Passagen«, ließ aber gleichzeitig verlauten: »Dieser junge Mann wird nicht lange am Leben bleiben.«

Der zweite Charakterzug war eine angeborene Zerstreutheit. Auch dazu sei ein Beispiel genannt: Auf den Lliwedd, dem großen Gipfel in Wales, führt eine inzwischen berühmte Route, von der es heißt, daß sie erstmalig von Mallory begangen wurde, als er allein und bei einbrechender Dunkelheit seine Tabakspfeife suchte. Er hatte sie auf einer hohen Kante liegengelassen, zu der er am Tage auf der üblichen, weniger direkten Route aufgestiegen war. 1922, am Everest, beschrieb der Expeditionsleiter General Charles Bruce in einer persönlichen Notiz Mallory als »einen lieben Kerl, der aber bei jeder Gelegenheit seine Stiefel vergißt.« Und Audrey Salkeld formulierte: »Daß er sich häufig anzuseilen vergaß, ist typisch für Mallorys Zerstreutheit, ein Fehler, den er nie zu beheben vermochte.« Darüber hinaus war Mallory in technischen Dingen dermaßen ungeschickt, daß er Schwierigkeiten hatte, seinen Lagerkocher zum Einsatz zu bringen.

Von Jugend an war Mallory ein außerordentlich hübscher Mann. Irving, sein erster Berglehrer, erinnerte sich, daß er mit 18 Jahren »ein sehr attraktives Äußeres hatte, sanfte Gesichtszüge und eine so glatte Haut, daß Fremde – aber auch nur Fremde – ihn für unmännlich halten mochten.« Auf Fotos ist Mallorys gutes Aussehen festgehalten, doch keines dieser Fotos vermag es, den Charme und die Anziehungskraft wiederzugeben, denen Männer wie Frauen oft auf den ersten Blick erlagen.

Als erwachsener Mann war Mallory einen Meter achtzig groß und 72 Kilo schwer. Irving verglich sein »wunderhübsches« Gesicht mit dem einer »Madonna von Botticelli«. Arthur Benson, ein 25 Jahre älterer Lehrer in Cambridge, war hoffnungslos vernarrt in seinen Studenten. In einem postum veröffentlichten Tagebuch ist zu lesen, von welchen Gefühlen er nach einem Spaziergang mit Mallory bewegt war: »Warum sollte ich verhehlen, daß ich diesen jungen Freund liebe und an seiner Gesellschaft großen Gefallen habe[?]« Weiter vorn heißt es: »Es ist mir ein Vergnügen zu beobachten, wie er sich bewegt.«

In Cambridge war Mallory in seinem gesellschaftlichen Element. Cottie Sanders, eine seiner ersten Bergbegleiterinnen – besser bekannt unter ihrem Pseudonym als Romanautorin Ann Bridge –, bezeugte die intensive Freundschaft, die Mallory zu einigen seiner Klassenkameraden pflegte:

Sie hielten ihre persönlichen Beziehungen für so wichtig, daß kaum etwas anderes einen ähnlichen Stellenwert für sie hatte [...] Sie erfreuten sich stürmisch aneinander; mit Eifer studierten und erforschten sie jede Möglichkeit, andere Menschen besser kennen und schätzen zu lernen [...] Sie brachten all ihre intellektuelle Energie für ihre Freundschaften auf; sie wollten nicht nur wissen, daß sie lieben konnten, sondern auch wie und warum sie liebten [...]«

Im ersten Jahrzehnt unseres Jahrhunderts herrschte in Cambridge (wie auch in Oxford) beileibe kein muffiges und viktorianisches Klima. Die ganze Universität war durchdrungen vom Geist idealisierter Liebe unter Männern, auch unter Männern verschiedener Generationen. Dieses – nicht zuletzt aus Platons *Symposion* rezipierte – Ideal schaffte Freiheiten, die nur wenige Universitäten heutiger Zeit tolerieren würden. Arthur Benson konnte mit seinem Studenten spazierengehen, picknicken, ja sogar nackt baden, ohne daß irgendein Kollege darüber die Nase gerümpft hätte.

Dieses Klima als homosexuell zu bezeichnen, wäre eine unzulässige Vereinfachung. Mallorys Charisma war zu einem Großteil jener natürlichen Unschuld zu verdanken, mit der er seinen Verehrern und Bewunderern begegnete. Nach Mallorys Tod schrieb Benson:

Dies, so glaube ich, steckte im Kern seines wundervollen Charmes, daß er sich seiner großen Schönheit, seiner Gaben und Leistungen gar nicht so recht bewußt war, dabei aber echte, tiefempfundene Sympathie bezeugte für alle, mit denen er in Kontakt kam – für deren Geschmack, Vorlieben und Ansichten.

Obwohl seine stärkste Leidenschaft der Bergsteigerei vorbehalten blieb, beschäftigte sich Mallory in Cambridge auch intensiv mit Theater, Musik und Malerei (er wurde zu einem vehementen Verfechter des Post-Impressionismus). Laut Auskunft seines ersten Biographen und ehemaligen Kommilitonen David Pye legte er sogar Wert »auf ziemlich sonderbare schwarze Flanellhemden und bunte Krawatten; und er ließ sich die Haare lang wachsen.«

Beeindruckt war Pye auch von Mallorys Streitlust: »Er argumentierte sehr heftig und neigte dazu, sich herablassend und verächtlich auszudrücken; außerdem wechselte er häufig seinen Standpunkt, nicht unbedingt einer neu gewonnenen Einsicht wegen, sondern weil er sich über seine Argumentationslinie meist selbst nicht im klaren war.«

Mallorys notorische Ungeduld ging Hand in Hand mit seinem Leichtsinn und seinem Elan. Pye berichtet: »Es war nicht immer leicht, ihm in Gesprächen zu folgen; er sprach so schnell und verschluckte dabei so viele Endungen, daß man ihn manchmal kaum verstehen konnte.«

In Cambridge und auch später an so manchen walisischen Seen frönte Mallory seiner Leidenschaft fürs Nacktbaden. Eines heißen Nachmittags, als er mit Studienfreunden auf der Cam ruderte, zog er sich unversehens aus und sprang ins Wasser. Weil er sich weigerte, ins Boot zurückzusteigen, ruderten die

Freunde aus Sorge, die Sperrstunde um 22.00 Uhr zu verpassen, ohne ihn davon. Splitternackt schlich Mallory zum Magdalene College zurück. Als er durch ein offenes Fenster zu klettern versuchte, wurde er von einem argwöhnischen Polizisten gestellt.

Über die Kommilitonen James Strachey und Geoffrey Keynes gelangte Mallory in den Einflußbereich jener exzentrischen Maler und Schriftsteller, die zur sogenannten Bloomsbury Group gehörten. Als sie diesen »griechischen Gott« erblickten, machten die frivoleren Vertreter des Kreises aus ihrem Entzücken kein Hehl. Lytton Strachey (James' älterer Bruder), der sarkastische Biograph von Königin Victoria und anderer herausragender Persönlichkeiten aus viktorianischer Zeit, schrieb nach seiner ersten Begegnung mit Mallory in einem Brief an Clive und Vanessa Bell:

> Mon dieu! – George Mallory! Was bleibt nach diesen Worten noch zu sagen? Meine Hände zittern, mein Herz pocht, ich vergehe bei diesen Worten – Himmel! Himmel! [...] Er ist einsachtzig groß, hat den Körper eines wie von Praxiletes geschaffenen Athleten und ein Gesicht – unvorstellbar – botticellinisch geheimnisvoll, kunstvoll und zart wie ein chinesischer Holzschnitt, von der Frische und Pikantrie eines englischen Knaben, wie man ihn sich eigentlich kaum vorstellen kann.

In diesem überdrehten Stil fuhr er fort, schwärmte davon, nach dem Treffen mit Mallory »alltäglich über Stunden in eine Trance aus Anbetung, Unschuld und Glück« zu versinken. Benommen vom Anblick dieser jugendlichen Schönheit, könne er, so behauptete Strachey, »sich in seinen Schatten verkriechen und schlummern.« Vielleicht um seine Verliebtheit zu kaschieren, fügte er hinzu: »Im übrigen will er Schulmeister werden, und seine Intelligenz ist nicht weiter erwähnenswert. Wozu auch?«

Der Maler Duncon Grant, ein Freund Stracheys und erklärter Homosexueller, konnte Mallory mehrmals überreden, nackt für ihn Modell zu stehen. Später gestand er Strachey, daß er den jungen Mann gern als »Mistress« in seinen Dienst genommen und dafür auch 100 Pfund im Jahr bezahlt hätte. Grant und Strachey tauschten sich in Briefen häufig über ihr jugendliches Idol aus. »Ich bin nicht in ihn verliebt«, versicherte Strachey, ließ aber im nächsten Atemzug verlauten:

> Gütiger Himmel, was für ein Körper! Zwar ist, wie ich fürchte, die reine Schönheit des Antlitzes – die wundervolle Blüte – dahin, doch ist es immer noch äußerst attraktiv, mit diesen Augen, der Farbe, dem zauberhaften Ausdruck und jenen seltsam gottvollen Ohren, so groß, so lüstern – oh!!

Wie Mallorys Interesse am Schuldienst veralberte Strachey, der wenig ansehnliche Intellektuelle, auch das, was er die »imbezilen Berge« nannte. Nach einem für ihn ungewöhnlichen Ausflug in die Black Cuillins auf der Isle of Skye – dem Hauptübungsgelände aller britischen Bergsteiger – äußerte er sich Geoffrey Winthrop Young gegenüber mit der abfälligen Bemerkung: »Ich halte sie (die Berge) für schlicht [...] absurd.«

Daß Mallory womöglich bisexuell gewesen sei, ist nicht klar zu belegen. Auf die unverblümte Frage des Everest-Chronisten Walt Unsworth antwortete Duncan Grant: »Nein, das war er gewiß nicht.« Mallorys Kommilitone James Strachey hingegen bejahte diese Frage. Wie auch immer, Mallory fühlte sich in dem von Körperkult und platonischer Liebe geprägten Cambridge-Bloomsbury-Milieu jener Zeit so wohl, daß er noch Jahre später, im Ersten Weltkrieg an der Front, seiner Frau Ruth in einem Brief ganz und gar unbekümmert anvertraute: »Im Schützengraben war ich gestern regelrecht fasziniert vom Anblick eines sehr schönen Gesichts [...] Er hatte wunderschöne, hellsichtige Augen, die mich gedankenvoll betrachteten, ehe er auf meine Bemerkungen antwortete.«

In Wales und in den Alpen perfektionierte Mallory seine Geschicklichkeit als Bergsteiger. Auf dem Höhepunkt seiner Leistungsfähigkeit scheint seine Kletterkunst ähnlich beeindruckend gewesen zu sein wie sein Aussehen, denn sie wurde von allen, die ihn kannten, bewundert. Ann Bridge erinnert sich:

> Er kletterte nicht, um damit anzugeben; ihn interessierte auch nicht das Stilistische daran. Im Gegenteil, er bewegte sich im Fels mit einer Lässigkeit, die alle, die ihm zu folgen versuchten, dazu verleitete, achtlos zu werden oder die Schwierigkeiten des Geländes geringzuschätzen. Gelangte er an eine Passage, die all seine Kräfte beanspruchte, überkam ihn ein geradezu

wütender Eifer, und er schien sich zu ärgern wie ein Terrier vor einer Ratte, bis er die Klippe endlich gemeistert hatte.

»Angst«, so fügte Sanders hinzu, war »etwas, wovon er allem Anschein nach keine Ahnung hatte.«
Geoffrey Winthrop Young, der beste britische Bergsteiger seiner Zeit und später Mallorys wichtigster Berater, schrieb: »Geduckt, mit hohem Knie und unwiderstehlichem Elan schwingt er sich am Fels empor.« Robert Graves, der große Romancier, Poet und Gelehrte, wurde als Schuljunge von Mallory zum Bergsteigen mitgenommen. In *Good-bye to All That* erinnert er sich, daß sein Tutor »nach erfolgreicher Kletterpartie immer trunken war vor Begeisterung.« Ein anderer Lehrling bezeugt: »Er war der beste Kletterer, der mir je zu Gesicht gekommen ist, und hatte einen geradezu phantastischen Gleichgewichtssinn.«
In den Alpen fühlte sich Mallory auf Bergen, die vielen britischen Bergsteigern schwer zu schaffen gemacht hatten, offenbar wie zu Hause. Über Mallorys Führungsarbeit an einer steilen Firnzeile schreibt Harry Tyndale:

Mit unnachahmlicher Leichtigkeit, Eleganz und Präzision schlug er Stufen ins Eis. Wer ihm bei der Arbeit zusah, registrierte weniger den Krafteinsatz als vielmehr Geschmeidigkeit und Balance. So rhythmisch und harmonisch stieg er durch sämtliche Steilstücke, insbesondere auch auf Felsplatten, daß er in seinen Bewegungen fast schlangenhaft geschmeidig wirkte.

»Anmut« und »Balance« – diese Wörter sind immer wieder von Mallorys Begleitern zu hören, wenn sie seine alpinistischen Fähigkeiten zu beschreiben versuchen. »Beim Klettern war er ganz bei sich«, schrieb Geoffrey Winthrop Young, selbst ein Beispiel von Anmut und Balance.

> Er spottet aller Theorie. Egal, wie steil oder glatt der Fels, stets setzt er den Fuß hoch an, legt die Schulter aufs Knie und fließt empor und richtet sich wieder auf in ungestümer Bahn [...] Der Anblick, vor allem aber auch das Ergebnis bleiben sich gleich: eine kontinuierlich wogende Bewegung, so rasch und kraftvoll, daß man den Eindruck hat, der Fels müsse unter ihm nachgeben oder zerspringen.

Mallory, so fügte Young hinzu, »war gar nicht imstande zu einer Bewegung, die nicht in sich selbst schön gewesen wäre. Er mußte Bergsteiger werden, denn die Kletterei ist die beste Gelegenheit für perfekte Bewegung [...]«
Als Mallory 1909 mit Young den bis dahin unbegangenen Südostgrat des Nesthorns bestieg, stürzte er zum ersten und einzigen Mal in seiner alpinistischen Ausbildung schwer. Es war spät am Nachmittag, und die beiden Männer standen am Fuß eines vertikalen Pfeilers, dem letzten Hindernis vor dem Gipfel. Mallory übernahm die Führung und traversierte um die Wölbung herum, während Young auf dem Grat zurückblieb. Er konnte Mallory bald nicht mehr sehen und klemmte zu seiner Absicherung das Seil in eine kleine »Kerbe« am Rand einer Felsplatte.

Weil er den Pfeiler auf dem eingeschlagenen Weg nicht bezwingen konnte, traversierte Mallory zurück und kam für den Partner wieder in Sicht, kletterte dann aber, statt abzusteigen, geradewegs nach oben auf einen Überhang zu. Dabei schlug er, wie es damals üblich war, mit dem Pickel kleine Fingergriffe in den Fels. Young schaute, wie er später in *On High Hills* berichtete,

> [...] voller Sorge zu, wie sich Mallory emporkämpfte, bis an dem Überhang, der mir den Blick auf alles darüberliegende verstellte, nur noch seine Stiefel zu erkennen waren. Damit klammerte er sich katzengleich auf kaum erkennbaren Unebenheiten an der Felswand fest. Mir stockte der Atem, und ich spannte jeden Muskel, darauf gefaßt, das über die Kerbe gelegte Seil zu spannen.

Mallory verließen die Kräfte, als er in einer verwegenen Anstrengung den Überhang zu meistern versuchte und zu einem »gymnastischen Schwung« ausholte. »Ich sah die Stiefel lautlos wegrutschen«, erinnerte sich Young, »und ebenso lautlos kam ein grauer Schatten herab, an mir vorbei und außer Sicht.« Mallory stürzte zwölf Meter tief und ohne anzuecken, ehe das Seil den freien Fall jäh beendete. Young ließ nicht locker und prallte mit den Händen, die das Seil umklammert hielten, gegen die Felsplatte. In jenen Tagen, als es noch keine festen, elastischen Nylonseile gab, gingen solche Stürze zumeist tödlich aus. Young rechnete schon mit dem Schlimmsten:

> Wir verwendeten ein geflochtenes Seil österreichischer Fabrikation; es war damals häufig im Gebrauch, kam danach für uns aber nicht mehr in Frage. Bei einem Reißfestigkeitstest wurde später für dieses Seil ermittelt, daß es unter der plötzlich angreifenden Belastung durch das Gewicht eines ausgewachsenen Mannes beim Sturz von nur knapp zwei Metern unweigerlich zerreißt. Sooft ich an dieses Ergebnis denke, durchlebe ich von neuem jenen unbeschreiblichen Augenblick, da mir bewußt wurde, daß das Seil wundersamerweise gehalten hatte.

Mallory hatte den Sturz völlig unbeschadet überstanden und nicht einmal den Pickel losgelassen. Über steil abschüssige Platten schleppte er sich wieder hoch zu seinem Partner. Dem Pfeiler ausweichend, setzten die beiden ihren Weg fort und erreichten am Abend den Gipfel des Nesthorns. »Im Dämmerlicht schien es, als schwebe Mallory wie Distelwolle über die letzten, schroffen Stufen«, schreibt Young, »auf und ab, durch immer dichter werdende Kälte und zunehmende Dunkelheit.«

Ob Mallory, wie Ann Bridge behauptete, wirklich keine Angst kannte, sei dahingestellt. Zumindest schilderte er in einem Brief an die Mutter den Angriff auf jenen bislang unbezwungenen Grat des Nesthorns nicht als verzweifelten Vorstoß, der fast tödlich geendet hätte, sondern vielmehr als einen angenehmen Ausflug in den Alpen:

> Wir waren 21 Stunden auf den Beinen und rundum zufrieden mit uns, zumal sich das schlechte Wetter, bei dem wir losgegangen wa-

ren, am Ende verzog. Auf dem Nesthorn erlebte ich einen so herrlichen Sonnenuntergang wie nie zuvor.

Aus solchen Episoden ließe sich vielleicht der Schluß ziehen, daß Mallory ein Hasardeur war, der sich einbildete, unverwundbar zu sein, und womöglich von einem selbstzerstörerischen Dämon besessen. David Pye beteuert jedoch, daß sich Mallory »vor ungeübten Bergsteigern sehr in acht nahm und äußerst unduldsam war gegenüber Ungeschicklichkeit oder Leichtsinn.« Einen Kletterunfall, der einer Seilschaft passierte, die sich eine für sie viel zu schwere Route vorgenommen hatte, kommentierte er »in einem Tonfall verärgerter Traurigkeit« mit den Worten: »Die hatten da oben nichts zu suchen!«

Einen Monat nach seinem Sturz am Nesthorn verletzte sich Mallory bei einem sehr viel harmloseren Unfall so schwer, daß er lange an den Folgen laborierte. Er war mit seinen Schwestern und einigen Freunden in Birkenhead unterwegs, nicht weit von seinem Elternhaus entfernt, und traf in einem verlassenen Steinbruch auf eine kleine Sandsteinwand. Sein Biograph David Robertson erzählte: »Es gab keinen zwingenden Grund, sie zu besteigen, doch George ließ sich von ihr herausfordern.«

Mallory hatte die Wand schon fast bezwungen, als er in Schwierigkeiten geriet. Einer der Freunde eilte außen herum auf den oberen Absatz und ließ ein Seil herab. Beim Versuch, sich daran festzuhalten, rutschte George ab, worauf ihm das Seil durch die Hände glitt. Es gelang ihm jedoch, sich von der Wand abzustoßen, um frei zu fallen und im Gras zu landen. Bei der Landung trat er allerdings auf einen überwucherten Stein und knickte mit dem rechten Fuß um.

Was er anfangs für eine harmlose Verstauchung hielt, machte ihm monatelang zu schaffen. Noch im Dezember schrieb er in einem Brief an Young: »Der Fuß ist nach wie vor in miserablem Zustand. Kürzere Strecken kann ich zwar leidlich bewältigen, aber für die Berge langt's noch nicht.« Mallory gab ausschließlich sich selbst die Schuld: »Ich mag gar nicht darüber nachdenken, so unangenehm ist mir die ganze Sache, die ich mir durch meinen Starrsinn eingebrockt habe.«

Im Ersten Weltkrieg an der Westfront bereitete ihm der Fuß so große Schmerzen, daß er als kampfuntauglich nach Hause geschickt wurde. Erst da, acht Jahre später, erfuhr er, daß er sich bei seinem Sturz 1909 das Sprunggelenk gebrochen hatte. Es hatte nie richtig verheilen können. Mallory unterzog sich einer Operation, die zunächst erfolgreich verlaufen zu sein schien. Doch die Verletzung plagte ihn auch noch auf seiner letzten Everest-Expedition sieben Jahre später. Aus Darjeeling schrieb er im Mai 1924, voller Hoffnung im Hinblick auf den Ausgang der Reise, an seine Frau Ruth: »Sorgen mache ich mir nur darüber, ob mein altes Fußgelenk wohl auch halten wird.«

Nach seiner Zeit in Cambridge versuchte Mallory als Schriftsteller Fuß zu fassen, und es gelang ihm die Veröffentlichung einer literaturkritischen Arbeit mit dem Titel *Boswell the Biographer*, die aber kaum jemand zur Kenntnis nahm. In seinen Artikeln für

Bergsteigermagazine ging er weit über die üblichen, meist langweiligen Schilderungen alpinistischer Leistungen hinaus und strebte nach einer angemessen poetischen Darstellung der Hochgefühle, die er im Gebirge erlebte. 1914 erschien ein ambitionierter Essay unter dem Titel »The Mountaineer as Artist« (Der Bergsteiger als Künstler). In einer gewagten Analogie beschrieb er darin einen Tag in den Bergen als Sinfonie. Wie in den Texten vieler anderer junger Bergsteigerautoren zeigte sich auch hier ein Hang zum gespreizten Pathos:

> Und so führen im Tagesverlauf verschiedene Stimmungen zum symphonisch Ganzen, in den Sätzen: Allegro – worin man sich für die Expedition abrackert und alles noch in Frage steht; Scherzo – worin man etwa über die letzten Absätze eines Grates springt oder in ein letztes kurzes Steilstück Stufen schlägt, daß Eissplitter, ausgelassen wie in einem verrückten Glissando, über die verharschte Flanke tanzen und schwimmen und gluckern und purzeln [...]

Doch mit der Zeit gewannen die frei schwebenden Lyrismen in Mallorys Prosa eine klarere Form. Er erkannte, daß er wirklich etwas zu sagen hatte. Und er besaß ein echtes aphoristisches Talent. Hätte er länger gelebt, wäre Mallory womöglich wie Geoffrey Winthrop Young ein hervorragender Schriftsteller geworden. Sein bekanntester Aufsatz ist der Bericht eines schwierigen Aufstiegs am Mont Blanc, der 1918 im *Alpine Journal* erschien: »Haben wir einen Feind besiegt? Keinen anderen als uns selbst.

Hatten wir Erfolg? Dieses Wort ist ohne Bedeutung hier.«

Eine regelrechte Ironie des Schicksals ist, daß der einzige Satz, den man immer mit Mallory in Verbindung bringen wird, eine spontane Bemerkung war – ausgesprochen während einer ermüdenden Vortragsreise durch Amerika, und zwar einem Journalisten gegenüber, der ihn fragte, warum er den Everest besteigen wolle. »Weil er da ist«, blaffte Mallory ihn an und hinterließ damit der Nachwelt eine Sentenz so markig wie ein konfuzianisches Rätsel. Einige seiner engsten Freunde behaupteten, daß er mit dieser schnippischen Antwort sein Gegenüber einschüchtern wollte, da er es leid war, immer wieder jene nicht zu beantwortende Frage gestellt zu bekommen, die allen Bergsteigern gestellt wird.

In den Kapiteln, die er für die offiziellen Everest-Berichte von 1921 und 1922 beisteuerte, schrieb Mallory anschaulich und gut. Gleiches ist aber auch über die meisten seiner damaligen Teamgefährten zu sagen – so hoch waren die Standards der englischen Ausbildung jener Tage. Noel Odells und Terry Nortons Beiträge in dem Buch von 1924 können sich mit denen von Mallory durchaus messen lassen.

Um seinen Lebensunterhalt bestreiten zu können, nahm Mallory 1910 – also im Alter von 24 Jahren – eine Anstellung als Lehrer an einer Privatschule namens Charterhouse an. Er engagierte sich sehr und führte seine Schüler zum Klettern nach Wales und in die Alpen, so wie es seinerzeit R. L. G. Irving getan hatte. Aber Mallory war zu chaotisch, um ein guter Lehrer sein zu können, zu kreativ, um sich mit der Routine einer solchen Betätigung zufriedengeben zu können. Graves brachte es auf den Punkt: »George war in Charterhouse fehl am Platz.«

Er scheint dennoch einen sehr anregenden Unterricht gehalten zu haben. David Pye überlieferte eine Bemerkung, die vermuten läßt, daß Mallory seinen Schülern gegenüber verschmitzt und subversiv auftrat: »Stell dir vor, ich muß morgen einer Klasse kleiner Jungen etwas über den Sündenfall des Menschen beibringen. Was zum Teufel soll ich denen sagen? Daß eigentlich alles ganz in Ordnung war, der liebe Gott dann aber ausfallend wurde, aus purem Neid?«

Politisch stand Mallory, obwohl er ein Pfarrerssohn war, äußerst links. Er bezeichnete sich selbst als Fabier und Sozialist, sympathisierte mit den Suffragetten und der irischen Forderung nach Selbstbestimmung. 1920 reiste er nach Irland, um sich von der Barbarei englischer Unterdrückung ein eigenes Bild zu machen. Eines Nachts wurde er in Dublin von einem Polizeibeamten, der ihn anscheinend für einen fanatischen Anhänger Sinn Feins hielt, ins Kreuzverhör genommen, mit vorgehaltener Pistole und von grellem Scheinwerferlicht bestrahlt.

Im Frühjahr 1916 wurde Mallory einberufen und diente während des Ersten Weltkriegs an der französischen Front. In den Briefen nach Hause gab er sich zunächst heiter und stellte den Krieg als eine Art Schulsportveranstaltung dar: »Mir macht diese Art von Unterhaltung durchaus Spaß [...]« – »Auf dem Weg zum Vorposten zum ersten Mal dieses Spiel gespielt: Vorsicht, Kopf einziehen, Granate! Recht kurzweilig [...]«

Aber die flapsige Art wurde ihm durch leidvolle und schreckliche Fronterfahrungen bald ausgetrieben. In dem Bericht über die Bergung der Leichen zweier Freunde, die von einer Granate getötet wurden, klingen ganz andere Töne an:

> Ich war nur ein paar Schritte vor ihnen und sah, daß sie mit dem Gesicht nach unten am Boden lagen. Allem Anschein nach waren sie schon tot, als wir kamen, um sie zu holen [...] Es waren sehr nette Kerle, besonders der eine. Er hatte den ganzen Tag mit mir an der Front gelegen und sich als äußerst freundlich erwiesen.

Mallory wurde im Mai 1917 wegen des verletzten Fußes nach Hause geschickt. Soviel Glück hatten einige seiner engsten Freunde nicht: Der Schriftsteller Rupert Brook, sein Kommilitone aus Cambridge, starb an einer Blutvergiftung; Robert Graves wurde in einem Schützengraben schwer verwundet; Geoffrey Winthrop Young verlor einen Unterschenkel samt Knie – konnte aber später dank einer Prothese noch recht anspruchsvolle Bergtouren unternehmen.

1914 hatte sich Mallory während einer Venedigreise in Ruth Turner verliebt. Sie war schön – »botticellinisch«, wie er selbst sagte –, und er fühlte sich dieser stillen, treuen, gebildeten Frau bald herzlich verbunden. Sie kannten sich erst vier Monate, als sie heirateten, Mallory war gerade 28 geworden. Sogleich brachte er ihr das Klettern bei und führte sie in Wales über Steige, die alles andere als einfach waren. Er verlangte ihr einiges ab. Über den Snowden fegte ein stürmischer Dezemberwind, als sich die beiden zusammen mit David Pye an einen »extrem steilen und erschreckenden« Abstieg wagten. Vor einem Felsabsatz scheute Ruth zurück. Da nahm George sie an den Schultern und »stieß sie einfach hinunter! [...] Dann sprang er ihr nach, und so ging es weiter, durchaus harmonisch, auch wenn wir keuchten und der Wind heulend über uns hinwegfegte.«

So gut die beiden äußerlich zueinander paßten, so verschieden war ihr Temperament. Pye beschrieb Ruth als »eine Person von kluger Einfachheit, und überaus praktisch veranlagt.« An ihr schien Mallory festen Halt zu finden. Pye berichtete: »Ein völlig fremder Mensch begegnete dem frisch vermählten Paar in irgendeinem Klettergarten; er war ganz hingerissen von den beiden und meinte: ›Die sind zu gut, um wahr zu sein.‹«

Als er in Frankreich kämpfte, war Mallory bereits Vater zweier Töchter. Clare wurde 1915 geboren, Beridge ein Jahr später. Ein drittes Kind, Sohn John, kam 1920 zur Welt. In den letzten Kriegswochen mußte Mallory nach seinem Genesungsurlaub zu Hause wieder an die Front ausrücken. Am Tag des Waffenstillstands schrieb er an Ruth: »Was für ein herrliches Leben werden wir führen! Aus einem solchen Geschenk *müssen* wir etwas Wundervolles machen!«

Soweit man weiß, war Ruth die einzige wichtige Frau in Mallorys Leben. Auch nach zehn Jahren Ehe schien die Liebe zwischen den beiden unvermindert stark gewesen zu sein, wovon die im Archiv des Magdalene College gesammelten Briefe ein beredtes Zeugnis ablegen.

Im Sommer 1919 kehrte Mallory zum ersten Mal nach sieben Jahren in die Alpen zurück. Trotz schlechten Wetters und einer Begleitschaft, die sehr viel weniger kühn und tüchtig war als er, konnte sich George an einer Reihe geglückter Besteigungen erfreuen. Nach einer anstrengenden und durch heftigen Sturm erschwerten Traverse am Mont Blanc schrieb er seinem Freund Young einen langen Brief, aus dem im Hinblick auf die Katastrophe am Everest ein Satz heraussticht: »Wie unfähig doch übermüdete Männer sein können, gerade beim Abstieg.«

Nach Auskunft von David Pye stellte Mallory in den Alpen unter Beweis, daß er wie kaum ein anderer Routen ausfindig zu machen verstand. »Es zog ihn immer zu den hohen, unerforschten, kurz, zu den großen Wänden, die unter Bergsteigern als unbesteigbar galten.« Wenn er scheiterte, verzweifelte er an sich selbst. »›Ich war zu schwer‹, pflegte er dann in seiner Zerknirschung zu sagen.«

Obwohl Young durch seine Beinprothese gehandikapt war, freute sich Mallory, als er wieder mit ihm in Wales klettern konnte. Um dem Freund die Strapazen eines langen Anmarsches zu ersparen, steuerte er seinen kleinen Wagen über eine prekäre Piste bis an den Fuß des Lliwedd.

Möglich, daß sich Mallory mit einem Leben als Lehrer und Gelegenheitsautor, der sommers in den Alpen klettert, zufriedengegeben hätte. Doch schon 1919 machten Gerüchte die Runde, wonach britische Forscher den höchsten Berg der Welt zu erkunden beabsichtigten. Näher als bis auf 40 Meilen war noch kein Europäer an seine Flanken herangekommen.

Ein so rastloser Mann wie Mallory konnte diesen Sirenenruf nicht unbeachtet lassen. Er war mittlerweile der unbestritten beste Bergsteiger Großbritanniens. Aber er war auch Vater und Lehrer, und so zögerte er, als man ihn einlud, an der geplanten Expedition teilzunehmen. Es war schließlich Young, der Mallory während eines Kurzbesuches innerhalb von 20 Minuten (nach David Robertsons Worten) klarmachte, »daß der Everest eine Gelegenheit sei, die man sich nicht entgehen lassen dürfe; es sei ein außergewöhnliches Abenteuer, eines, das ihn bekannt machen würde und seiner zukünftigen Arbeit, ob als Pädagoge oder Schriftsteller, zugute käme.«

Es waren demnach eher pragmatische als schwärmerische Gründe, die Mallory offenen Auges in jene Obsession geraten ließen, die seinen Ruhm begründete – und die ihn schließlich das Leben kosten sollte.

MEINUNGSVERSCHIEDENHEITEN

CONRAD ANKER:

Nach einer fast schlaflosen Nacht stiegen wir fünf am Morgen des 2. Mai 1999 ins Lager V ab. Auf einem exponierten Eisgrat über dem Nordsattel begegnete mir Slava, der beste Mann des ukrainischen Teams, das sich auf einen Gipfelvorstoß vorbereitete. Das erste, was er sagte, war: »Na, Mallory gefunden?« Ich war erstaunt und murmelte bloß: »Nein, haben wir nicht.« Daß Slava diese Frage stellte, mußte immerhin nicht zwangsläufig heißen, daß unser Geheimnis bekannt geworden war. Am Berg wußte jeder, wonach wir suchten, es lag also nahe, nachzufragen.

Im Nordsattel traf ich dann Russell Brice. Er ist Neuseeländer, hatte den Everest schon bestiegen und wollte Kunden durch die Nordflanke führen. Er fragte: »Habt ihr ihn schon gefunden?« Und wieder verneinte ich.

Als ich tags zuvor meine kodierte Durchsage gemacht und von Nagelschuhen, Snickers, Tee und einem dringlichen Treffen gesprochen hatte, war unseren Teamkollegen weiter unten sofort klar gewesen, daß wir eine wichtige Entdeckung gemacht hatten. Wenig später war Simo mit der Warnung gekommen, daß man unseren Funkverkehr am ganzen Berg mitverfolgte. Russell Brice hatte eine sehr gute Radioanlage und hörte offenbar besonders aufmerksam hin, weil er etwas ahnte. Wie dem auch sei, nach Simos Warnung schalteten wir unsere Geräte ab und ließen über Funk nichts mehr verlauten.

Wir stiegen über den Eisbruch zum ABC (dem vorgeschobenen Lager) auf 6400 Meter ab, wo wir die Nacht verbringen wollten. Dort trafen wir auf Simo und Thom Pollard. Da wir das Lager gemeinsam erreichten, konnten sie unsere Ankunft filmen.

Mit Dave Hahn zanke ich mich normalerweise immer im Spaß darum, wer das Schlußlicht bildet und damit die Rolle des Bescheidenen spielt. Die Jungs hatten diesmal aber darauf bestanden, daß ich vorneweg ging. Simo grinste bis über beide Ohren und konnte kaum erwarten, daß wir ihm Bericht erstatteten. Wir hielten uns aber noch eine Weile zurück, weil jede Menge Leute von anderen Expeditionen um uns herum schwirrten. Schließlich schlüpften wir in unser Essenszelt, machten den Reißverschluß zu und ließen Dave erzählen.

Aus irgendeinem Grund war Eric überzeugt, daß wir Sandy Irvine gefunden hätten. Als wir ihm jedoch von unserer tatsächlichen Entdeckung berichteten, war er zunächst sprachlos und sagte dann nur: »Wow, das ist ja ein Ding!«

Wir feierten mit Gebäck und Tee und beschlossen dann, Russell Brice einzuweihen. Ihn belogen zu haben, machte mir ziemlich zu schaffen. Russell gratulierte uns herzlich und versprach, die Nachricht für sich zu behalten.

Am selben Abend noch meldete sich Simo über Satellitentelefon bei seiner Freundin Erin Copland, die von Ashford (Washington) aus unsere Expedition publizistisch begleitete. Er traute seinen Ohren nicht, als sie sagte: »Die Story ist schon raus. NOVA hat gestern davon berichtet.«

Liesl Clark, die Filmproduzentin von NOVA, hatte vom Basislager aus fast täglich Mitteilungen an die Website von PBS geschickt. Auch MountainZone berichtete ganz aktuell. Normalerweise wurde das, was Teilnehmer unserer Expedition (meist Simo) über Satellitentelefon auf deren Voice-Mailbox sprachen, in Seattle von Peter Potterfield überarbeitet und dann im Internet veröffentlicht. Aber Dave Hahn machte sich mit seinen Meldungen besonders viel Mühe. Es war sein zweiter Auftrag für MountainZone am Everest. Statt über Telefon durchzugeben, was ihm gerade zum Thema einfiel, blieb er oft bis spät in die Nacht wach und tippte sorgfältig ausformulierte, detaillierte Reportagen in seinen Laptop, die er dann nach Seattle schickte.

Die Expedition war also im Internet sehr ausführlich präsent. Liesl verstand sich schon immer aufs Schreiben, ihre Berichte waren und sind anschaulich, gut verständlich und informativ. Sie transkribierte auch die Interviews mit uns Bergsteigern. Die Bekanntmachungen von MountainZone waren dagegen ziemlich fragmentarisch und flüchtig, was allerdings verständlich ist, wenn man bedenkt, daß sich unsere Leute für gewöhnlich erst am Ende eines harten Arbeitstages mit Peter Potterfield in Verbindung setzten. Verständlich auch, daß sie nicht immer das große Ganze im Blick hatten. Selbst Daves Berichte gaben vor allem das wieder, was er am jeweiligen Tag getrieben hatte.

Am 1. Mai, dem Tag der Suche, war Simo im ABC-Lager auf Empfang, während Liesl vom Basislager aus mithörte. Gleich neben ihr befand sich Jochen Hemmleb, der mit seinem 200fachen Teleskop jeden unserer Schritte beobachtete und vor dem eingeschalteten Radiomikrophon kommentierte. Anfänglich meldeten wir uns in regelmäßigen Abständen bei Simo und Jochen und hielten sie über unsere Suche auf dem laufenden. So ging über den Äther, daß Jake eine blau markierte Sauerstoffflasche gefunden hatte, die Jochen als Ausrüstungsteil der chinesischen Expedition von 1975 identifizierte. Auch meine Entdeckung der beiden Leichen aus jüngerer Zeit sowie Andy Politz' Aufforderung an mich, systematischer zu suchen, war verbreitet worden. Erst als ich Mallory gefunden und mich auf unseren Geheimcode besonnen hatte, wurden wir mit unseren Funksprüchen vorsichtiger.

Liesl hatte exakt wiedergegeben, was sie über Funk oder per Teleskop von unserer Suchaktion in Erfahrung bringen konnte. Sie ließ nichts aus, weder meine seltsame Einladung »Auf 'ne Runde Snickers und Tee«, noch meine kurz darauf gefunkte Aufforderung, sich sofort zu treffen. Danach schrieb sie: »Das war das letzte, was wir für heute von den Bergsteigern gehört haben.«

Für Liesl stand jedoch fest, daß wir eine große Entdeckung gemacht hatten. Aus diesem Grund spekulierte sie des weiteren:

> Es bleiben kaum Zweifel, daß das, was sich wie eine Folge von gewöhnlichen Funksprüchen angehört hat, tatsächlich ein Signal von besonderer Bedeutung war. Durch sein Teleskop hat Hemmleb die fünf Bergsteiger am unteren Rand einer Schneeterrasse zusammenkommen sehen. Anker hatte sie gerufen. War »Snickers und Tee« ein codierter Ausdruck für etwas, das vorläufig geheim bleiben soll? Uns ist bewußt, daß andere Expeditionen auf unserer Frequenz mithören, weshalb vorher ausgemacht wurde, daß der Funkverkehr auf das Nötigste reduziert werden solle, falls die Leiche gefunden würde. Dieses dringlich einberufene Treffen, zu dem [Andy] Politz über hundert Meter absteigen mußte, kann eigentlich nur bedeuten, daß Anker einen wichtigen Fund gemacht hat. Aber was mag das sein?

Als wir an jenem Abend Lager V erreichten, gaben wir nur einen einzigen Funkspruch durch, mit dem wir Simo wissen ließen, daß jeder von uns wohlbehalten und in Sicherheit sei. Mallory erwähnten wir nicht, doch Dave konnte nicht widerstehen, und es platzte aus ihm heraus: »Jochen, du wirst dich riesig freuen!«

Liesl beendete ihren Bericht mit genau dieser neckischen Bemerkung und schickte ihn ab. PBS/NOVA kam noch am selben Abend U.S.-amerikanischer Zeit im Internet damit heraus. Und so ging tatsächlich eine Bombe hoch. MountainZone hatte seit vier Tagen nichts von uns gehört. Dave war ja mit der Suche beschäftigt gewesen, und Simo wollte, als er von unserer Entdeckung erfuhr, selbst entscheiden, wie der Welt diese Nachricht am besten mitzuteilen sei.

Als Simo von Erin hörte, daß NOVA MountainZone zuvorgekommen war, explodierte er vor Zorn. Schließlich war er nicht nur der erste Reporter für MountainZone, sondern auch durch einen Exklusivvertrag an diese Firma gebunden. Jetzt fühlte er sich natürlich hintergangen. Zwischen ABC und dem 20 Kilometer entfernten Basislager ließ sich nur auf eine einzige Weise privat kommunizieren, nämlich per e-Mail. Und diese Möglichkeit nutzte Simo am 2. Mai zu einer sehr frostigen Mitteilung an Liesl. Darin kritisierte er ihr sensationsheischendes »Cybercasting (statt, wie versprochen, eine kulturell bildende Website zu unterhalten)« und drohte dann: »Wenn Du damit nicht unverzüglich aufhörst, wirst Du aus unserer Expedition ausscheiden müssen.«

Liesl war fix und fertig. Als ich ihr im Basislager begegnete, fragte sie: »Womit habe ich das verdient?« Später beklagte sich Simo darüber, daß sich NOVA in einem Abkommen mit MountainZone zu einem 24stündigen Moratorium verpflichtet hatte, um MountainZone Gelegenheit zu geben, mit der nächsten spektakulären Meldung auftrumpfen zu können. Sowohl Peter Potterfield als auch Simo ließen aber anschließend durchblicken, daß das Moratorium in Wirklichkeit das Resultat dieser heftigen Auseinandersetzung war: Vor dem 2. Mai hatte es ein solches Abkommen nicht gegeben. Wie auch immer, Liesl hatte nur getan, was jeder gute Reporter mit einer interessanten Nachricht tun würde.

Eric Simonson hatte ich zehn Jahre zuvor auf dem Denali (Mount McKinley) kennengelernt. Wir gehörten verschiedenen Seilschaften an, waren aber zur selben Zeit auf dem Berg. Er führte Kunden nach oben, während ich Granitproben für eine geologische Studie sammelte. Simo ist groß und kräftig, hat dunkles Haar und dunkle Augen und ist ein starker Kletterer und Vollzeit-Bergführer. Seine Ausbildung fand am Mount Rainier statt, und zwar unter der Obhut von Lou Whittaker, dessen Firma RMI (Rainier Mountaineering, Incorporated) jahrelang als einzige Führungen auf diesen Berg anbot. Vor wenigen Jahren machte sich Simo selbständig und gründete IMG (International Mountain Guides), deren Teilhaber er nunmehr ist. IMG ist ein ambitioniertes Unternehmen, es führt Expeditionen auf den Kilimandscharo und den Vinson, auf die höchsten Antarktis-Gipfel sowie auf den Cho Oyu, Shisha Pangma und den Everest im Himalaja durch. Von meiner Person abgesehen, hatten alle Mitglieder unseres Suchteams schon mit Eric zusammengearbeitet, entweder für IMG oder RMI.

1991 stieg Simo bei seiner dritten Everest-Expedition durch die Nordflanke auf den Gipfel. Er kannte die Risiken der Kletterei in Extremhöhen aus eigener Erfahrung und war in diesem Jahr nicht darauf aus, so hoch zu steigen wie die anderen. Statt dessen konzentrierte er sich auf die Leitung der Expedition. Er ist ein brillanter Organisator, und es lief auch damals alles wie am Schnürchen, so reibungslos, daß ich darüber nur staunen konnte.

Sein Verhalten den Sherpas gegenüber war schon immer vorbildlich. Er setzt sich bis heute dafür ein, daß sie als gleichberechtigte Partner angesehen werden, legt größten Wert auf ihre Sicherheit und zahlt ihnen die besten Löhne. Dafür sind sie ihm gegenüber absolut loyal. Auf dem Berg leistet Eric äußerst gründliche Arbeit. Er kennt die besten Lagerplätze und weiß um den Wert fest verlegter Seile. Er hat aus der Organisation von Himalaja-Expeditionen eine Wissenschaft gemacht.

Aber er kann auch recht herrisch sein. Am besten funktioniert er, wenn er das Sagen hat. Wer einen Fehler macht, wird von ihm ohne Umstände darauf aufmerksam gemacht. Simo stellt hohe Erwartungen an andere, egal ob es sich um Sherpas handelt, Teammitglieder oder auch nur um Freizeittrekker. Wie bei Everest-Expeditionen mittlerweile üblich, hatten auch wir einige Trekker eingeladen, die sich für gutes Geld im Basislager einquartierten und ihre Reise mit einem Aufstieg ins vorgeschobene Lager ABC zu krönen beabsichtigten. Am Tage nach ihrer Ankunft erkundeten zwei Trekker die Umgebung, ohne einem von uns zu sagen, wohin sie gingen. Tap, Jake und ich stiegen in der Dämmerung durch eine gefrorene Rinne, um nach den Männern zu suchen. Eine Nacht im Freien hätte nicht nur ihr Leben bedroht, sondern auch unsere Pläne in Gefahr gebracht. Es war schon stockdunkel, als die beiden endlich zurückkehrten. Simo schickte sie gleich am nächsten Tag nach Hause, ohne ihnen ihr Geld zurückzuerstatten. Seine Reaktion war vielleicht ein wenig zu heftig, aber ich halte sie dennoch für gerechtfertigt. Jedenfalls machte sie deutlich, was er unter Führung und Verantwortung versteht.

In den Gesprächen beim Essen ging es natürlich häufig um Politik. Im Unterschied zu den meisten von uns ist Simo ausgesprochen konservativ, und es gefiel ihm, unsere liberalen Empfindlichkeiten zu reizen. Als sich Jake Norton wieder einmal leidenschaftlich engagiert für die tibetische Unabhängigkeit aussprach, sagte Simo trocken: »No, Jake, it's not ›save Tibet‹, it's ›pave Tibet‹.« (Nein, Jake, es heißt nicht ›rettet Tibet‹, sondern ›pflastert Tibet‹.)

Wir waren auf dem Weg ins Lager II, als Eric mich zurechtstauchte, weil ich zu weit vorneweg ging. »Conrad, du Primadonna, du bist zu schnell! Nimm gefälligst Rücksicht auf die anderen.« Ich sagte: »Na so was, ich wußte gar nicht, daß wir in Formation laufen.« Auf langweiligen Steigen setze ich mir am liebsten meinen Walkman auf und gehe einfach drauflos.

Es konnte also nicht überraschen, daß Liesl von Simo eine gehörige Abreibung bekam. Wir kannten sein Temperament, doch sie war ziemlich verletzt.

Der Krach wegen NOVA und MountainZone macht auf einen interessanten Punkt aufmerksam. In Zukunft wird es gang und gäbe sein, daß Expeditionen an entlegene Stellen der Erde live – oder in »Echtzeit«, wie es mittlerweile heißt – im Internet präsentiert werden. Aber selbst die Befürworter solcher »Instant«-Reportagen machen sich inzwischen ein paar ernste Gedanken über die ästhetische und ethische Qualität dieser Art von Journalismus.

Ein befreundeter Autor erzählte mir von seinen vor ein paar Jahren in Äthiopien gesammelten Erfahrungen, wo er, von Rafting-Experten aus Sobek begleitet, einen größeren Fluß erstmalig auf einem Floß befuhr. Allabendlich schrieb er Berichte für *Mango Park*, das von Microsoft eingerichtete Online-Abenteuermagazin.

Gleich zu Beginn der Expedition erkrankte der Teamarzt schwer. Er hatte über 40 Grad Fieber und mußte erbrechen, und es stand sehr schlecht um ihn. Man unterbrach die Expedition und überlegte, ob ein Rettungshubschrauber gerufen werden solle, wobei man sich darüber im klaren war, daß ein solcher Einsatz Folgen haben würde. Meinem Freund stellten sich folgende Fragen: Sollte er in Echtzeit über den Zustand des Arztes berichten? War es dessen Frau zuzumuten, auf diesem Wege informiert zu werden? Auf dem Fluß spielte sich unterdessen weiter nichts Berichtenswertes ab, aber das Team geriet in eine dramatische Krise. Dessenungeachtet mußte mein Freund die Möglichkeit in Betracht ziehen, daß auch ohne einen Notruf Rettung kommen würde, wenn er seinen Bericht veröffentliche. Genau dafür entschied er sich am Ende. Glücklicherweise erholte sich der Arzt von seinem Fieberanfall, und er konnte weiterhin an der Expedition teilnehmen.

Was hätte Liesl an jenem 1. Mai anderes tun sollen, als über das zu berichten, was sie gesehen und gehört hatte, über diesen bislang erlebnisreichsten Tag einer Expedition, die Hunderttausende von Internetbenutzern online mitverfolgten?

Wie auch immer, als bekannt war, daß NOVA die Sensation bereits gemeldet hatte, blieben Eric und

Dave bis spät in die Nacht auf, um einen eigenen Bericht anzufertigen. Er wurde am Morgen des 3. Mai abgeschickt und als die eigentliche Geschichte veröffentlicht. Eric schrieb: »Ich habe etwas Außergewöhnliches zu vermelden und hoffe, daß alle, die zugeschaltet sind, sitzen und folgende Nachricht zur Kenntnis nehmen [...] Ich freue mich, verkünden zu dürfen, daß die 1999er Mallory-und-Irvine-Suchexpedition die sterblichen Überreste von George Mallory gefunden hat, der am 8. Juni 1924 am Mount Everest verschollen war.« Dave schilderte die Entdeckung, und er versuchte, die partielle Exhumierung zu begründen. »Wir wollten seine letzte Ruhe nicht stören – er liegt nun schon 75 Jahre dort –, waren aber gleichzeitig der Ansicht, daß es ihm zur Ehre gereichen würde, wenn wir wenigstens versuchten herauszufinden, ob er 1924 den Gipfel des Mount Everest bezwungen hatte.«

Zum ersten Mal stellte MountainZone einem auf ihren Seiten veröffentlichten Bericht eine Copyright-Klausel voran: »Alle Rechte an diesem Text liegen bei MountainZone.com.«

Als wollte man nur ja nicht noch einmal ins Hintertreffen geraten, überflutete MountainZone nun das Netz mit Nachrichten. Am 4. Mai wurden Tonprotokolle veröffentlicht – es kamen nicht nur Dave und Eric zu Wort, sondern auch Jake, Tap, Andy und ich. Alle sollten die Entdeckung aus ihrer jeweiligen Sicht beschreiben. Dave hatte am Fundort jede Menge Aufnahmen mit einer Digitalkamera gemacht, die er dann im ABC-Lager via Satellitentelefon auf den Server in Seattle überspielte. MountainZone konnte endlich mit einem spektakulären Foto aufwarten: Es zeigt den nackten Rücken Mallorys von der Hüfte aufwärts, die alabasterfarbene Haut, die muskulöse Rückenpartie und die im Steinschutt steckenden Hände. Zunächst war die Aufnahme nur als Hilfsmittel zur Dokumentation gedacht. Wir ahnten nicht, zu welcher Kontroverse das Foto führen sollte.

Am Morgen des 3. Mai besuchte uns der italo-amerikanische Bergsteiger Fabrizio Zangrilli im Lager ABC. »Hey, ihr habt Mallory gefunden?« fragte er. »Wurde soeben von BBC gemeldet.« Das war für uns der erste Hinweis auf den Wirbel, den diese Nachricht in der ganzen Welt auslöste. Wir gingen in Fabrizios Funkzelt und stellten auf Kurzwelle BBC ein. Die Story wurde stündlich wiederholt. Wir hörten Erins Stimme – sie berichtete von der Entdeckung –, und dann kam Sir Edmund Hillary in einer kurzen Stellungnahme zu Wort. Erstaunlich, wie schnell die Medien reagierten.

Nachmittags machten wir uns an den Abstieg ins 5500 Meter hoch gelegene Basislager, wo wir bei Einbruch der Dunkelheit ankamen. Alle waren völlig begeistert, und wir wurden der Reihe nach stürmisch umarmt. Jochen bediente mich vor laufender Kamera mit Tee und Snickers. Zur Feier des Tages gab es für alle ein großzügiges Quantum Scotch.

Noch am selben Abend nahmen wir an den Fundstücken eine erste gründliche Untersuchung vor und zeichneten die ganze Prozedur per Video auf. Wir waren nachdenklich geworden. Ein jeder versuchte für sich, die Bedeutung des Fundes zu ermessen. Um es nicht zu größeren Feuchtigkeitsschäden kommen zu lassen, baute ich einen Trockentisch und breitete die gefundenen Gegenstände darauf aus. Jochen nahm Bestand auf, vermaß und beschrieb jedes einzelne Stück. Er hielt es mit allem sehr genau, so auch mit dem methodischen Ablauf: Zuerst nahm er unsere Schilderungen der Fundumstände zu Protokoll, dann untersuchte und katalogisierte er jedes einzelne Artefakt und schließlich schaute er sich die ganze Videoaufnahme noch einmal an. Wie ein Wein verkostender Connaisseur testete Jochen jedes Detail.

Jochen, Liesl und ich öffneten die Briefe, die Mallory in das Taschentuch gewickelt hatte, und lasen sie aufmerksam durch. Am nächsten Tag tippte Liesl Wort für Wort in ihren Laptop, zur Absicherung für den Fall, daß den Originalen etwas passierte.

Unterdessen ließ uns Erin aus Seattle wissen, daß eine riesige Nachfrage an Fotos von Mallorys Leiche bestehe. Für uns Bergsteiger, die wir möglichst entlegene Gegenden aufsuchen, um dann für Monate vom Rest der Welt abgeschnitten zu sein, war nicht leicht zu begreifen, was uns da dank moderner Technologie beschert wurde. Wir waren immer noch am Berg, hatten unsere Expedition noch längst nicht beendet, und schon wurden soeben erst aufgenommene Fotos digital in die Vereinigten Staaten übertragen, verkauft und veröffentlicht. Wir ahnten, daß uns eine Menge Geld winkte.

Wir beriefen eine Gruppensitzung im Basislager ein und berieten, wie wir mit unseren Rechten an den Fotos umgehen sollten. Während der Vorbereitungen auf die Expedition hatten wir uns darauf geeinigt, alle Erlöse in einen Topf zu werfen und in gleichen Anteilen zu verteilen. Liesl schlug vor,

Gamma Liaison einzuschalten, eine angesehene Agentur, für die sie schon einmal gearbeitet hatte – eine gute Idee, wie uns schien.

Bald wurde uns klar, daß der Poker um exklusive Bildrechte bereits im vollem Gange war. Auf mindestens drei Kontinenten versuchten Illustrierte und Zeitungsverlage einander zu überbieten. Unsere jüngeren Partner wie Tap und Jake, die als professionelle Bergführer finanziell gerade eben über die Runden kamen, waren natürlich versucht, beim besten Gebot zuzuschlagen. Ein einziges Foto versprach ihnen so viel Geld einzubringen wie ein dreiwöchiger Treck auf den Denali. Dave wiederum plädierte dafür, die Bilder an möglichst viele verschiedene Verlagshäuser zu verkaufen, denn ihm war als Photograph in erster Linie an einer weiten Verbreitung der Bilder gelegen.

Ich sprach mich dafür aus, daß das Organ mit dem besten Ansehen den Zuschlag erhalten sollte, weil ich mir davon positive Impulse für den Alpinismus versprach. Bergsteiger werden allzu häufig verunglimpft. Als Beispiel: Wenn ein Betrunkener von einer Bordsteinkante fällt, sprechen die Medien von einem Kletterunfall. Oder: Wer als Kinobesucher *Cliffhanger* gesehen hat, glaubt, über unseren Sport ausreichend informiert zu sein. Ich lebe vom Bergsteigen, und es ist mir ein großen Anliegen, daß es in der Öffentlichkeit richtig dargestellt wird. Auf keinen Fall wollte ich, daß es am Ende hieß, unsere Expedition sei eine Sache von überdrehten Spaßvögeln oder Schatzsuchern gewesen.

Deshalb gab ich, als wir in Gedanken das Geld verplanten, bekannt, daß ich meinen Anteil einer wohltätigen Einrichtung spenden wolle, die Hilfe für Tibet leistet. Ich wollte die anderen damit keinesfalls in Verlegenheit bringen, mußte aber immer wieder daran denken, wie privilegiert ich war, diesen großen Berg besteigen zu können – das Ganze wäre nicht möglich gewesen, wenn wir ohne Unterstützung der hier lebenden Menschen, zum Beispiel der Yak-Treiber, hätten auskommen müssen. Unser Fund gab mir die Gelegenheit, mich erkenntlich zu zeigen.

Am Ende ging das Foto an den Höchstbietenden, und das war die amerikanische Zeitschrift *Newsweek*. Es war in den Verhandlungen von Summen die Rede, die bei 40 000 Dollar und höher lagen, doch ich glaube, der tatsächliche Verkaufspreis war deutlich niedriger. Leider bekamen in Großbritannien und Australien jeweils Boulevardblätter den Zuschlag.

Wie dem auch sei, für ungefähr eine Woche schwebten wir auf Wolke Sieben. Alle Welt freute sich über unsere Entdeckung und überschüttete uns mit Glückwünschen. Dann aber wurden erste Mißfallensäußerungen laut, vor allem aus Großbritannien, und wir mußten erkennen, daß das, was wir auf 8140 Meter Höhe geleistet hatten, nicht nur Lob, sondern auch heftige Kritik hervorrief.

DAVID ROBERTS:

Die Nachricht über Mallory hatte der Welt tatsächlich einen regelrechten Stoß versetzt. *Newsweek* brachte einen sachlich richtigen Artikel zu dem exklusiven Foto von der mumifizierten Leiche, weigerte sich aber anfänglich zu zahlen, weil *Time* dasselbe Bild, kopiert von der Titelseite einer australischen Zeitung, für sich verwertete und obendrein als »exklusives« Foto ausgab. Die britischen und australischen Boulevardblätter behandelten das Thema, wie zu befürchten war, mit der gleichen Sensibilität wie die Story eines zweiköpfigen Säuglings oder einer Séance mit Lady Di.

Selbst unter hartgesottenen Bergsteigern herrschte helle Aufregung angesichts der Möglichkeit, daß der Fund endlich Aufschluß darüber würde geben können, ob Mallory und Irvine den Gipfel erreicht hatten oder nicht. Andy Politz' Hypothese – wonach die in der Tasche steckende Sonnenschutzbrille vermuten ließ, daß sich der Unfall in der Dämmerung oder noch später ereignet hatte – wurde schnell zu einem vermeintlichen Beweis dafür herangezogen, daß die beiden beim Abstieg, also nach Erreichen des Gipfels abgestürzt seien.

So titelte das deutsche Magazin *Stern* in seinem Sonderbeitrag zu einem in eine Gletscherlandschaft hineinkopierten Bild von Mallory: »War er der erste?« Der *Stern* setzte auch alles daran, den Landsmann Jochen Hemmleb als Spiritus rector der Entdeckung herauszustellen. In der Titelstory heißt es: »Über Funk und Teleskop von dem jungen Deutschen aus dem Basislager dirigiert, sichtete Alpinist Conrad Anker [...] den Leichnam.«

Am 3. Mai, nur zwei Tage nach dem Fund, brachte NOVA ein Interview mit David Breashears auf ihrer Website. Als Regisseur und Kameramann des bahnbrechenden IMAX-Films über den Everest sowie des 1987 gedrehten Dokumentarfilms Everest: *The Mystery of Mallory and Irvine* war Breashears Mitglied von insgesamt 14 Everest-Epeditionen. Viermal hatte er den Gipfel bestiegen. Er zeigte sich begeistert über den Fund von Mallorys Leiche und hielt es für plausibel, daß die Kamera nicht bei ihr gefunden wurde – man müsse sie vielmehr bei Irvine vermuten, weil dieser aller Wahrscheinlichkeit nach Fotos von Mallory, »dem Mann des Everest«, geschossen habe. Breashears äußerte ferner die Hoffnung, daß eine nachfolgende Suchaktion nicht nur Irvines Leiche zutage bringen würde, sondern auch die Kamera, die dann vielleicht das Geheimnis um die beiden endlich lüften würde. Zum Schluß des Interviews formulierte er einen Gedanken, der ähnlich anmutete wie die ehrerbietigen Worte, die Conrad Anker beim Anblick von Mallorys Leichnam in den Sinn gekommen waren: »Nach all den Jahren am Everest […], in denen ich so oft an jene unglaublichen Männer denken mußte, die 1924 in Baumwollanzügen und Tweedjacken zum Gipfel vorzustoßen versucht hatten, beruhigt es mich irgendwie, daß wir nun wissen, wo George Mallory ist.«

Später nahm Breashears lebhaft Stellung zu jener Version der Geschichte, wonach Hemmleb der Kopf unserer Unternehmung gewesen sein sollte. »Hemmleb hat nichts anderes getan, als den Computer mit Informationen zu füttern und zu glauben, daß er wichtige Daten neu erfunden habe. Mallory war kein Punkt auf dem Meeresboden, und die, die nach ihm gesucht haben, keine Unterwasserwesen. Das Team hatte nur einen echten Bergsteiger: Conrad Anker. Daß Mallory gefunden wurde, ist dem geschulten Auge des Bergsteigers zu verdanken, der weiß, worauf zu achten ist.«

Anfänglich wurde die Entdeckung als großes Ereignis gefeiert, vor allem in England, wo der Nationalstolz auf die Everest-Pioniere neue Nahrung bekam. »Bewunderung nimmt im Rückblick zu«, kommentierte die Londoner *Times*. »Mallory steht in der langen Tradition englischer Abenteurer und Sportsleute, die unter einer Maske aus Nonchalance und gentlemanlikem Betragen heißen Ehrgeiz hegen.«

Und der *Guardian* schwelgte: »Es bleibt etwas Wunderbares an jenem spielerischen Geist, der Menschen in einen Wettstreit treten läßt, welcher keinerlei materielle Belohnung verspricht und nur sich selbst zum Zweck hat.«

Mit der Veröffentlichung der Fotos – die Rückenansicht von Mallorys Leiche und jener vergrößerte Ausschnitt, der zeigt, wie das nackte linke Bein über dem zerschmetterten rechten liegt – wurden jedoch auch andere Stimmen laut. Manche verspürten beim Anblick der Bilder eine schaurige Faszination, wie zum Beispiel Boris Johnson, der für den *Daily Telegraph* schrieb: »Diese Fotos verursachen Gänsehaut. Nicht, daß sie schrecklich wären; nein, an diesem ausgeblichenen Torso ist gewissermaßen etwas beinahe Skulpturales.«

Andere Kommentatoren, darunter einige der weltbesten Bergsteiger, empörten sich jedoch über diese Abbildungen. »Ich bin entsetzt. Mein Abscheu läßt sich nicht in Worte fassen [...] Diese Leute verdienen es nicht, Bergsteiger genannt zu werden.« So äußerte sich Sir Chris Bonington gegenüber der Londoner

Times. Bonington hatte 1975 als erster die Südwestflanke des Everest durchstiegen und war zehn Jahre darauf mit 50 Jahren der älteste Mann auf dem Gipfel (ein Rekord, der allerdings nur neun Tage Bestand hatte). Auch Sir Edmund Hillary hatte sich nach seiner ersten – positiven – Reaktion eines anderen besonnen und sein Bedauern darüber zum Ausdruck gebracht, daß man den Expeditionsmitgliedern die scheußlichen Fotos »dieser heldenhaften Gestalt« abgekauft habe.

Mallorys Enkel George Mallory II, der 1995 den Everest über den Nordostgrat erstiegen hat, sagte: »Das macht mich offengestanden verflixt wütend [...] Es ist wie das Schürfen von Diamanten, ohne daß man selbst schürfen muß.«

Betroffen zeigte sich auch Audrey Salkeld, die die Dreharbeiten des NOVA-Films beratend begleitet hatte. »Es erschreckt mich, daß es dazu gekommen ist«, gestand sie dem *Observer*. »Ich fühle mich nicht wohl dabei.«

Eric Simonson hatte behauptet, daß Mallorys Familie der Expeditionsleitung freie Hand gelassen habe, alles zu tun, was ihr notwendig erscheine. So sei zum Beispiel auch die Gewebeentnahme zur DNA-Analyse von vornherein erlaubt gewesen. Clare Millikan äußerte sich jedoch enttäuscht darüber, daß sich vor der Entdeckung kein einziger Vertreter der Expedition bei ihr im kalifornischen Santa Rosa gemeldet habe.

Wäre das Team im Frühjahr 1999 zu einer gewöhnlichen Expedition aufgebrochen, hätte die Öffentlichkeit erst nach ihrer Rückkehr in die Vereinigten Staaten auf den sensationellen Fund reagieren können. Doch dank Satellitentelefon und Internet gab es schon zu einem Zeitpunkt Streit, da man im Basislager noch ausruhte und andere wichtige Ziele in Angriff nahm. Hierin liegt im übrigen eine weitere seltsame Wendung der »postmodernen« Erkundungsreise: Das Publikum in aller Welt reagiert auf etwas, das noch im Schwange ist, und übt dadurch einen möglicherweise prekären Einfluß aus.

Ein anderer Nebeneffekt von in »Echtzeit« kolportierten Expeditionen ist der Verlust an sprachstilistischer Qualität, der sehr deutlich wird, wenn man die Chroniken früherer Everestbesteiger zum Vergleich heranzieht. Im Anschluß an die Expeditionen von 1921, 1922 und 1924 hatten die Teilnehmer monatelang an der schriftlichen Ausarbeitung ihrer Eindrücke und Erlebnisse gearbeitet. Die *Bücher Mount Everest. Die Erkundungsfahrt 1921* (Howard Bury et al.), *Mount Everest. Der Angriff 1922* (Charles G. Bruce) oder *Der Kampf um den Everest* (George I. Finch) sind Klassiker geworden. Die von Mallory, Noel Odell und Teddy Norton verfaßten Kapitel zählen zu den Höhepunkten dieser Art von Literatur.

Die von MountainZone übermittelten Stegreifberichte vom 1. Mai 1999 sind dagegen nicht viel mehr als aufgeregtes Gestammel. »Wir kommen gerade runter von unserem Suchareal«, meldete Jake Norton, »und es war 'ne sehr interessante Zeit.« Und Dave Hahn gestand: »Ich kann's immer noch nicht fassen, wir haben gestern George Mallory gefunden, das war ein unglaublicher Tag.« – »Es war echt klasse, da oben bei George Mallory zu sein«, platzte es aus Tap Richards heraus. Selbst der ansonsten so nachdenkliche Conrad Anker verstieg sich zu solchen Aperçus wie: »Er liegt schon eine ganze Weile da, und daß dem so ist, hat was sehr, sehr Anrührendes. Beängstigend oder grausam ist es nicht.« (Man vergleiche damit Odells Gedanken über Mallorys tollkühnen Gipfelvorstoß, festgehalten in *Der Kampf um den Everest*: »Wer unter uns würfe den ersten Stein? Wir alle haben auf so manchem Bergesriesen dem Sturme und der Dunkelheit getrotzt. Wer von uns hätte das Übermenschliche vollbracht und sich gemeistert, als die Erfüllung lockte?«)

Wie armselig macht sich dagegen das Geschwätz von heute aus! Der Mangel an Zeit zum Reflektieren sowie der Umstand, daß dank Internet jede Bewegung und jede Äußerung unverzüglich einer breiten Öffentlichkeit präsentiert werden konnte – dies sorgte mit dafür, daß sich die Expeditionsteilnehmer von ihren Emotionen hinreißen ließen.

Simonson und seine Partner hatten nicht in Betracht gezogen, daß es auch auf Ablehnung stoßen könnte, wenn sie den Toten fotografieren und filmen und seine Taschen durchsuchen würden. Um so enttäuschter waren sie über die verärgerten und kritischen Reaktionen solcher Bergsteigeridole wie Bonington und Hillary. Eric Simonson berief ein Gruppentreffen ein, um über das zu diskutieren, was Anker als »Meinungsverschiedenheiten« bezeichnet hatte. Eines der Ergebnisse dieses Gesprächs war, daß Simonson in einem Bericht für MountainZone erklärte, alle Einnahmen aus dem Erlös der Fotos von Mallory würden einer im Himalaja wirkenden Wohltätigkeitsinitiative zukommen.

Den Teilnehmern wurde erst jetzt allmählich klar, daß die Fundstücke und Briefe, mit denen sie in die

Vereinigten Staaten zurückkehren wollten, eine Menge rechtlicher Fragen aufwarfen. Wem gehörten diese Sachen? Konnten die Finder einen Besitzanspruch geltend machen? Waren die Teammitglieder – wie Anker scherzhaft formulierte – »Mel Fishers der Kletterei in extremen Höhen«? (Mel Fisher ist ein in den USA populärer Schatzsucher und Trophäenjäger, Anmerkung des Übersetzers.) Oder hatten Mallorys Nachkommen ältere Ansprüche? Aus England war zu hören, daß die bei Mallory gefundene Ausrüstung doch wohl jenen Firmen gehöre, die die Expedition von 1924 gesponsert hatten. Noch eine andere Frage stellte sich: Waren bei einer Veröffentlichung der Briefe und Notizen Copyrights zu beachten? Und wenn ja, welche – die heute geltenden chinesischen beziehungsweise tibetischen Urheberrechte oder die britischen von 1924?

Über Internet erfuhr das Team vom Debakel der versehentlichen Bombardierung der chinesischen Botschaft in Jugoslawien durch NATO-Flugzeuge sowie von den rabiaten antiamerikanischen Protesten, die dieser Akt in China hervorgerufen hatte. Die Mitglieder fürchteten nun, daß die chinesischen Behörden bei der Ausreise aus Tibet die Fundstücke womöglich konfiszieren würden. Aus diesem Grund ließ Simonson die chinesischen Verbindungsmänner zunächst vom Fund Mallorys nichts wissen. (Sie erfuhren davon erst durch den chinesischen Rundfunk.) Und als sich die Trekkerin Shellene Scott am 9. Mai vom Basislager auf die Heimreise machte, nahm sie einige der gefundenen Gegenstände heimlich in ihrer Handtasche mit und brachte sie so außer Landes.

Nachdem Anker die Fundstücke zum Trocknen ausgelegt und Hemmleb sich protokollierend darüber hergemacht hatte, wurde nach und nach deutlich, daß selbst so schlichte Dinge wie eine Streichholzschachtel oder eine Dose Pökelfleisch sowohl von forensischem als auch von symbolischem Wert waren.

Noch hoch am Berg hatte Dave Hahn einen neugierigen Blick auf Mallorys Briefe geworfen. Einer war von Mallorys Schwester Mary, ein anderer von seinem Bruder Trafford. Beide berichteten von Neuigkeiten aus der Familie. Ein dritter Brief, auch er voller Neuigkeiten, war im Ton deutlich intimer. Die schwer leserliche Unterschrift glaubte Hahn als »Sweetie« entziffern zu können. Er zog daraus den naheliegenden Schluß und schrieb am 4. Mai in seinem Bericht für MountainZone: »Es kamen einige bemerkenswerte Dinge zum Vorschein […] besonders interessant ist ein sehr gut erhaltener Brief von seiner Frau, an der Brust getragen, nahe dem Herzen.«

Anker, Hemmleb und Liesl Clark prüften die Briefe im Basislager etwas gründlicher. Clark tippte eine Transkription der Inhalte in ihren Laptop. Aus der Unterschrift des dritten Briefes lasen sie jedoch nicht »Sweetie« (als Spitzname für Ruth ohnehin recht unwahrscheinlich), sondern »Stella«. Plötzlich schien dieser dritte Brief delikates Potential zu bergen. Er war in London S. W. 4 aufgegeben worden, und zwar ohne Absenderangabe. Das Briefpapier stammte von einem vornehmen englischen Herrenclub, allerdings war der Briefkopf herausgekratzt worden.

Wer war Stella? Handelte es sich etwa um einen Liebesbrief? Trotz wiederholter, eingehender Lektüre fanden Anker und Clark zu keiner eindeutigen Antwort. Die vertraulichen Formulierungen entsprachen vielleicht dem damals in Großbritannien gepflegten Stil unter Freunden und Verwandten, aber wie waren die offensichtlichen Bemühungen des Absenders, anonym zu bleiben, zu deuten?

Der Stella-Brief wurde zu einem streng gehüteten Geheimnis der Expedition. Clark stellte sich vor, was die englische Boulevardpresse aus dieser Fundsache machen würde (»Die heimliche Geliebte des verschollenen Bergsteigers«) – allein aus der Kenntnis, daß es diesen Brief gab und daß Mallory ihn bei seinem Gipfelvorstoß am Herzen getragen hatte. Doch es geschah, was unvermeidlich zu sein scheint, wenn allzu viele unabhängige Geister ein Geheimnis teilen: Gerüchte um den Stella-Brief machten die Runde.

Eric Simonson wiegelte ab, so gut er konnte. In seinem MountainZone-Bericht vom 7. Mai korrigierte er Hahns Irrtum in möglichst unverfänglichen Worten:

> Der Vollständigkeit halber sei vermerkt, daß mehrere Briefe von jeweils verschiedenen Familienmitgliedern vorliegen. In einigen Fällen ist die Handschrift schwer zu lesen, und es ist nicht zweifelsfrei zu erkennen, ob einer der Briefe von seiner Frau stammt oder nicht. Wir gehen dieser Frage weiter nach.

Es kann kein Zweifel daran bestehen, daß Mallory im Jahre 1924 seine Frau immer noch von Herzen liebte. Davon zeugen seine ausführlichen Briefe und der zum Ausdruck gebrachte Trennungsschmerz: »Wie sehr wünschte ich, Du wärest bei mir! So viel freie Zeit, die wir gemeinsam genießen könnten [...] All meine Liebe Dir, Teuerste.«

Gleichzeitig werden Probleme angedeutet, die sich dem Paar in der Zeit zuvor gestellt hatten. »Ich weiß, daß ich oft recht unwirsch und wenig nett gewesen bin, was mir sehr leid tut [...]« »Im vergangenen Herbst haben wir eine schwierige Zeit durchgemacht [...]« Mallorys Biographen haben die erwähnten Schwierigkeiten immer mit beruflichen und wirtschaftlichen Nöten in Verbindung gebracht, nicht zuletzt auch mit der monatelangen Abwesenheit des Ehepartners während seiner Himalaja-Aufenthalte.

In die USA zurückgekehrt, ließ Simonson die Briefe zunächst im Washington State Historical Museum unter Verschluß nehmen. Ende Juli nahm er sie mit nach Kalifornien, um sie Clare Millikan und ihrem Bruder John Mallory vorzulegen, der aus Südafrika gekommen war, um die Briefe an sich zu nehmen. Der Stella-Brief half Clares Gedächtnis auf die Sprünge. Sie erinnerte sich an eine Stella Mellersh, die einen Vetter von Ruth Mallory geheiratet hatte. Sie war eine Generation älter als George gewesen.

Rick Mallory, Clares Sohn und Mallorys Enkel, las den Brief sorgfältig durch und kam zu dem Ergebnis, daß die vermeintlich intime Phrase falsch interpretiert geworden sei und nicht mehr als »alles Liebe und Gute« bedeutete. Simonson machte auf ein paar Notizen aufmerksam, die Mallory mit Bleistift auf den Umschlag gekritzelt hatte und die Teile eines Sauerstoffgerätes zu bezeichnen schienen. Millikan und Simonson gelangten schließlich beide zu der Auffassung, daß Mallory den Stella-Brief gewissermaßen als Schmierpapier bei sich getragen hatte.

Von Kalifornien aus brachte John Mallory die Briefe seines Vaters ins Magdalene College von Cambridge, um sie dem dort verwalteten Mallory-Archiv zur Verfügung zu stellen. Mögen zukünftige Forscher über dem Stella-Brief brüten und entscheiden, ob er tatsächlich die intime Botschaft einer heimlichen Geliebten enthält oder bloß die freundlichen Grüße einer entfernten älteren Verwandten.

Ebenso überraschend wie dieser Brief war wohl auch der Umstand, daß in dem fein säuberlich gefalteten Taschentuch kein Schreiben von Ruth zu finden war. Auf der Reise von Darjeeling und sogar noch im Basislager hatte Mallory Briefe von seiner Frau erhalten. Der achtjährigen Clare war damals gesagt worden, daß ihr Vater ein Foto von Ruth bei sich trage und es auf dem Gipfel des höchsten Berges zu hinterlegen beabsichtige. Darin sehen heutzutage viele derer, die die These von Mallorys erfolgreichem Gipfelvorstoß vertreten, ein wichtiges Indiz: Vielleicht hatte der große Bergsteiger tatsächlich das Kostbarste, was er mitnehmen konnte – einen Brief oder ein Foto von seiner Frau –, im Schnee des Gipfels vergraben.

CONRAD ANKER:

Am 8. Mai stiegen wir vom Basislager zum Kloster von Rongbuk ab, dem höchstgelegenen Kloster der

Erde, das während der chinesischen Kulturrevolution zerstört wurde, inzwischen aber fast vollständig wiederaufgebaut worden ist. Liesl machte dort ein paar Filmaufnahmen. Wir anderen pflegten Muße, um uns zu erholen und wieder zu Kräften zu kommen für die zweite Expeditionsphase, die noch schwieriger zu werden versprach.

Um zu regenerieren und um mein Idealgewicht wieder zu erlangen, stopfte ich bei jeder Gelegenheit soviel Junkfood wie möglich in mich hinein: Schokoladenriegel, Kartoffelchips, kleine Stückchen Käse, Sardinen – einfach alles, was einen hohen Fettgehalt hat. Der Nachteil einer solchen Näscherei war, daß ich, wenn die Mahlzeiten aufgetischt wurden, keinen Appetit mehr auf Reis mit Gemüse und dergleichen Nahrhaftes hatte.

Bei Bouddanath in Kathmandu hatten wir zum Auftakt der Expedition eine *puja*-Zeremonie gefeiert, in der um Segen für unser Unternehmen gebeten wurde. Später, am 14. April, kamen Mönche aus dem Kloster Rongbuk zu uns ins Basislager, um eine zweite *puja* zu vollziehen. Der höchste Lama, der die Zeremonie von Bouddanath geleitet hatte, legte mir einen roten Gebetsknoten um den Hals. Ich habe ihn bis zum heutigen Tag nicht abgenommen: Man soll ihn tragen, bis er sich von selbst in seine Bestandteile auflöst.

Während der *puja* im Basislager wurde Wacholder verbrannt, und wir reichten den Mönchen Opfergaben dar. Ich spendete Skittles – das sind Lutschbonbons, die ich auf Klettertouren immer bei mir habe –, ein Stück Putensalami und eine Dose Coca-Cola. Die Mönche streuten Reiskörner aus, womit sie sämtliche Vögel der Umgebung anlockten, bepuderten unsere Gesichter mit Gerstenmehl (*tsampa*) und gaben uns *tsampa*-Kuchen zu essen.

Manche Teilnehmer unserer Expedition nahmen die *puja* nicht sonderlich ernst. Peter Firstbrook, der Vertreter von BBC, wusch während des festlichen Aktes von Rongbuk seine Socken. Ich glaube kaum, daß er während eines Hochamts in der St. Paul's Cathedral etwas ähnlich Profanes verrichtet hätte. Andere aus unseren Reihen hatten für die Zeremonie nur ein Stirnrunzeln übrig. Dave Hahn äußerte sich in seinem MountainZone-Bericht über die *puja* im Basislager wie folgt:

> Wir hatten gestern unsere *puja*, das heißt, wir hörten mit dem Packen auf und unterbrachen unsere Vorbereitungen, um ein paar inbrünstige Bittgebete auszustoßen. Die *puja* ist eine Zeremonie, in der man die Götter günstig zu stimmen und sich selbst auf eine bestimmte Sache zu konzentrieren versucht. Sie ist eigentlich nur für die Sherpas gedacht, die der hier praktizierten Art von Bergbuddhismus anhängen. Wir zollen ihnen und ihrem Glauben dadurch Respekt, daß wir unser Einverständnis zu einer solchen Feier geben [...]

Tatsächlich ist die *puja* für Sherpas ein sehr ernster, wichtiger Akt. Als die Lamas von Bouddanath auf einem kleinen Tablett Opfergaben herumreichten, wählte ich eine Walnuß und nahm mir vor, sie auf dem Gipfel zu hinterlegen.

Ich würde mich zwar nicht als Buddhisten bezeichnen, hege aber eine große Bewunderung für diese Religion, die nach den Worten des Dalai Lama vor allem Freundlichkeit zum Inhalt hat. Wer sich selbst gegenüber freundlich gesinnt ist, ist auch gut zu seinen Nächsten – zum Partner, zu der Familie, zu Tieren und Pflanzen. Davon bin auch ich überzeugt. Und ich glaube an ein Karma. Was zählt, ist nicht nur das rechte Tun, sondern auch die rechte Absicht.

Ähnlich unterschiedliche Reaktionen auf die *puja* gab es auch damals in den zwanziger Jahren. In *Der Kampf um den Everest*, dem offiziellen Bericht der Expedition von 1924, beschrieb Bentley Beetham, wie die vom Berg absteigende Mannschaft im Kloster Rongbuk eine heilige Handlung miterlebte. »Bislang empfanden wir für die Lamas nichts als Abscheu«, schrieb Beetham – die Christenmenschen aus dem Westen sahen in buddhistischen Mönchen doch vor allem Irrgläubige, die Götzen anbeteten. Doch dann konnte er sich der Wirkung der beobachteten Feierlichkeiten nicht entziehen, und er mußte zugeben, daß es »die eindrucksvollste, bewegendste Zeremonie war, der ich je beigewohnt habe«. Beetham war so angetan, daß er die eigenen kulturellen Wertmaßstäbe relativierte. »Diese Tibeter mögen einem Irrglauben erliegen und verblendet sein, aber sie legen einen tiefen Ernst an den Tag. Vielleicht ist eine englische Kirchengemeinde aufgeklärter; aber sind ihre Mitglieder auch mit Ernst bei der Sache?«

Als der Wirbel um unsere Entdeckung nachzulassen begann, nahmen wir die zweite Phase der Expedition in Angriff. Wir wollten nach Sandy Irvine und der Kamera suchen. Doch seit dem 1. Mai waren ergiebige Schneefälle niedergegangen, und wir machten uns keine allzu großen Hoffnungen, mit unserer Suche neuerlich Erfolg zu haben.

Unabhängig davon hatten wir – Dave Hahn, Tap Richards, Jake Norton und ich – die Absicht, bis zum Gipfel vorzustoßen. Ich verfolgte außerdem ein ganz persönliches Ziel, wovon bislang nur Simo etwas wußte: die Bewältigung der Zweiten Stufe ohne Hilfsmittel. Darin lag für mich der Schlüssel zu den Spekulationen, ob es überhaupt möglich wahr, daß Mallory und Irvine den Gipfel bestiegen hatten.

Zu den Hintergründen: Am 4. Juni 1924 hatte Teddy Norton eine im nachhinein auf 8572 Meter berechnete Höhe erreicht, als er in westlicher Richtung die obere Nordflanke traversierte und bis zur Großen Schlucht vordrang. In Unkenntnis der Leistung von Mallory und Irvine galt diese Marke lange Zeit als Höhenrekord. Er wurde 1933 von Frank Smythe eingestellt und erst 1952 von dem Schweizer Raymond Lambert und dem Sherpa Tenzing Norgay übertroffen, die, auf dem Südsattel angelangt, nur 240 Meter unter dem Gipfel zur Umkehr gezwungen waren.

Mit seinem bewundernswerten Soloaufstieg ohne zusätzlichen Sauerstoff erschloß 1980 Reinhold Messner die Große Schlucht als begehbare Route. Es ist aber bekannt, daß Mallory und Irvine einen anderen Weg eingeschlagen hatten, denn Odell erblickte sie hoch oben auf der Schulter des Nordostgrats.

Die Zweite Stufe ist knapp 30 Meter hoch, eine überaus steile Wand, die in 8600 Meter Höhe aus dem Nordostgrat emporspringt. Ihr auszuweichen ist unmöglich. Wer von hier aus zum Gipfel will, muß sie erklimmen. Dieses gewaltige Hindernis scheint erstmalig die chinesische Seilschaft von 1960 überwunden zu haben – wenn man davon ausgeht, daß Mallory und Irvine gescheitert waren. Im Bericht der Chinesen, den das Propagandaorgan *China Reconstructs* veröffentlichte, steht zu lesen, daß bei der enormen Anstrengung, die Stufe zu bewältigen, sogar der Versuch unternommen wurde, mit bloßen Händen und Füßen die letzte, senkrechte Klippe zu erklettern, was aber schließlich erst gelang, als sich einer aus dem Team sozusagen als Trittleiter anbot und einen Partner über seine Schulter steigen ließ. Es sei schon dunkel gewesen, als man zu dritt den Gipfel erreicht hätte.

Ich – und nicht nur ich – habe an dieser Darstellung schon immer meine Zweifel gehabt.

Der erste einwandfrei dokumentierte Aufstieg über den Nordostgrat erfolgte erst 15 Jahre später. Auf dieser – wiederum chinesischen – Expedition fand Wang Hongbao seinen »old English dead«. Weil man um die Schwierigkeit der Zweiten Stufe wußte, nahm das Team eine Leiter mit, die mit Bohrhaken an Ort und Stelle verankert wurde. Alle nachfolgenden Expeditionen, die über den Nordostgrat gegangen sind, haben diese Leiter sowie die vielen Fixseile nutzen können.

Leitern und dergleichen hatten Mallory und Irvine natürlich nicht zur Verfügung. Ich dachte also, wenn es mir gelänge, die Zweite Stufe im freien Stil zu bezwingen, wäre ich auch in der Lage einzuschätzen, ob Mallory und Irvine – in Nagelschuhen und Tweedjacken und nur mit Hilfe eines dünnen Baumwollseils – diese Hürde genommen haben konnten.

Wir waren schon aufbruchbereit, als etwas passierte, das all unsere Pläne über den Haufen warf. Von all den Expeditionen, die in diesem Frühjahr den Everest vom Norden aus zu ersteigen versuchten, war unser Team als erstes bis in höhere Regionen vorgestoßen, wo es Seile fixierte und die Lager IV und V einrichtete. Nach uns folgten tüchtige Bergsteiger aus der Ukraine, mit denen wir uns trotz aller Sprachbarrieren bald angefreundet hatten.

Sie hatten sich für den 8. Mai als Tag ihres Gipfelvorstoßes entschieden. Ausgerechnet dieser Tag war aber vom Wetter her der schlimmste, den wir in unseren insgesamt sechs Wochen am Berg erlebten. Es schneite bis hinunter ins Rongbuk-Tal, wo wir uns zu dieser Zeit aufhielten. Düstere Wolken brauten sich zusammen, und es begann heftig zu stürmen.

Wir kehrten ins Basislager zurück. Das Wetter wurde schlechter und schlechter. Am Abend erfuhren wir, daß die Ukrainer in ernste Schwierigkeiten geraten waren, und statt selbst den Gipfel in Angriff nehmen zu können, sahen wir uns zu einer Rettungsaktion gezwungen.

MALLORYS EVEREST

DAVID ROBERTS:

Die Everest-Erkundungsfahrt von 1921, die in der Zeit des Sommermonsuns stattfand und sich bis in den Herbst hineinzog, war in vielerlei Hinsicht eine kolossale Pleite. Die einzelnen Teilnehmer waren ganz und gar unterschiedliche Typen. Manche von ihnen behaupteten Führungspositionen, obwohl sie ihre besten Jahre längst hinter sich und nicht mehr genügend Kraft für eine solche Unternehmung hatten. Bei der Auswahl der Teammitglieder bewertete das »Everest Committee« allerdings jahrelanges Bergwandern und Streifzüge durch den Himalaja höher als technische Fähigkeiten in Eis und Fels.

Von Anfang an gab es große persönliche Schwierigkeiten zwischen Mallory und dem Expeditionsleiter Charles Howard-Bury sowie dem technischen Leiter Harold Raeburn, die beide sehr viel älter waren als Mallory. Über den ersten schrieb er in einem Brief an Ruth: »Er ist ein intoleranter Mensch, eingebildet und voller Vorurteile. Er kann nicht ertragen, wenn andere etwas wissen, wovon er selbst keine Ahnung hat. Um des lieben Friedens willen hüte ich mich davor, gewisse Themen anzuschneiden.« Und über Raeburn hieß es: »Er ist in Sachfragen schrecklich bestimmend und häufig im Irrtum.«

Die Expedition war noch weit vom Everest entfernt, als der beliebte, aber schon über 50jährige schottische Arzt A. M. Kellas an der Ruhr starb. Man setzte ihn auf einem steinigen Hügel in einer laut Mallory »außergewöhnlich bewegenden kleinen Feier« bei.

Im Hinblick auf die heutige Kontroverse über vorgreifende Reportagen im Internet und streng gehütete Geheimnisse in Simonsons Umfeld fällt auf, daß die allererste Expedition auf ihrem Weg zum höchsten Berg der Welt durchaus vergleichbare Sorgen hatte. Das Everest Committee hatte mit der Londoner *Times* einen Vertrag über eine exklusive Berichterstattung abgeschlossen und damit die Konkurrenz wie den *Daily Telegraph* irritiert. Noch bevor das Team den Everest überhaupt gefunden hatte, setzte sich einer der Leitenden des Committees mit dem Generalinspektor für Indien in Verbindung und äußerte sich besorgt über »undichte Stellen«. Einen Reporter der *Morning Post* von Kalkutta benannte er namentlich als verdächtige Person. Eine ähnliche Paranoia hatte jenes Gelöbnis diktiert, das alle Expeditionsmitglieder vor ihrer Abreise unterschreiben mußten. Darin verpflichteten sie sich, »keinerlei Kommunikation zu treiben mit jedweden Presseorganen, Agenturen oder Verlagen oder irgendwelche öffentlichen Vorträge zu halten« ohne Erlaubnis durch das Everest Committee.

So stolperte also ein bunter Haufen Bergsteiger

und Abenteurer, schon im Vorfeld zerstritten durch Eifersüchteleien und unterschiedliche Meinungen, zur falschen Jahreszeit auf den Everest zu. George Bernhard Shaw zeichnete später ein treffendes Portrait dieser Gruppe, die aussah »wie eine von einem Schneesturm überraschte Picknickgesellschaft in Connemara.«

Mitte Juni war man noch immer weit vom Berg entfernt. Kellas hatte das Zeitliche gesegnet, Raeburn laborierte an einer schweren Diarrhöe und Verletzungen (er war zweimal vom Pferd gefallen), und die Anzahl fähiger Bergsteiger innerhalb der Gruppe war auf zwei geschrumpft: Mallory und Guy Bullock. Allein diesen beiden war es zu verdanken, daß die Erkundungsfahrt zum Everest am Ende doch noch ein großer Erfolg wurde. Im Laufe der folgenden Wochen und Monate schwärmten andere Expeditionsmitglieder in alle Himmelsrichtungen aus, botanischen oder topographischen Interessen folgend, und trugen so nur wenig dazu bei, einen geeigneten Weg zum Berg zu finden.

Wie immer schwankten Mallorys Stimmungen zwischen himmelhoch jauchzender Begeisterung und bleischwerer Enttäuschung. Als er sich Anfang 1921, inzwischen 34jährig, auf den Everest vorbereitete, war er in seinem Leben an einem Scheideweg angelangt. Er hatte seine Lehrtätigkeit am Charterhouse aufgegeben, ohne zu wissen, was er danach tun sollte. Gern wäre er Schriftsteller geworden, doch es mangelte ihm an Zuversicht. An Robert Graves schrieb er: »Ich fürchte, mit meinen Talenten ist es nicht so weit her, als daß ich vom Schreiben leben könnte, obwohl sich mir viele Themen aufdrängen, die geschrieben sein wollen. Vielleicht finde ich Beschäftigung an irgendeiner Provinzuniversität.« Zu diesem Zeitpunkt las er *Queen Victoria*, die von seinem Bloomsbury-Bewunderer verfaßte Königinbiographie. Kein Zweifel, Lytton Stracheys beißend ironische Prosa setzte literarische Maßstäbe, die Mallory entmutigt haben mußten.

Am 13. Juni erblickten Mallory und Bullock zum ersten Mal den Everest, diesen »urgewaltig ausgewachsenen weißen Fangzahn im Gebiß der Welt«, wie Mallory in seinem Bericht formulierte. Der Anblick aus der Ferne muß sehr einschüchternd gewesen sein. In einem Brief an Ruth schilderte er »die phantastischsten Grate und erschreckendsten Abgründe, die ich je gesehen habe [...] Das Gerede von seichten Schneehängen ist ein Mythos.« Dieses beängstigende Bild übte aber zugleich eine große Faszination auf Mallory aus. Man kann wohl sagen, daß seine Leidenschaft für diesen Berg mit dem ersten Blick aus 90 Kilometern Entfernung ihren Anfang nahm. In einem weiteren Brief an Ruth hieß es: »Seine mächtigen Schultern und Gletscher nehmen Gestalt an, nicht zuletzt, was ihre Schwierigkeiten angeht; sie zeigen sich dann und wann und laden uns ein, konkrete Pläne zu schmieden. Wohin soll man gehen, um eine neue Aussicht zu gewinnen, um ein wenig mehr Einblick in dieses große Geheimnis nehmen zu können?«

Mallorys Begabung lag unter anderem in einer analytischen Erfassung der Strukturen und Beschaffenheit eines Berges. Andere Bergsteiger geben sich oft damit zufrieden, einen einzigen Aspekt des Berges per Fernglas zu studieren und eine Route ausfindig zu machen. Mallory dagegen brannte regelrecht darauf, ein dreidimensionales Modell des Berges im Kopf abzubilden. In seinem Expeditionsbericht ist festgehalten: »Unsere Erkundung muß ein umfassendes Verständnis von der gesamten Gestalt und Form des Berges sowie der Zuordnung seiner einzelnen Teile zum Ziel haben; wir müssen die verletzlichen Stellen in seiner Rüstung ausfindig machen und schließlich unsere Fähigkeiten an seinen Hindernissen messen [...]«

Es herrschte Monsun, als Mallory und Bullock durch die verschneite, graue Wildnis stapften, ihrem Ziel entgegen, das bisher nur in ihrer Vorstellung existierte. In *Mount Everest. Die Erkundungsfahrt* beschreibt Mallory einen solchen Landstrich:

> Es war eine desolate Szene, ohne Blumen oder irgendein Lebenszeichen, abgesehen von verkümmertem Gesträuch oder ein paar Flecken braunen Grases. Als Behausung dienten einzig traurige Ruinen. Aber auch wenn alles andere tot erschien, so war doch unser Sinnen sehr lebendig.

Am 25. Juni erreichten Mallory und Bullock den Rongbuk-Gletscher, jenen mächtigen Eisstrom, der sich über die gesamte Nordseite des Everest ergießt. Einen Monat lang suchten die beiden unermüdlich nach einem Durchkommen, liefen sich aber ein ums andere Mal fest und wußten nicht weiter. Von den gigantischen Gletschern des Himalaja wußte man in Europa damals nur wenig, und da die beiden Briten an die leicht begehbaren Firnstraßen in den Alpen gewöhnt waren, reagierten sie geradezu erschrocken angesichts dieser wild zerklüfteten Eisbrüche und bizarren Eisnadeln, den sogenannten *nieves penitentes*, mit denen sich ihnen der Rongbuk versperrte. Der Gletscher war, wie Mallory formulierte, »keine freie Bahn, sondern ein einziges Hindernis«. Und: »Selbst ein Schneehase würde sich hier nicht mehr zurechtfinden.« Oft waren sie gezwungen, Schneeschuhe anzulegen, die aber bei den unwirtlichen Monsunbedingungen auch nicht verhindern konnten, daß die beiden häufig bis zu den Knien im Schneematsch versanken.

Immer wieder starrte Mallory hinauf auf den Berg. »Der letzte Abschnitt der Ostschulter müßte zu bewältigen sein«, schrieb er schon früh in sein Tagebuch, eine bemerkenswerte Beobachtung, denn genau an diesem Teilstück des – nachträglich so bezeichneten – Nordostgrats, kamen Mallory und Irvine drei Jahre später ums Leben.

Schon früh erkannte Mallory auch, daß der Schlüssel zum Nordostgrat der 7000 Meter hoch gelegene Sattel aus Eis und Schnee war, den er und Bullock *Chang La* beziehungsweise Nordcol nannten. Allerdings schien der Aufstieg über den Rongbuk-Gletscher unmöglich zu sein. Wochenlang streiften die beiden forschend umher, bestiegen kleinere Gipfel, um sich zu akklimatisieren und neue Ansichten vom Everest zu gewinnen, und brachten ihren »Kulis« (so nannten sie die Träger) die Grundbegriffe des Bergsteigens bei.

Im Zuge ihrer Erkundungen erstiegen sie auch den westlich gelegenen Sattel, den sogenannten Lho-La-Paß. Hier erblickten sie als erste Europäer den

Khumbu-Gletscher und das hohe Westkar, das Mallory mit dem walisischen Wort Western Cwm bezeichnete. Auf dem Khumbu und dem Western Cwm sollten 32 Jahre später Hillary und Tenzing eine Route zur ersten Gipfelbesteigung finden. Vom Lho-La-Paß aber geht es 500 Meter steil bergab auf den Khumbu-Gletscher, »ein ungangbarer Abbruch«. Diese Passage stand aber ohnehin außer Frage, denn auf dem Paß befanden sich Mallory und Bullock an der Grenze von Tibet, und Nepal war ihnen verschlossen.

Mallory war zu diesem Zeitpunkt schon fixiert auf jene gepunktete Linie in seiner Vorstellung, die vom Nordsattel aus zum Gipfel führte. Am 15. Juli vermerkte er in seinem Tagebuch: »Haben heute den Nordcol recht klar und deutlich gesehen, und ich sage es noch einmal: Der Weg von dort aus erscheint mir nicht allzu schwierig.«

Die nächstliegende Aufgabe bestand nun darin, zu erkunden, ob der Nordsattel von der anderen, der östlichen Seite aus zu erreichen war. Später ärgerte es Mallory, den topographischen Perfektionisten, daß er nicht schon 1921 jenen Seitenarm des Rongbuk-Gletschers entdeckt hatte, der vier Kilometer tief in ein Seitental hineinreicht und sich als Königsweg auf den Nordsattel anbietet. (Alle heutigen Expeditionen, die in die Nordwand aufsteigen, schaffen ihr Material über eine Lagerkette auf dem östlichen Rongbuk zum Nordcol hinauf, wo traditionell das Lager IV errichtet wird.) Aber der enge, V-förmige Einschnitt, in dem der östliche Rongbuk mit dem eigentlichen Gletscher zusammenfließt, ist allzuleicht zu verfehlen, und die Karten der Royal

Geographic Society, die Mallory zur Verfügung standen, waren alles andere als präzise, insbesondere was die Nordostseite des Everest anging.

Um den Nordcol zu erreichen, unternahmen Mallory und Bullock eine letzte heroische Anstrengung: In mühsamen Exkursionen erforschten sie die nähere Umgebung, bis sie endlich den Kharta-Gletscher gefunden hatten, über den sie schließlich auch absteigen konnten. Bevor sie zu dieser großen Tour aufbrachen, hatte Mallory erfahren müssen, daß sämtliche, in den Wochen zuvor gemachten Fotografien nichts geworden waren, weil er die Platten versehentlich falsch herum in die Kamera gesteckt hatte. Wieder einmal war ihm seine Ungeschicklichkeit bitter zu stehen gekommen. »Dieser grauenhafte Irrtum«, so heißt es in seinem Bericht, »hat mich zutiefst getroffen.«

Mallorys Verhältnis zu den »Kulis«, ohne deren Hilfe er nichts hätte ausrichten können, kennzeichnete eine Mischung aus sympathisierender Neugier und herablassender Überheblichkeit, die für seine Zeit typisch war. Weil er wußte, wie wichtig es war, sich mit den Trägern gut verständigen zu können, machte er sich daran, die tibetische Sprache zu lernen. Er teilte mit den Männern die kostbare Schokolade und Nüsse, die aus England ins Basislager geschickt wurden. Doch als er den Trägern dabei zuschaute, wie sie zum ersten Mal praktisch umzusetzen versuchten, was er ihnen über das Klettern im Eis beigebracht hatte, kommentierte er trocken: »Es war nicht gerade überzeugend, wie sie sich mit anfängerhaft tapsigen Bewegungen auf den Weg machten.« Den Sirdar – so der Name für den ersten Träger

– beschimpfte Mallory als »teiggesichtigen Spitzbuben, dessen hinterhältig berechnende Schurkerei« (er verkaufte Essensrationen und bereicherte sich daran) die ganze Expedition in Gefahr brächte.

Sein Streit mit Howard-Bury und Raeburn war inzwischen halbwegs geschlichtet, was Mallory aber nicht zufriedener stimmen konnte. »Ich kann ihn einfach nicht leiden«, schrieb er Ruth über den Expeditionsleiter, und in bezug auf Raeburn, der mit seinen Kräften am Ende war, tat er kund: »Wenn er mir nicht gerade auf die Nerven geht, was meist der Fall ist, empfinde ich Mitleid für ihn.« Mallory wurde zunehmend reizbar, so daß ihn sogar Bullock, sein treuer Partner, mehr und mehr irritierte. »Es machen sich bei uns grämliche Züge bemerkbar, wie bei einem Paar, das nur noch sich selbst kennt«, schrieb er an Ruth. »Wir sind unduldsam und eifersüchtig aufeinander, immer argwöhnisch darauf bedacht, nur ja nicht untergebuttert zu werden.«

Anfang August erkundeten Mallory und Bullock den Kharta-Gletscher. Dieses Gebiet war auch Einheimischen kaum bekannt. Um Auskunft gebeten, behaupteten einige, daß der Chomolungma (»die Große Mutter des Schnees«) fünf Tagesmärsche in südlicher Richtung läge, womit sie das Team in die Irre schickten. Doch sein ausgeprägter Sinn für Orientierung machte Mallory bald skeptisch. Er überprüfte die Aussagen der Einheimischen und stellte fest, daß es nach ihrem Verständnis zwei Chomolungmas gab. Man hatte der Gruppe den Weg zum Makalu gewiesen, dem fünfthöchsten Berg der Erde.

Am 7. August wurde Mallory krank, ihn überkam

»eine Müdigkeit jenseits aller körperlichen Ermattung«. Bullock setzte mit den Trägern über mehrere Tage die Erkundung allein fort, während Mallory sich in den Schlafsack verkroch und sich zu erholen versuchte – von der Vorstellung gequält, daß Bullock den Nordsattel ohne ihn erreichen könnte. Seine Stimmung war auf dem Tiefpunkt angelangt. In solchen Momenten, so äußerte er sich später, »war mir jeder Gedanke an diese Expedition zuwider.«

Es stellte sich heraus, daß der Kharta-Gletscher nicht, wie erhofft, an die Hänge des Everest heranführte. Um zum östlichen Rongbuk-Gletscher zu gelangen, mußte die Gruppe einen weiteren Bergkamm überqueren. Mitte August endlich, aufgemuntert von der unerwarteten Unterstützung eines zusätzlichen Bergsteigers – nämlich H. T. Morshead, der zuvor im Tiefland Erkundungen durchgeführt hatte – schafften ein erfrischter Mallory und der beständige Bullock den Anstieg auf den Lhapka-La-Paß in 6850 Meter Höhe. Endlich konnten sie, jenseits eines sanft abfallenden Gletschers und nur fünf Kilometer entfernt, die Ostseite des Nordsattels erblicken, die allem Anschein nach gut zu besteigen war.

Der Monsun hing inzwischen so schwer in den Bergen, daß es tagtäglich acht bis zehn Stunden schneite. Daß die Gruppe unter diesen Bedingungen einen gangbaren Weg zum Nordsattel erschließen konnte, war eine enorme Leistung und die eigentliche Voraussetzung für den Gipfelvorstoß im Jahr darauf gewesen. Mallory war nun wieder so hochgestimmt, daß er schon im September einen Angriff auf den Everest unternehmen wollte.

Es ließe sich die Ansicht vertreten, daß Mallory auf allen drei Expeditionen den Berg unterschätzt hat. In früheren Jahren irrten sich ausnahmslos alle europäischen Bergsteiger in der Einschätzung der Himalaja-Riesen. 1895 hatte Alfred Mummery, der beste britische Bergsteiger des ausgehenden 19. Jahrhunderts und ein Genie in den Alpen, den 8125 Meter hohen Nanga Parbat mit nur zwei Partnern und einer kleinen Gruppe von Ghurka-Trägern zu besteigen versucht. Wohlgemut schrieb er seiner Frau: »Ich denke nicht, daß der Nanga in bergsteigerischer Hinsicht besondere Schwierigkeiten aufwirft.« Von einer Erkundung der Westwand kehrten Mummery, der den Berg lediglich für eine etwas größere Version des Mont Blanc gehalten hatte, und zwei Ghurkas nicht zurück. Ihre Leichen wurden nie gefunden. Erst 1953 konnte der Nanga Parbat bezwungen werden.

Mit einer Ausnahme (der 1950 erfolgten Eroberung des Annapurna durch ein französisches Team) ist keiner Expedition, die die ersten Erkundungen eines bestimmten Himalaja-Berges vorgenommen hat, auch dessen Erstbesteigung vergönnt gewesen. In besonnenen Momenten erkannte Mallory, wie stark die Festung Everest bewehrt war und wie schwach sich dagegen die Gruppe von 1921 ausmachte. Und dennoch übertrug er immer wieder die gepunktete Linie seiner Vorstellung auf den Grat zwischen Nordsattel und Gipfel und glaubte fest daran, jedes dazwischenliegende Hindernis leicht überwinden zu können.

Mit dem Erreichen des Lhakpa-La-Passes hatten die drei Bergsteiger den Schlüssel zum Berg gefunden. Aber das Wetter war so schlecht, daß sie es nicht wagten, die fünf Kilometer bis zum Nordsattel in Angriff zu nehmen. Einen ganzen Monat lang blieb ihnen nichts anderes übrig als abzuwarten.

Endlich, am 16. September 1921, änderte sich das Wetter. Der Monsun verlor an Kraft. Zwischenzeitlich hatte sich das gesamte Team auf dem Kharta-Gletscher eingefunden. Mallory organisierte den Transport von Vorräten und Ausrüstungsgegenständen auf den Lhakpa-La-Paß. Vier Tage später machte er sich mit Bullock und Edward Wheeler, der bei der Expedition als Landvermesser fungierte, daran, den östlichen Rongbuk-Gletscher zu überqueren und zum Nordcol aufzusteigen. Mittlerweile waren vier Monate vergangen, seit sich der Troß von Darjeeling aus auf Pferden in Bewegung gesetzt hatte.

In den letzten Wochen war Mallory – für ihn typisch – mal hoch gestimmt, mal verzweifelt gewesen. In seinen Briefen nach Hause bezeichnete er die Expedition mitunter als »ein spannendes Unternehmen«, dann wieder als »einen Betrug«. »Im Augenblick machen wir uns mit dem Unmöglichen vertraut«, schrieb er in bedrückter Stimmung. In einem hoffnungsvolleren Moment dagegen sagte er voraus: »Jetzt müssen wir nur noch auf besseres Wetter warten und unseren Gipfelangriff vorbereiten.«

Am Morgen des 24. September brachen Mallory, Bullock, Wheeler und drei Träger vom Lhakpa La auf. Es war schon recht spät, und nur Mallory hatte in der Nacht gut geschlafen. Die Überquerung des östlichen Rongbuk und der Aufstieg zum Nordsattel waren mehr oder weniger eine Sache »unproblematischen Schneestapfens«, allerdings mußte Mallory kurz unter dem Col schwere Arbeit leisten und 500 Stufen in den Firn schlagen. Den Sattel – dieses von Mallory seit fast drei Monaten ersehnte Ziel – erreichten sie eine halbe Stunde vor Mittag.

Nach dem relativ einfachen Aufstieg waren die sechs Männer nun einem bitterkalten Sturmwind ausgesetzt, der durch das Joch fegte. Er kam »häufig und in heftigen Böen und wehte den Pulverschnee in erstickenden Wirbeln in die Luft.« Wheeler wollte sofort wieder umkehren. Bullock war zwar erschöpft, doch er wußte, wie sehr seinem Partner Mallory am Weiterkommen gelegen war, und war bereit zu folgen. Nach einer hitzigen Diskussion stiegen die Männer weiter voran, tief geduckt und gegen den Wind, mußten sich aber schon bald in den Windschatten zurückkämpfen. »Der Wind hatte die Frage beantwortet«, schrieb Mallory später und mutmaßte im Rückblick, daß er selbst durchaus imstande gewesen wäre, weitere 600 Meter aufzusteigen, mit oder ohne Wind.

Wheeler dagegen hätte sich beinahe schwere Erfrierungen zugezogen. Mallory mußte ihm im Lager stundenlang die Füße massieren, um die Durchblutung anzuregen. Bullock kam zwei Stunden nach den Freunden im Lager an – er war völlig entkräftet und konnte sich kaum mehr auf den Beinen halten.

So endete die Erkundungsfahrt von 1921. Auf dem Rückweg nach Darjeeling fühlte sich Mallory als Versager. »Wir haben keinen einzigen Unfall zu beklagen, nicht einmal eine Frostbeule am Zeh«, berichtete er Geoffrey Winthrop Young, bemüht, das Positive hervorzuheben. Doch schon im nächsten

Satz heißt es: »Es war durchweg eine armselige Gruppe, untauglich für jedes Gebirge.« In seiner Antwort teilte Young dem Freund mit, daß man »am hiesigen Ende der Welt nur von einem Erfolg« spreche, und maß seiner außerordentlichen Leistung einen Wert bei, der ihr auch heute noch zuerkannt wird: »Ich kann Dir versichern, daß der kolossale Kraftakt, eine vollkommen unfähige Mannschaft schon beim ersten Versuch nicht nur auf den richtigen Weg zu bringen, sondern unter widrigsten Bedingungen hoch auf ihm hinaus – daß diese Leistung in der Geschichte der Bergerkundung ein Kapitel für sich darstellt und erst im Laufe der Zeit umfassend gewürdigt werden wird.«

Auf dem Schiff zurück nach England war Mallory ausgebrannt und von Heimweg verzehrt. An David Pye schrieb er: »Ich habe das Reisen und Reisende über. Was ich jetzt vor allem sehen will, sind vertraute Gesichter und mein liebes Zuhause, dann die vornehmen Fassaden der Pall Mall und vielleicht Bloomsbury im Nebel; schließlich einen englischen Fluß, grasendes Vieh auf westlichen Weiden [...]«

Für das Frühjahr 1922 war bereits von einer weiteren Expedition die Rede. Die lange Erkundung im vorausgegangenen Sommer hatte Mallory davon überzeugt, daß die einzig richtige Zeit für den Everest in den Monaten April oder Mai lag, also vor dem Monsun. Und er befand, daß ein weiterer Versuch kaum lohne, wenn nicht mindestens »acht erstklassige Bergsteiger« mit von der Partie wären.

An einer so frühen Wiederholung wollte er aber selbst nicht teilnehmen. »Im nächsten Jahr gehe ich nicht mit«, schrieb er seiner Schwester Avie, »nicht für alles Gold Arabiens.«

Am Ende blieb Mallory jedoch nur kurze Zeit zu Hause. Schon nach drei Monaten brach er zur zweiten Everest-Expedition auf.

Während dieser drei Monate hielt Mallory ungefähr 30 Vorträge über den Everest und schrieb in aller Eile sechs Kapitel für den offiziellen Expeditionsbericht. Den Berg verlor er nie aus dem Sinn, und beim Schreiben des letzten Kapitels, betitelt mit »Die Route zum Gipfel« – worin er eine erfolgreiche Besteigung Schritt für Schritt vorzeichnet – ging seine Leidenschaft erneut mit ihm durch. Mallory war inzwischen 35 Jahre alt und fürchtete, seinen Zenit als Bergsteiger schon überschritten zu haben. Doch die Vorstellung, auf relativ einfachen Etappen durch die Nordflanke auf den Nordostgrat zu steigen und von dort aus zum Gipfel vorzustoßen, ließ ihn nicht mehr ruhen.

Zum Ende des Winters hatte das Everest Committee eine Mannschaft für die Vormonsunzeit 1922 zusammengestellt. Wieder einmal entschieden sich die »Experten« des Alpenvereins für Anführer, die viel hermachten, aber leider nur wenig technische Fähigkeiten besaßen. Zum Leiter wurde General Charles Bruce ernannt, der seine militärische Laufbahn größtenteils in Indien absolviert hatte und mittlerweile 56 Jahre alt war. Colonel Edward Strutt, 48 Jahre alt und ebenfalls ausgemusterter Soldat, erhielt das Amt des technischen Leiters. (In den dreißiger Jahren machte Strutt als kleinlicher Fürsprecher einer britischen Rückbesinnung auf konservatives Bergsteigen von sich reden, denn er verabscheute die vor allem von Deutschen, Österreichern und Italienern vorangetriebenen technischen Neuerungen, die 1938 zur Erstbesteigung der Eigernordwand führten.)

Mit an Bord und über seine beste Zeit längst hinaus war Tom Longstaff, der 1907 auf den 7135 Meter hohen Trisul im Garhwal-Himalaja gestiegen war – ein Rekord, der 21 Jahre lang Bestand hatte.

In Anbetracht seiner hervorragenden Leistung im Jahr zuvor mag es sonderbar erscheinen, daß Mallory 1922 nicht zum technischen Leiter ernannt wurde. Möglicherweise war seine notorische Zerstreutheit ein Grund dafür, daß man ihm keinen offiziellen Posten anvertraute. In einem nach der Expedition geschriebenen Brief an einen Kollegen spottet Longstaff: »Mallory ist ein sehr wackeres Baby, aber unfähig, Verantwortung zu tragen, allenfalls für sich selbst.«

Zu den jüngeren Teammitgliedern zählten Teddy Norton und Howard Somervell, deren große Zeit erst 1924 kommen sollte, sowie Geoffrey Bruce, der mutige, aber unerfahrene Neffe des Generals. Die Mannschaft vervollständigte George Finch, ein hervorragender Bergsteiger, dessen Gipfelvorstoß nicht weniger bewundernswert war als der von Mallory. An der Expedition von 1921 hatte er aus angeblich medizinischen Gründen nicht teilnehmen dürfen. Später verkrachte er sich mit dem Everest Committee, so daß er zu der Erkundungsfahrt von 1924 gar nicht erst eingeladen wurde. Es hieß, daß Finch zum Mißfallen des Committees allzusehr mit den viel ambitionierteren Klettervorstellungen der

Alpenanrainer liebäugelte. Außerdem war er kein eingeschriebenes Mitglied des britischen Alpenvereins und hatte, weil in der Schweiz zum Bergsteiger ausgebildet, nicht die »richtige« Schule besucht.

Während der Vorbereitungen zur Expedition von 1922 wurde viel und heftig über den Einsatz von Sauerstoff aus Flaschen diskutiert. Finch, ein geborener Bastler, war der eifrigste Befürworter, während sich Mallory energisch dagegen aussprach. Er stand allen technischen Hilfsmitteln skeptisch gegenüber und hielt es für einen »verdammten Irrglauben«, daß es, wie manche Mediziner behaupteten, für Menschen niemals möglich sein würde, den Everest ohne künstlichen Sauerstoff zu bezwingen.

Im großen und ganzen war die Mannschaft von 1922 sehr viel tüchtiger als die kümmerliche Schar von 1921. Zu Anfang lief auch alles wie am Schnürchen. Bei ihren Erkundungen im Vorjahr hatten Mallory und Bullock nur eine Seite des Berges ausgespart, nämlich die Südseite auf nepalesischem Gebiet, das Fremden verschlossen war. Mallorys Beschreibung der möglichen Routen auf den anderen drei Seiten war jedoch so präzise, daß man 1922 keine Zeit für weitere Erkundungen zu vergeuden brauchte.

Nicht nur tibetische Träger, sondern auch Sherpas aus Nepal halfen bei den Transporten über den östlichen Rongbuk-Gletscher und beim Aufbau der Lagerkette. Schon am 13. Mai war der Nordsattel erreicht. Sechs Tage später, als auch Lager IV mit allem Nötigen versorgt war, konnte ein erster Gipfelvorstoß gewagt werden. Zwei, vielleicht drei Wochen

RECHTS: *George Mallory*

LINKS:
Andrew »Sandy« Irvine

UNTEN: *Mallory (rechts) und Siegfried Herford, 1913 während einer Kletterpartie am walisischen Pen-y-Pass*

UNTEN: *George Finch, 1922 mit einem Sauerstoffgerät, das über 15 Kilogramm schwer war*

OBEN: *Mallory (links) und Norton, als sie 1922 in die Rekordhöhe von 7920 Metern vorstießen*

OBEN: *Die fast vollständige Mannschaft der Expedition von 1924 im Basislager. Von links nach rechts - stehend: Irvine, Mallory, Norton, Odell, MacDonald (Handelsagent); sitzend: Shebbeare (stellvertretender Transportbeauftragter), Geoffrey Bruce, Somervell, Beetham. Von den Bergsteigern fehlen auf diesem Bild Noel und Hazard.*

RECHTS: Irvine repariert ein Sauerstoffgerät

UNTEN: Somervells Foto von Norton, als dieser am 4. Juni auf den höchsten Punkt zustrebt. Im Hintergrund erhebt sich die Gipfelpyramide.

LINKS: *Das letzte Foto von Mallory (links) und Irvine, aufgenommen am 6. Juni beim Aufbruch vom Nordsattel*

RECHTS: *Die »1999 Mallory & Irvine Research Expedition«. Von links nach rechts - stehend: Dave Hahn, Thom Pollard, Conrad Anker, Tap Richards, Eric Simonson; kniend: Lee Meyers (Arzt), Andy Politz, Jake Norton*

UNTEN: *Die klassische Ansicht der Everest-Nordwand, gesehen vom Auslauf des Rongbuk-Gletschers (Basislager)*

lang gutes Wetter standen in Aussicht, ehe der Monsun den Berg wieder verhüllen würde.

Die Planung sah vor, daß Mallory, Somervell, H. T. Morshead und Norton einen Angriff ohne zusätzlichen Sauerstoff versuchen sollten. Falls der scheiterte, waren Finch und Geoffrey Bruce aufgefordert, mit Atemhilfe aufzusteigen. Am 20. Mai 1922 brach das erste Quartett, von Trägern begleitet, um 7.30 Uhr vom Nordsattel auf. Mit jedem Schritt betrat die Gruppe Neuland.

Von Anfang an machte ihnen eisige Kälte zu schaffen. Aus heutiger Sicht ist kaum zu verstehen, wie Mallory und die anderen mit der primitiven Ausrüstung und Bekleidung, die ihnen in den zwanziger Jahren zur Verfügung standen, überhaupt zurechtkommen konnten. Nicht zuletzt darüber wunderten sich auch unsere fünf Bergsteiger, als sie am 1. Mai 1999 Mallorys Leichnam in einer Höhe von über 8200 Metern ausfindig machten. In *Mount Everest. Der Angriff* (1922) schildert Mallory eine kurze Rast auf 7380 Meter Höhe, in der die vier Männer zusätzliche Kleidungsstücke anlegten, um warm zu werden:

> Ich für mein Teil zog einen leichten Shetland-Pulli und ein dünnes Seidenhemd über die Sachen, die ich bereits unter meiner festen Baumwolljacke trug. Diese Jacke und die dazu passende Kniehose sind relativ windundurchlässig, genau wie das Seidenhemd, und so wähnte ich mich mit diesen beiden Extraschichten ausreichend gewappnet gegen die Kälte. Wenn ich mich recht erinnere, begnügte sich Morshead damit, seinen wollenen Schal um den Hals zu wickeln.

Mallorys Beiträge zum Expeditionsbericht von 1922 enthalten viele Details, die in Kenntnis dessen, was zwei Jahre später geschehen sollte, geradezu unheimlich und wie eine Vorahnung auf die Katastrophe von 1924 anmuten. Auf ihrem steilen Weg ins Ungewisse gelangten die vier Männer an besagtem Tag im Jahre 1922 an einen tückischen Hang, auf dem der Einsatz von Steigeisen zweckmäßig gewesen wäre. (Heutzutage trägt man diese Hilfen fast durchweg bis zum Gipfel.) Doch sie hatten sie auf dem Nordsattel zurückgelassen. »Wir hätten sie jetzt bitter nötig gehabt«, räumte Mallory ein, »aber es war dennoch richtig gewesen, auf sie zu verzichten, denn unter den festgezurrten Riemen wären uns wohl sicherlich die Zehen abgefroren.« (Die Lederstiefel waren damals recht weich und nachgiebig. Heutige Bergsteiger verwenden doppelwandige Kunststoffstiefel, die so steif sind, daß es nicht wegen straffer Riemen zu Durchblutungsstörungen kommen kann.) Daß Mallory und Irvine 1924 abermals ihre Steigeisen auf dem Nordsattel zurückließen, war womöglich der entscheidende, fatale Fehler.

Die Gipfelroute beschreibend, die er 1921 in monatelanger Suche ausgekundschaftet hatte, äußerte sich Mallory im Expeditionsbericht erneut besorgt über »gewisse hervorspringende Hindernisse« am Gipfelgrat, die nicht zu umgehen seien. Als größtes dieser Hindernisse sollte sich die 30 Meter hohe Zweite Stufe unmittelbar vor dem Gipfel erweisen, die auf einer Höhe von 8600 Metern liegt. Am 20. Mai 1922 kam Mallory so nah heran, daß er sie als wuchtigen Klotz in der Gratlinie aufragen sah.

Nicht nur die Kälte setzte den Männern zu – die dünne Luft machte sie benommen. Eine ungeschickte Bewegung war Ursache dafür, daß Norton seinen Rucksack verlor, den er während einer kurzen Rast auf den Schoß gelegt hatte.

> Es kam ganz überraschend, und er griff ins Leere, als er danach zu schnappen versuchte. Tummelnd nahm das weiche, runde Ding allmählich Fahrt auf, machte zuerst kleine, dann immer größere, wilde Sprünge von Stufe zu Stufe, und das kostbare Bündel verschwand auf Nimmerwiedersehen.

Mit dem Rucksack ging die so notwendige Ersatzkleidung verloren.

Gegen 14.00 Uhr lagerten die erschöpften Männer in einer Höhe von zirka 7600 Metern. Es gab weit und breit keine ebene Stelle, weshalb man in stundenlanger Arbeit Steine zu einer Plattform schichten mußte, und das nur für eine Nacht. Auch in späteren Jahren hatten Expeditionen in der Nordwand immer wieder größte Schwierigkeiten mit der Errichtung von Lager V. Auch Simonsons Leute fürchteten vor allem diese Station, weil ihnen klar war, daß sie dort oben kaum zur Ruhe kommen würden.

Es gelang den Männern schließlich, zwei Zelte aufzuschlagen. Die aber standen so schief, daß entspannt darin zu liegen unmöglich war. Mallory machte sich um die Verfassung seiner Gefährten Sorgen. Am schlimmsten ging es Morshead: Finger und Zehen zeigten erste ernste Anzeichen von Erfrierungen. Er klagte zwar nicht, »mußte sich aber, kaum daß wir das Lager erreicht hatten, niederlegen und war allem Anschein nach übel dran.« Auch Mallory waren die Finger verfroren, weil er in Ermangelung von Steigeisen Stufen in den Firn hatte schlagen müssen. Norton hatte Erfrierungen an den Ohren.

Nach einer fast schlaflosen Nacht setzten die Männer am 21. Mai um 8.00 Uhr ihren Weg fort, noch voller Hoffnung, den Gipfel erreichen zu können. Für Morshead aber war bald klar, daß er zurückbleiben mußte. Allerdings bedrängte er die anderen, sich nicht aufhalten zu lassen. Es war noch kälter geworden. Mallory mußte anhalten, den Stiefel ausziehen und sich von Norton den Fuß massieren lassen. Eine frische Schneeauflage machte die Querung der ohnehin gefährlich steilen Schieferplatten noch tückischer.

Um die Mittagszeit erkannte Mallory, daß er und seine Partner nicht schnell genug vorankamen. Mit äußerster Mühe schafften sie nur etwa 120 Meter Höhendifferenz in einer Stunde. (In den Alpen überwand Mallory für gewöhnlich in derselben Zeit 500 Meter, ohne ernstlich ins Schwitzen zu geraten.) Und mit zunehmend dünner werdender Luft ging es immer schleppender voran. Eine einfache »arithmetische Rechnung« machte klar, daß die Nacht hereinbrechen würde, ehe sie den Gipfel erreicht hätten.

Um 14.15 Uhr gaben sich die Männer dem Berg geschlagen und kehrten um. Im Rückblick trägt Mallory die Niederlage mit Humor: »Wir wollen es mutigeren Männern überlassen, den Everest bei Nacht zu ersteigen.«

Wie vorausschauend auch diese Worte klingen!

1924 haben Mallory und Irvine aller Wahrscheinlichkeit nach diesen verwegenen Mut aufgebracht.

An der höchsten Stelle, die sie erreichten, nahmen die drei Männer einen kleinen Imbiß aus Schokolade, Pfefferminzgebäck, Rosinen und Trockenpflaumen zu sich. Einer von ihnen (den Mallory in seinem Bericht allerdings diskreterweise nicht benennt) holte ein Fläschchen Brandy aus der Tasche, aus der jeder einen Schluck zu trinken bekam. Dann machten sie sich an den Abstieg.

Mit seinem anhand von theodolitischen Meßdaten justierten Barometer ermittelte Mallory eine erreichte Höhe von 8225 Metern. In *First on Everest: The Mystery of Mallory & Irvine* weisen Audrey Salkeld und Tom Holzel jedoch nach, daß die drei an diesem 21. Mai nur 7920 Meter hoch gekommen waren. Wie auch immer, bis auf diese Höhe hatte es vor ihnen noch kein Mensch geschafft.

Wie klug es war, umzukehren, zeigte sich am späten Nachmittag. Gegen 16.00 Uhr erreichten Norton, Somervell und Mallory Lager V. Morshead versicherte, daß es ihm wieder besser gehe. Angeseilt stiegen sie dem 600 Meter tiefer gelegenen Lager IV auf dem Nordsattel entgegen. Als stärkster in der Gruppe übernahm Mallory die Führung und machte sich bereitwillig an die ermüdende Arbeit, Stufen ins Eis zu schlagen (was in der Abwärtsbewegung noch schwerer fiel als beim Aufstieg).

Plötzlich glitt Morshead, an dritter Stelle im Seil, auf einem Steilstück aus und riß Norton, der zum Schluß ging, sowie Somervell mit sich. Hilflos rutschten sie auf eine Kante zu, 1000 Meter über dem östlichen Rongbuk-Gletscher.

Mallory war gerade dabei, eine Stufe zu schlagen. Er hatte nur noch Zeit, den Pickel tief ins Eis zu rammen und das Seil um den Zinken zu schlingen. In seinem Bericht steht zu lesen: »In 99 von 100 Fällen gibt entweder die Sicherung nach, oder es reißt das Seil.« Ein Wunder, daß nichts dergleichen passierte. Die Last der Stürzenden verteilte sich nacheinander auf das Seil, so daß es nicht mit einem einzigen gewaltigen Ruck beansprucht wurde. Mallory sicherte mit aller Kraft. »[...] wie eine Trosse am Poller, so zerrte das Seil am Eisen«, aber der Eispickel hielt.

Daß ein einziger Bergsteiger drei stürzende Partner allein mit einem Eispickel zu halten vermochte, ist wohl ohne Beispiel in der Geschichte des Alpinismus. Daß dieses erstaunliche Ereignis nicht zur Legende wurde, liegt im wesentlichen an Mallorys bescheidener Zurückhaltung in bezug auf den Vorfall. In *Der Angriff* gibt er den Namen desjenigen, der ausgerutscht war, nicht preis, und auch die eigene Person bleibt ungenannt. Er spricht nur vom ersten, zweiten, dritten und vierten Mann der Seilschaft. Nur in einem Brief an Ruth machte er klar, wer welche Rolle gespielt hatte. Und statt den anderen Vorwürfe zu machen, suchte er die Schuld bei sich: »Ich hätte mehr Rücksicht auf Morsheads Zustand nehmen und bessere Stufen hauen sollen [...]«

Unverletzt, aber völlig erschöpft erreichten sie in der Nacht um halb zwölf Lager IV. Morshead war gänzlich am Ende seiner Kräfte. Er hatte immer wieder pausieren müssen, bis Mallory und Norton ihn schließlich zwischen sich nahmen und beim Gehen stützten.

Als sie am nächsten Tag im Lager III ankamen, waren Morsheads Finger geschwollen und schwarz angelaufen. Alle vier Männer waren bedrohlich ausgetrocknet. Somervell berichtete später, 17 Becher Tee hintereinander getrunken zu haben, was Mallory als Untertreibung bezeichnete.

Zwei Tage später, am 24. Mai, machte sich Finch an einen zweiten Versuch, diesmal mit Hilfe von künstlichem Sauerstoff. Weil alle anderen Teammitglieder in schlechter Verfassung waren, kam als Partner nur einer in Frage – der tapfere Geoffrey Bruce, der zuvor noch keinen wirklich hohen Berg bestiegen hatte.

Trotzdem waren die beiden guter Dinge und redeten einander ein: »Natürlich schaffen wir's bis ganz nach oben.« Finch glaubte zuversichtlich, daß mit zusätzlichem Sauerstoff der Durchbruch gelänge.

Aus ihrem Versuch wurde am Ende ein Kampf auf Leben und Tod. In Lager V mußten sie die ganze Nacht über ihr Zelt festhalten, weil ein Orkan es vom Berg zu reißen drohte. Am nächsten Tag warteten sie vergeblich darauf, daß der Sturm sich legte. Sie mußten ihre Wasser- und Lebensmittelvorräte strecken und eine weitere Nacht ausharren. Am dritten Tag brachen sie um 6.30 Uhr auf, passierten die von Mallory, Norton und Somervell erreichte Höchstmarke und schafften es noch 150 Meter höher zum neuen Weltrekord. Der zusätzliche Sauerstoff hatte zu diesem Erfolg tatsächlich den Ausschlag gegeben, denn Bruce und Finch waren infolge des Sturms sehr viel schwächer gewesen als ihre drei Gefährten bei deren Vorstoß am 20. Mai.

Finch tat sich schwer mit dem Entschluß umzukehren, aber wie Mallory gab er der Vorsicht wegen nach. Im Expeditionsbericht erklärt Finch: »Ich wußte, wären wir auch nur 150 Meter weitergestiegen, hätten wir es nicht lebend zurück geschafft.« Am Ende waren Bruces Füße dermaßen verfroren, daß er vom Nordsattel aus streckenweise geschleppt werden mußte.

Der beherzte Vorstoß dieser beiden setzte nicht nur eine neue Höchstmarke, er nahm, wenn man so will, auch etwas vom Glanz des vier Tage zuvor unternommenen Versuchs von Norton, Somervell und Mallory. Und er ließ in Mallory die Überzeugung reifen, daß die Verwendung von Sauerstoffflaschen beileibe kein »verdammter Irrglaube«, sondern vielmehr der Schlüssel zum Everest war.

Die Expedition von 1922 hatte am 1. Juni bereits Außergewöhnliches erreicht, nämlich eine Höhe von über 8000 Metern bewältigt und erstmalig den oberen Abschnitt der Nordwand erkundet. Der ihr dafür abverlangte Tribut hielt sich mit ein paar Fällen von Erfrierung noch in Grenzen. (Morshead hatte es am schlimmsten erwischt, ihm mußten ein Zeh und sechs Fingerkuppen amputiert werden.) Hätte man jetzt zusammengepackt und die Heimreise angetreten – wofür etliche Teammitglieder plädierten –, wäre das Unternehmen in England als großer Erfolg gefeiert worden.

Aber so einfach wollte das Schicksal die Gruppe von 1922 nicht entlassen. Es wurde Juni, und der Monsun blieb vorerst aus. Da packte es Mallory erneut, und er überredete seine Teamgefährten zu einem dritten, allerletzten Versuch.

Aber die meisten waren viel zu erschöpft. Finch machte sich zwar tapfer mit auf den Weg, mußte aber, weil er sich von den Strapazen seines vorausgegangenen Angriffs noch nicht erholt hatte, schon im Lager I das Handtuch werfen.

Am 7. Juni führten Mallory, Somervell und Colin Crawford 14 Träger zum Nordsattel. Unmengen von Neuschnee bedeckten den Nordsattel, doch Mallory sah darin ideale Bedingungen zum Aufstieg. Die Gruppe näherte sich dem Kamm, und Somervell ging durch einen Korridor voraus. »Da ließ uns ein ominöser Laut aufmerken; er war scharf, eindringlich, heftig, zugleich aber so weich wie das Verpuffen ungestopften Schwarzpulvers. Ein solches Geräusch hatte ich in den Bergen noch nie gehört. Gleichwohl war uns allen augenblicklich klar, was es zu bedeuten hatte [...]«

30 Meter über ihnen war eine Lawine abgegangen. Die drei Engländer an der Spitze sowie die ihnen am nächsten stehenden Träger wurden von den Beinen gerissen und den Abhang hinunter geworfen, wo sie aber bald zu liegen kamen und sich befreien konnten. Die Träger weiter unten rutschten jedoch mit den Schneemassen über eine 20 Meter hohe Eisklippe. Sechs der Verschütteten konnten nur noch tot geborgen werden. Wahrscheinlich hatten nicht die Schneelasten, sondern der Sturz zum Tod geführt. Die Leiche des siebten wurde nie gefunden.

Verzweifelt kehrten die zehn Überlebenden ins Lager III zurück. Mallory wunderte sich über die Gelassenheit, mit der die Sherpas auf diese Tragödie reagierten:

> Die verschont gebliebenen Träger, die ihre Freunde oder Brüder verloren hatten, trugen ihren Schmerz mit Würde und hoben kein Geheul darüber an. Wir fragten, ob der Wunsch bestehe, hinaufzusteigen und die Toten zu einem ordentlichen Begräbnis nach unten zu holen. Doch man zog es vor, sie zu lassen, wo sie waren.

Bei der Abreise quälte sich Howard Somervell mit der Frage: »Warum, oh, warum, hat nicht einer von uns Briten deren Schicksal teilen müssen?« Die Schuld an dem Unglück wurde Mallory zur Last gelegt, nicht nur, weil er zu diesem letzten Vorstoß gedrängt hatte, sondern auch weil er trotz problematischer Schneeverhältnisse am Nordsattel aufgebrochen war. Tom Longstaff, der das Basislager schon verlassen hatte, als der Unfall passierte, nahm kein Blatt vor den Mund: »Nach so viel Neuschnee eine solche Passage zu wagen, ist idiotisch«, schrieb er zwei Monate später an einen Kollegen.

Schonungslos rekapitulierte Mallory in seinem Bericht jeden Schritt, der zu dieser Katastrophe führte, und stellte sich die Frage, ob er die Gefahr hätte erkennen müssen. »Mehr Erfahrung, mehr Kenntnis hätte uns vielleicht abgehalten«, formulierte er ratlos. »Über Schnee kann man nie genug wissen.«

Mallory wies die Verantwortung aber nie von sich. In einem Brief an Geoffrey Winthrop Young bekannte er: »Mich trifft die Schuld [...] Kennst Du das zermürbende Gefühl, wenn einem bewußt ist, daß man einen Fehler nicht ungeschehen machen kann?« Bis zum Ende seines kurzen Lebens litt Mallory unter dieser Schuld. Clare, seine älteste Tochter, glaubt, daß er 1924 zum Everest zurückkehrte, weil er hoffte, durch eine erfolgreiche Besteigung irgendwie über die Tragödie hinwegkommen zu können.

Mallorys engster Freund und Mentor Geoffrey Winthrop Young versuchte, ihn zu trösten und davon zu überzeugen, daß die Schuld an dem Unglück keinem anderen aufzubürden sei als »diesem Schatten des riesigen, gefährlichen ›Zufalls‹«, und gab zu bedenken: »Du hast an dem Risiko Deinen vollen Anteil getragen. Während des Krieges wurde uns Schlimmeres abverlangt: Wir mußten *anderen* befehlen, sich in Gefahr zu begeben, auch wenn wir selbst vor ihr sicher waren.«

All das konnte Mallorys Kummer kaum lindern. Die Sache ging ihm nicht aus dem Kopf, auch als er sich, längst wieder zu Hause, nach einer neuen Arbeit umsehen mußte. Zwischenzeitlich hatte er eine dreimonatige Vortragsreise durch die USA unternommen. Finanziell brachte sie ihm nicht viel ein, und von dem, was er in den Staaten zu sehen bekam, gefiel ihm nur wenig, zumal er sich nach seiner Frau und den Kindern sehnte. Clare war mittlerweile sieben Jahre alt, Beridge sechs und John erst zwei. Seit Clares Geburt hatte Mallory durch den Krieg und die Everest-Expeditionen nur rund die Hälfte seiner Tage zu Hause verbracht.

Im Frühjahr 1923 fand er in einer der Cambridge Universität angeschlossenen Schule für Erwachsenenbildung eine Anstellung als Geschichtslehrer. Er stürzte sich mit Begeisterung auf diese neue Aufgabe und pendelte täglich zwischen Cambridge und seinem Wohnort Holt hin und her. Das Verhältnis zu

Ruth schien in dieser Zeit recht gespannt gewesen zu sein, worauf einige Stellen späterer Briefe schließen lassen. Die große gegenseitige Zuneigung konnte jedoch nicht erschüttert werden. Im Oktober 1923 zog er mit der Familie nach Cambridge, wo er und Ruth sich im Herschel House wohnlich einrichteten.

Mallorys Gedanken waren aber auch in dieser Zeit nie weit vom Everest entfernt. Wieder einmal hatte er Beiträge zum offiziellen Expeditionsbericht beizusteuern. Und die in Amerika gehaltenen Vorträge waren dazu angetan gewesen, auch Nichteingeweihten die Faszination des höchsten Berges der Welt nahezubringen. Ausführlicher, wenn auch nicht weniger apodiktisch als sein berühmter Ausspruch »Weil er da ist!« ist folgende Erklärung, die er während eines dieser Vorträge zum besten gab:

> Ich vermute, uns treibt es deshalb auf den Mount Everest, weil wir schlicht und einfach nicht umhinkönnen; oder anders formuliert: weil wir Bergsteiger sind [...] Auf ein Abenteuer zu verzichten heißt Gefahr zu laufen, wie eine Erbse in der Schote zu vertrocknen.

In einem unveröffentlichten Essay, den er zu dieser Zeit verfaßt und mit »Menschen und Berge: Der Spieler« überschrieben hatte, ging Mallory auf die Frage nach den Gefahren und Risiken der Berge ein. Auch hier klangen manche seiner Worte wie eine düstere Vorahnung:

> Der Bergsteiger riskiert einen hohen Einsatz: Es geht um Leben und Tod. [...] Um das Spiel zu

gewinnen, muß er zunächst den Gipfel erreichen – und wieder absteigen in Sicherheit. Je schwieriger der Weg und je zahlreicher die Gefahren, desto größer ist sein Sieg.

Am Schluß dieses Essays befaßte Mallory sich mit der Unausweichlichkeit von Katastrophen wie jene, die ihn unterhalb des Nordsattels ereilt hatte. »Wenn ich aber von der Gefährlichkeit unseres Sports spreche, ist nicht damit gemeint, daß wir, wenn wir einen Berg besteigen, mit hoher Wahrscheinlichkeit zu Schaden kommen; gemeint ist vielmehr, daß wir den Gefahren, die uns umgeben, zum Opfer fallen, wenn wir sie nicht ernst nehmen.«

Daß britische Bergsteiger zum Everest zurückkehren würden – wenn nicht schon 1923, so doch spätestens im Frühling des darauffolgenden Jahres – war gewissermaßen beschlossene Sache. Und trotz aller Bedenken, die Mallory hatte, mußte es wohl so kommen, daß er sich dieser Expedition anschloß.

Nur wenige Monate nach Antritt seiner neuen Stelle bat er die Universitätsleitung um Freistellung für ein halbes Jahr bei halbierten Bezügen. Seinem Wunsch wurde bereitwillig entsprochen. Als sich aber Mallory dem Everest nunmehr zum dritten Mal zuwandte, empfand er nicht wie 1921 und 1922 frohe Erwartung, sondern im Gegenteil eine geradezu düstere Schicksalsergebenheit. Geoffrey Keynes, dem Freund aus Cambridge und Bloomsbury, vertraute er an, was er seiner Frau Ruth nicht zu sagen wagte: »Das wird eher ein Krieg sein als Bergsteigerei. Ich rechne nicht damit, zurückzukommen.«

DIE RETTUNG

CONRAD ANKER:

Es war an jenem 8. Mai 1999 schon nach 21.00 Uhr, als die Ukrainer vom oberen Absatz der Ersten Stufe aus über Funk ein Notsignal abgaben. Wir selbst hatten den Ruf nicht aufgenommen, sondern wurden durch den ukrainischen Expeditionsleiter Valentin Simonenko darauf aufmerksam gemacht. Er befand sich, wie so häufig, bei unseren Zelten im Basislager, wo er sich nach dem Fortgang unserer Bemühungen erkundigte. Weil er sich um seine Leute Sorgen machte, hatte er das Funkgerät bei sich, und als der Notruf kam, gab er die Meldung gleich an uns weiter.

Die Mitglieder jener ukrainischen Expedition hatten sich vorgenommen, den Gipfel ohne Sauerstoffhilfe zu besteigen. Ohne besserwisserisch sein zu wollen, meine ich, daß sie mit diesem Vorsatz ihre Sicherheit mutwillig gefährdet haben. Ohne zusätzlichen Sauerstoff werden selbst einfache Verrichtungen wie das Schlingen von Knoten, das Anseilen oder dergleichen zu einem schwierigen Unterfangen.

Im Unterschied zu uns nahmen die Ukrainer ihre Zeitplanung sehr genau. Zehn Tage zuvor hatten sie uns wissen lassen: »Wir steigen am 8. Mai auf.« Ihr Gipfelangriff war bis ins Kleinste geplant, so daß von vornherein feststand, wann welches Lager wo errichtet und wie mit Proviant versorgt werden sollte. Am 8. Mai zog ein scheußliches Wetter auf, doch sie waren offenbar nicht flexibel genug, ihren Zeitplan zu ändern.

Auf den Weg gemacht hatten sich Vladislav Terzeul, genannt Slava, Vasil Copitko und Volodymyr Gorbach. Um 13.30 Uhr war der Gipfel erreicht – eine gute Zeit –, doch beim Abstieg multiplizierten sich die Probleme, und der Wind wurde immer heftiger. Für den Rückweg brauchten sie sehr viel länger als angenommen. Am Ende schaffte es nur Slava, dieser enorm starke Kletterer, ins Lager VI zurückzugelangen. Vasil und Volod hatten sich irgendwo weiter oben zur Nacht im Freien niedergelassen. Es war Slava, der den Notruf von der Ersten Stufe aus gesandt hatte.

Oberhalb von Lager VI zu biwakieren bleibt nicht ohne ernste Konsequenzen. Als wir erfuhren, daß Volod und Vasil nicht ins Lager zurückkehrt waren, war uns klar, daß sie in höchster Gefahr schwebten.

Die Ukrainer waren so umsichtig gewesen, in Lager V Leute abzustellen, die dem Gipfeltrio im Bedarfsfall Hilfe zukommen lassen würden. Am Abend wurde das Wetter besser, aber es blieb sehr windig. Der Wind ist bei allen Expeditionen ein entscheidender Faktor: Auch unter ansonsten günstigen Bedingungen nimmt er einem alle Kraft.

Als sich der Sturm am 9. Mai legte, begaben wir

uns ins Lager ABC, um an der Rettungsaktion teilzunehmen. Slava war morgens bereits vom Lager VI aus zur Ersten Stufe zurückgestiegen, wo er Volod in sehr schlechter Verfassung allein vorfand. Er hatte sich allem Anschein nach schwere Erfrierungen zugezogen. Volod erzählte Slava, daß er sich am Vorabend einfach in den Schnee gesetzt habe, weil er völlig erschöpft gewesen sei. Vasil aber habe trotz der Dunkelheit weiter absteigen wollen. Irgendwann unterwegs sei ihm dann die Stirnlampe ausgegangen. Damals war jedoch aufgrund mangelnder Erfahrung noch nicht allen Bergsteigern klar, daß die Route ohne Licht nur schwer einzuhalten ist, insbesondere am Einstieg ins Gelbe Band.

Slava brachte Volod wieder auf die Beine und führte ihn ins Lager VI. Daß ihm dies nur einen Tag nach der Gipfelbesteigung und immer noch ohne künstlichen Sauerstoff gelang, halte ich für eine der phänomenalsten Leistungen, die mir an diesem Berg je untergekommen sind. Zweifellos hat Slava seinem Partner das Leben gerettet. Während des Abstiegs entdeckten sie jedoch von Vasil keine Spur.

Einer der klassischen Fehler in extremen Höhen ist es, getrennte Wege zu gehen. Die Unfallstatistik des Denali zum Beispiel zeigt ganz deutlich: Fast jedesmal, wenn sich eine Gruppe in der Gipfelregion getrennt hat, schlug das Unheil zu. Ich vermute, daß der Entschluß von Vasil und Volod alles andere als bedacht gewesen ist. Wer sich unter solchen Umständen vom anderen trennt, versteht sich nicht mehr als Partner in einem Team, sondern ist nur noch blind darauf bedacht, die eigene Haut zu retten.

Slava und Volod verbrachten die Nacht auf den

9. Mai im Lager VI. Am Morgen stiegen zwei Teamgefährten zu ihnen auf. Volods Verfassung hatte sich noch verschlechtert. Aus eigener Kraft konnte er keinen Schritt mehr gehen. Am 10. Mai schleppten ihn die Partner sowie einige Sherpas, die einer georgischen Expedition angehörten, in einem aus Seilen geflochten Tragesitz zum 1000 Meter tiefer gelegenen Nordsattel hinunter – ein wiederum fast übermenschlicher Kraftakt.

Zwischenzeitlich hatte Russell Brice, ein erfahrener Bergführer aus Neuseeland, vom Nordsattel aus weitere Rettungsmaßnahmen eingeleitet. Uns, den Amerikanern, gab er den Auftrag, Volod über die steilen Eishänge nach unten zu schaffen, über eine Strecke also, die technisch schwieriger ist als der Weg von VI nach IV. Vermutlich hatte Brice uns dafür vorgesehen, weil wir in Sachen Rettungsarbeit insgesamt die meiste Erfahrung mitbrachten.

Simo berichtete über MountainZone, daß einige Expeditionen Sauerstoffzylinder abgetreten und Sherpas zur Verfügung gestellt hätten, während andere jede Hilfe verweigerten. »Eine Sherpa-Gruppe verlangte für ihre Unterstützung 200 Dollar pro Mann.« Ähnliche Vorwürfe waren auch von anderen zu hören. Ich kann sie aus eigener Beobachtung weder bestätigen noch widerlegen. Allerdings hatte Simo durchaus recht, als er schrieb, daß solche Notfälle »sowohl die besten als auch die schlechteren Seiten« von Bergsteigern zum Vorschein bringen.

Am Nachmittag des 10. Mai stiegen Andy Politz, Jake Norton, Tap Richards und ich zum Nordsattel hoch. Weil der Transport herunter von VI so lange gedauert hatte, kam Volod erst um 22.30 Uhr dort an. Wir sahen uns sogleich vor die heikle Frage gestellt: Würde er eine Nacht in Lager IV durchstehen? Oder war er in so schlechter Verfassung, daß wir ihn unverzüglich nach unten bringen mußten?

Es hatte immer wieder ein bißchen geschneit. Jetzt war es dunkel und kalt. Wir brachten Volod in unser Kochzelt, gaben ihm Sauerstoff und spritzten ihm Dexamethason intramuskulär, ein stark wirksames Aufbaupräparat. Er drohte ins Koma zu fallen, hatte einen Puls von nur 60 Schlägen in der Minute und einen gefährlich niedrigen Blutdruck von 60 zu 20. Und er wimmerte vor Schmerzen. Es war ihm kaum möglich, auf Fragen seiner Teamgefährten zu antworten. Jemand meinte, daß Volods Unterschenkel bis zu den Knien erfroren seien, was aber übertrieben gewesen sein mochte.

Jedenfalls wurde deutlich, daß wir ihn noch in der Nacht nach unten schaffen mußten. Wir hatten schon alles in die Wege geleitet.

DAVID ROBERTS:

An der – um den offiziellen Titel zu verwenden – *1999 Mallory & Irvine Research Expedition* nahmen eine Reihe sehr fähiger Bergsteiger teil. Andy Politz, Eric Simonson und Dave Hahn hatten alle schon den Everest bestiegen und an etlichen Such- und Rettungseinsätzen mitgewirkt.

Am 10. Mai zeigte sich jedoch, daß der stärkste Alpinist im Team Conrad Anker war – auch wenn seine vorläufige Höchstmarke bei nur 7300 Metern lag.

Conrad hatte schon einige Seilschaften geführt, sich aber aus gegebenem Anlaß gegen den üblichen *modus vivendi* entschieden, weil er sich damit auf zu viele Konzessionen hätte einlassen müssen. Er kletterte nun schon fast seit zwei Jahrzehnten, und was ihn an diesem Sport vor allem interessierte, war die Möglichkeit, schwierige neue Routen an kaum bekannten Bergen in entlegenen Teilen der Welt ausfindig zu machen.

Im Frühjahr 1999 war der Name Conrad Anker in der amerikanischen Outdoor-Szene bereits ein Begriff. Seinen Lebensunterhalt verdiente er als Bergsteiger in den Diensten von *The North Face*, einem Ausrüster, der – was auf dem amerikanischen Markt damals noch neu, in Europa aber längst gang und gäbe war – erstklassigen Bergsteigern ein regelmäßiges Einkommen garantiert. Sie erhalten es dafür, daß sie neuen Produkten ihren Namen geben, sich als Werbeträger ablichten oder in Sportgeschäften blicken lassen und die übrige Zeit auf höchstem Niveau klettern.

Unter den von *North Face* gesponserten Athleten herrschte bisweilen eine heftige Rivalität. Davon schien Anker aber keine Notiz zu nehmen. Während er einen großen alpinistischen Coup nach dem anderen landete und von seinen Glanztaten in eher zurückhaltenden Beiträgen für das *American Alpine Journal* berichtete, wuchs sein Ruf unter den Insidern. Mittlerweile gilt er als einer der drei oder vier besten Bergsteiger Amerikas.

Wer ist dieser begnadete Perfektionist an den Berghängen? Wie wurde Conrad Anker zu dem Mann, der Mallory fand?

Obwohl er hauptsächlich in Telluride, Colorado, lebt, ist er mit seinem Herzen nach wie vor im kalifornischen Big Oak Flat (dem Goldrauschland, westlich von Yosemite Valley), wo seine Eltern leben. Seine Mutter ist Deutsche, sein Vater Amerikaner deutscher und schottisch-irischer Abstammung. Obwohl Anker viel auf Reisen ist, bleibt er seinen Eltern, seinen »besten Freunden«, eng verbunden.

»Meine Mutter behauptet gern, ich hätte schon in ihrem Bauch zu klettern angefangen«, erzählt er. Während der Schwangerschaft sei sie nämlich mit ihrem Mann am Rand des Yosemite-Tals entlanggewandert. Schon als Kind nahm er mit der Familie an ausgedehnten Rucksacktouren teil. Er ist überzeugt davon, daß ihm diese Ausflüge eine solide Grundlage als Bergsteiger gegeben haben. »Viele, die unseren Sport betreiben, haben ihre ersten Erfahrungen an einer künstlichen Kletterwand gemacht«, sagt Anker. »Sie wissen vielleicht, wie man einen Überhang meistert, haben aber keine Ahnung, was ein nachmittäglicher Wolkenbruch anrichten kann, wenn man keinen geeigneten Regenschutz dabeihat. So was habe ich schon in ganz jungen Jahren erfahren.«

Mit der Kletterei im Fels begann Conrad relativ spät, mit 18 Jahren. Von Anfang an stellte er ein großes Talent unter Beweis und bewältigte schon wenige Wochen nach seinem ersten Seilgang Schwierigkeitsgrade bis zu 5.7 (nach dem Yosemite Decimal System, YDS). Seine erste Expedition war ein Versuch am Mount Robson, der majestätischen und gefährlichen Spitze in den kanadischen Rocky Mountains: »Wir scheiterten kläglich.«

1987 erhielt Conrad vom amerikanischen Alpenverein eine Beihilfe (Young Climber's Grant) von 400 Dollar für seine Teilnahme an einer Expedition zu den Kichatna Spires, dem wohl zerklüftetsten und überaus bedrohlich wirkenden Massiv in Alaska. In fünf Tagen durchstieg er mit drei Begleitern erstmalig die Südostwand des Gurney Peak und stieß damit zur Elite der amerikanischen Extremkletterer.

Derweil setzte er halbherzig seine Ausbildung fort und machte schließlich im Alter von 26 Jahren an der Universität von Utah seinen Abschluß im Fachbereich »Freizeitwirtschaft«. »Das bedeutet Hotel- und Ferienpark-Management«, erklärt er. »Es war eine Ausbildung mit vielen Unterbrechungen. In jedem Frühjahr war ich mit einer Expedition unterwegs, und außerdem mußte ich arbeiten, um das Studium finanzieren zu können.«

Wie fast alle leidenschaftlichen Bergsteiger verschwendete Conrad im Alter zwischen 20 und 30 nur wenig Gedanken an eine berufliche Karriere. Entsprechend beliebig war die Auswahl seiner Jobs – Hauptsache, sie ließen ihm genügend Freiheit und konnten von jetzt auf gleich gekündigt werden. »Ich nahm alles an, was sich bot, und arbeitete, bis ich genug Geld zusammenhatte, um wieder klettern gehen zu können.« Mit Unterbrechungen arbeitete er insgesamt fünf Jahre für ein Bauunternehmen. Während der College-Zeit hatte er sich in einem Kaufhaus in Salt Lake City um den Stand von *North Face* – seinem späteren Sponsor – gekümmert und Karabinerhaken und GoreTex-Jacken verkauft.

In einer kurzen Episode als Jungunternehmer gründete Conrad zusammen mit einem Kletterfreund *AlfWare*, eine kleine Firma, die Filzhüte und kurze Hosen verkaufte, woran er aber nur wenig Gefallen fand. Seinem Vater, einem Wirtschaftsprüfer, ist er dankbar dafür, daß er dem Sohn den entscheidenden Anstoß gab. »Er sagte, steig auf die Berge und mach das Beste daraus, denn Hüte kannst du auch noch mit 65 verkaufen. Also verkaufte ich die Firma für 10 000 Dollar, was für mich damals ein ordentlicher Batzen Geld war.«

Sobald er freigestellt war für das, was er immer schon am liebsten getan hatte, entwickelte sich Conrad zu einem erstklassigen und außergewöhnlich vielseitigen Bergsteiger. Die meisten zeitgenössischen Alpinisten spezialisieren sich – auf reines Felsklettern, alpine Wände, Expeditionen zu Achttausendern im Himalaja und dergleichen. Conrad aber brilliert in jeder dieser Kategorien. Mittlerweile kann er zum Beispiel auf etliche Eintagesbesteigungen des El Captain im Yosemite-Park verweisen, und zwar auf fünf verschiedenen Routen. Normalerweise ist dies ein Gebiet für Felswandspezialisten, die mit einem Eispickel nicht umzugehen wüßten. Conrad meisterte auch schon so extrem schwierige Partien wie die an den großen drei patagonischen Türmen Cerro Torre, Torre Egger und Cerro Stanhardt, erschloß im Alleingang äußerst anspruchsvolle Routen in der frostigen Einöde der Antarktis und fand elegante neue Aufstiegsmöglichkeiten an so berühmten Bergen wie dem Latok II im pakistanischen Karakorum-Gebirge oder dem Mount Hunter in Alaska.

Ankers gelegentlicher Begleiter, der Fotograf und Bergsteigerveteran Galen Rowell, bestätigte einmal diese Vielseitigkeit: »Conrad fährt von den höchsten antarktischen Gipfeln über tief verschneite Hänge mit Skiern ab, steigt zum Spaß mal eben an einem einzigen Tag auf den El Cap, klettert sportlich am Schwierigkeitsgrad 5.13 YDS, klettert auf Zeit – den Khan Tengri im Tienschan schafft er schneller als die russischen Meister –, bezwingt die Nordwände von Everest und Latok, klettert im Eis gefrorener Wasserfälle, joggt unermüdlich über Gebirgspfade und geht liebend gern mit Freunden aus, um über etwas anderes als die Berge zu sprechen.«

Den größten Einfluß auf Conrad als Bergsteiger übte Terrance »Mugs« Stump aus, sein eigentlicher Mentor und Partner, den er 1983 auf einer Klettertour außerhalb von Salt Lake City kennengelernt hatte. Stump war über zehn Jahre älter als Conrad und bereits eine lebende Legende – bekannt für seine bahnbrechenden Alleingänge in extremem Gelände, die er aber nie an die große Glocke hängte (er schrieb nicht einmal für Bergsteigermagazine). Stump war einst Football-Star an der Seite von Joe Paterno in der Mannschaft von Penn State gewesen und hatte im Orange Bowl gespielt, verletzte sich aber bei einem Match das linke Knie. Sein eigentliches Metier entdeckte er erst, als er schon Ende 20 war.

»Er hat mich motiviert, ein echter Bergsteiger zu werden«, erinnert sich Conrad. »Er sagte: ›Du solltest dich nicht wie – du weißt schon wer – verkaufen, um irgendwelche Tolpatsche auf schöne Skitouren zu führen. Du mußt klettern, diesen und jenen Berg bezwingen. Daran führt kein Weg vorbei.‹«

Conrad mauserte sich schnell vom Schüler zum

ebenbürtigen Partner. Die beiden profitierten wechselseitig voneinander. »Wir waren gut aufeinander eingespielt, hatten den gleichen Sinn für Humor. Mugs brachte mich dazu, Bergsteigerprofi zu werden.«

Vier Jahre lebten Mugs und Conrad zusammen in Sandy, einem Vorort von Salt Lake City, in einem Haus, das ihnen der John Bass (Neffe von Dick Bass, der als erster Mensch alle »Sieben Gipfel«, das heißt die sieben höchsten Berge der sieben Kontinente meisterte) kostenlos zur Verfügung gestellt hatte. Ähnlich großzügig förderte Bass auch andere amerikanische Kletterstars.

Mugs und Conrad gingen häufig zusammen auf Tour. Ihr »Heldenstück« fand auf dem Eyetooth statt, dem tückischen Eis- und Granitklotz südöstlich des Denali. Ein wilder Sturm hielt sie sieben Tage und Nächte lang in einem Portaledge fest, einem an Mauerhaken in der Steilwand hängenden Biwak. »Uns gingen die Vorräte aus«, schilderte Conrad die Situation. »Wir hätten uns vielleicht abseilen können, doch Mugs wollte unbedingt in der Wand bleiben. Also machten wir es uns gemütlich und warteten, bis sich der Sturm gelegt hatte.«

Stump war zu einer Zeit volljährig geworden, da man in Amerika als Bergsteiger noch nicht damit rechnen konnte, gesponsert zu werden. Trotzdem machte er seine Liebhaberei zum Beruf und verdiente seinen Lebensunterhalt als Bergführer. Um nicht immer wieder dieselben Wege gehen zu müssen – wie etwa die Standardroute am Rainier oder auf den Westpfeiler am Denali – lockte Stump ehrgeizige Kunden auf selten begangenes Terrain. Bei einem solchen Ausflug geschah es, daß Stump beim Abstieg vom Südpfeiler des Denali an eine Gletscherspalte gelangte, die den Weg versperrte. Als er sie zu erkunden versuchte, brach der Rand unter ihm weg, so daß er abstürzte und unter vielen Tonnen Eis und Geröll begraben wurde. Seine Leiche konnte nie geborgen werden.

Mugs Tod war für Conrad ein schwerer Schlag. Er ist über diesen Verlust nie wirklich hinweggekommen. Daß er sich gegen ein Leben als Bergführer entschied, hat mit diesem, wie er sagt, »sinnlosen« Unfall zu tun, der auf leichtem Gelände passierte, als er eine Gruppe von Kunden führte. »Der Tag, an dem wir diesmal unsere Sachen im Basislager am Everest zusammenpackten, war Mugs siebter Todestag«, erzählt Conrad. »Ich trug alle Wachholderreste zusammen, die vom *puja* übriggeblieben waren – einen halben Sack voll –, steckte sie an und ließ eine dicke Rauchwolke aufsteigen.«

Wie alle guten Bergsteiger ist auch Conrad einige Male nur knapp mit dem Leben davongekommen. Die brenzligste Situation erlebte er 1991 am Middle Triple Peak in den Kichatna Spires von Alaska. Zusammen mit seinem langjährigen Freund Seth Shaw hatte er den herrlichen Ostkamm erklommen – die zweite Besteigung überhaupt. Der Abstieg war fast geschafft, es mußte nur noch ein kurzes Steilstück überwunden werden, eine knapp 30 Meter hohe Felswand, die schon im Gletscher fußte. Shaw hatte sich abgeseilt und wollte sich an der von Conrad eingeschlagenen Verankerung festmachen, von der er nur noch eine Armlänge entfernt war. Als er mit einem Karabiner danach langte, brach das Schneeband unter seinen Füßen weg. Das doppelt gelegte, 100 Meter lange Seil, an dem er hing, sauste nun durch den oberen Fixpunkt. (Kletterer schlagen normalerweise an beide Enden des Seils einen Knoten, um zu verhindern, daß es aus Versehen durch den Anker schießt, und so bleibt ein abbrechender Schneesims meistens ohne Folgen.)

»Wir waren schon fünf Tage auf den Beinen und ziemlich erledigt«, erinnerte sich Conrad. »Unser superleichtes Gepäck hatte nur Vorräte für 14 Tage beinhaltet, wir befanden uns aber schon seit 21 Tagen in den Kichatnas. Irgendwie kam es, daß ich zwar einen Knoten in das eine Ende gemacht hatte, aber nicht in das andere.«

Das Seil schnellte ungehemmt durch die Verankerung, und Shaw stürzte über 20 Meter tief auf den Gletscher.

»Ich rechnete nicht damit, daß er noch lebte. Da war ich nun mutterseelenallein in Alaska, ohne Funkgerät, etwa 100 Kilometer von der nächsten Behausung entfernt und ohne Seil an steiler Wand. Ich dachte: *Mein Gott, wie soll ich hier nur wieder rauskommen?*«

Alles, was Conrad bei sich hatte, um sich aus dieser verzweifelten Lage zu befreien, war ein kleines Kletterset aus einigen Friends, Klemmkeilen und sechs bis sieben Mauerhaken. Er plazierte sein Material in kleinen Rissen in der senkrechten Wand und kletterte langsam nach unten. Dabei hatte er immer jeweils zwei Hilfsmittel im Fels stecken, an denen er Halt fand. Ein drittes wurde, sobald er es nicht mehr brauchte, als Variable oben aus dem Fels gezogen und ein Stück weiter unter wieder einschlagen.

»Auf einmal begann ich Stimmen zu hören, menschliche Stimmen, die Unverständliches murmelten. Einen schauerlicheren Moment habe ich nie erlebt. Dann aber kam Seth plötzlich zu sich und stand auf. Es war kaum zu glauben: Er hatte den Sturz ohne schwerere Verletzungen überstanden. Wir sprachen miteinander. Er hatte nicht genügend Material dabei, um mit dem Seil zu mir aufzusteigen, und war ohnehin viel zu erschöpft.

Ich setzte das mühselige Rein-und-Raus der Haken fort, pickte Eis aus den Spalten und klebte an maximal drei Fixpunkten an der Wand. Plötzlich rutschte ich aus, und alle drei Haken brachen gleichzeitig weg.«

Conrad stürzte über 20 Meter tief und schlug zuerst mit dem Rücken auf, dann mit dem Kopf. Zum Glück lag eine dicke Schneeschicht auf dem Gletscher, die den Aufprall linderte und ihm wie seinem Freund das Leben rettete. Zwar hatte er sich die Wirbelsäule ziemlich gestaucht (die Folgen machen ihm mitunter noch heute, acht Jahre später, zu schaffen), doch die beiden konnten den Weg fortsetzen – 50 Kilometer auf Skiern über den Rainy Pass und ganz ohne Nahrung. 36 Stunden dauerte die Strapaze. Unterwegs stießen sie auf eine Jagdhütte, wo sie ein Glas Erdnußbutter sowie Säckchen voller Salz und Pfeffer fanden (zum Einpöckeln von Elchfleisch, das die Jäger im nächsten Oktober zu zerlegen hofften). Froh, noch am Leben zu sein, überquerten sie den Happy River und erreichten das Rasthaus am Rainy Pass, wo sie von ihrem Piloten abgeholt wurden.

Der Wendepunkt in Conrads beruflicher Laufbahn

kam 1993, als er von *North Face* gesponsert und unter Vertrag genommen wurde. Zu Anfang waren seine Einkünfte ziemlich dürftig, aber weil er bescheiden lebte und mit gelegentlichen Schreinerarbeiten ein bißchen dazuverdienen konnte, kam er über die Runden. Finanziell ging es schließlich bergauf, und obwohl er wegen seiner Reise zum Everest vielen Verpflichtungen nicht nachkommen konnte und darum eine Halbierung seiner Bezüge in Kauf nehmen mußte, belief sich sein Einkommen von *North Face* auf eine recht ordentliche Summe.

Als *North Face*-Star reist Conrad auch heute noch durch die Lande, hält Dia-Vorträge, führt Kunden auf einfachen Skitouren oder Bergwanderungen oder klettert zu Demonstrationszwecken an künstlichen Wänden. Er bespöttelt diese Art von Arbeit und kommt sich nach eigenen Worten dabei vor wie in einem »Streichelzoo«. Dennoch hat er Freude am Kontakt mit einem Publikum, das für Abenteuer zu begeistern ist – auch an nachempfundenen.

»Die Diavorträge und Skiausflüge nutze ich als Gelegenheit, anderen etwas über meine Einstellung zum Leben zu erzählen, und die ist im wesentlichen buddhistisch geprägt«, erklärte er. »Leute schauen sich meine Dias vom Bergsteigen an und haben auf diese Weise an meinen Abenteuern teil. Das nehme ich dann zum Anlaß, um ein bißchen zu philosophieren: über das Gute im Menschen, darüber, wie Wut und Haß eine Expedition sabotieren können, oder darüber, daß es manchmal ein bißchen schwerer fällt, sich positiv statt negativ zu verhalten, man damit aber letztlich das Leben bereichert. Ich würde mein Bekanntsein oder – wenn er sich denn einstellt

– meinen Ruhm gern positiv nutzen und dem Beispiel von Sir Edmund Hillary folgen, der in Nepal Schulen und Krankenhäuser baut. Ich würde gern vermitteln, wie die Berge mein Leben verändert haben, und ein Fürsprecher des Guten werden.«

Gordon Wiltsie – ebenfalls Bergfotograf und ehemaliger Teamgefährte – unterstreicht das buddhistische Wesen des Freundes: »Mit Conrad zu klettern ist die helle Freude. Er sprüht vor positiver Energie. Ich weiß nicht, woher er sie bezieht, und wünschte nur, auch etwas davon zu besitzen.«

Conrad ist 1,88 Meter groß und wiegt normalerweise 80 Kilo, hat aber am Everest etwas abgenommen. Sein sandfarbenes Haar ist meist ungekämmt und zerzaust, als hätte der Wind darin gewütet. Frisch rasiert sieht man ihn selten. Er spricht leise und ist immer höflich, auch wenn seine blaugrünen Augen sein Gegenüber fest im Blick haben. Selbst wenn er sich entspannt zurücklehnt, hat man das seltsame Gefühl, er sei wie eine Katze stets auf dem Sprung.

Nach Mugs Stumps Tod fiel er in Depressionen, brachte sich aber in jener Zeit das Aquarellieren bei. Daraus ist ein Hobby geworden, dem er auch nachgeht, wenn er an einer Expedition teilnimmt. Seine Landschaftsbilder erinnern in ihrer gekonnten Einfachheit an japanische Tuschmalerei. Er verschenkt, was er malt, und signiert seine Bilder nie.

Da er von allem fasziniert ist, was mit Buddhismus zu tun hat, nahm Conrad am Everest sowohl besonderen Anteil am Leben der Yak-Treiber, die die Expeditionsausrüstung – über 7000 Kilogramm Material – vom Basislager Lager ABC transportierten, als auch am Leben der Sherpas, die in extremen Höhen so wichtige Hilfe leisten. »Weil die Vereinigten Staaten noch relativ jung sind und die Traditionen der amerikanischen Ureinwohner nicht mehr viel gelten, gibt es in unserem Land keine Bergkultur«, sagt er. »Gerade das fasziniert mich an Ländern wie Tibet – diese über Jahrhunderte gewachsenen Hochgebirgskulturen.«

Gute Bergsteiger sind in der Regel nicht besonders einfühlsame oder rücksichtsvolle Menschen. Selbstbehauptung und sportlicher Ehrgeiz überlagern alles andere. Conrad Anker ist die Ausnahme. Dank seiner interessierten Aufgeschlossenheit hat er schon viele Stunden in Gesellschaft der Yak-Treiber verbracht, ohne daß es zu einem sprachlich befriedigendem Austausch gekommen wäre. Durch diese Haltung wird auch verständlich, warum Conrad nicht zögerte, die Verantwortung für den schwierigen und gefahrvollen Abtransport des Ukrainers Volod Gorbach auf sich zu nehmen, der auf dem Nordsattel mit dem Tod rang.

CONRAD ANKER:

Wir steckten Volod in einen Schlafsack, schnallten ihn auf eine mit Schaumstoff gepolsterte Akja – eine gleitende Trage, die wie eine Frühlingsrolle aus Kunststoff aussieht –, legten uns Gurte an und klinkten sie mit kurzen Seilen an diesen Gurten fest. Zu Tap Richards, Jake Norton, Andy Politz und mir gesellte sich noch Silvio, ein sehr starker italienischer Bergsteiger.

Am Steilstück unter dem Sattel waren, wie wir wußten, überall Fixseile angebracht und alle 30 Meter Bohrhaken ins Eis geschraubt. Wir selbst hatten ein 200 Meter langes Seil dabei, an dem wir uns bis zu den Fixseilen hinunterlassen wollten.

Tap und ich blieben zurück und senkten Volod ab. Wir verwendeten einen HMS-Knoten, damit uns das Seil selbst dann nicht verlorenging, wenn es uns beiden aus der Hand glitt. Das Seil war an Volods Schlitten festgemacht, führte über einen im Eis fixierten Sicherungspunkt und endete bei Tap und mir. Es war, als ließen wir ihn über einen Flaschenzug mit Notbremse hinunter.

Andy und Silvio stiegen an den Fixseilen ab und führten dabei den Schlitten zwischen sich. Mit kurzen Leinen, die vorn und unten am Schlitten festgemacht waren, stellten sie sicher, daß er nicht umkippte – was leicht passieren kann, wenn ein Schlitten beim Absenken gegen eine Kante oder einen Vorsprung stößt. Jake ging voraus, um an gegebener Stelle das jeweils nächste Manöver vorzubereiten. Nachdem wir Volod die gesamten 200 Meter abgeseilt hatten, nahmen Andy und Silvio ihn vom Haken. Tap und ich holten das Seil ein und stiegen schnell nach. Ehe wir bei ihnen anlangten, hatten sie Volod schon für die zweite Etappe zurechtgemacht. Dies alles geschah im Dunkeln, mit Stirnlampen und Anweisungen über Funk.

Wir gingen zwar sehr behutsam zu Werke, konnten aber nicht verhindern, daß der Schlitten an manchen Ecken heftig aufprallte. Das bereitete Volod starke Schmerzen, obwohl sein Körper voller Endorphine war, die wie natürliche Schmerzmittel wirken. Man konnte erkennen, daß seine Nase erfroren war – sie war schwarz, schrumpelig und zum Teil aufgeplatzt. Wir ahnten, daß auch seine Hände und Füße frostbrandig waren, wollten ihm die Handschuhe oder Stiefel aber nicht ausziehen.

In nur anderthalb Stunden schafften wir fünf Etappen von jeweils 200 Metern Seillänge. Einige davon waren ziemlich kritisch: Die zweite führte über eine offene Spalte, die vierte ging durch einen extrem steilen Eiskanal.

Gegen Mitternacht hatten wir unser Ziel erreicht. Es war stockdunkel und bitterkalt. Die Strecke zum vorgeschobenen Lager ABC verlief nun zwar relativ eben, war aber noch recht lang. Russell Brice hatte ein Team zusammengestellt, das uns am Fuß des Nordsattels ablöste. Es bestand aus unseren Kollegen Dave Hahn und Thom Pollard sowie einigen Teilnehmern anderer Expeditionen und etlichen Küchenjungen und Sherpas, ungefähr 20 Personen insgesamt. Sie übernahmen Volod und schleppten ihn in erstaunlich schnellem Tempo über den flachen Gletscher. Sie schienen regelrecht zu fliegen.

Unterwegs wollte sich Volod in seinem Schlitten immer wieder aufrichten. Die Jungs, die ihn begleiteten, versuchten ihn zu beruhigen. »Nur noch 20 Minuten. 20 Minuten nur noch!« Volod konnte zur Antwort nicht einmal mehr flüstern. Um 2.30 Uhr kamen sie im Lager ABC an.

Dort hatte Russell Brice das Essenszelt in eine Notambulanz verwandelt. Ein Ofen heizte ein. Der ukrainische Teamarzt gab Volod Sauerstoff zu at-

12

LINKS: *Puja im Basislager, zelebriert von Mönchen des Rongbuk-Klosters am 1. April. In der Mitte Andy Politz. Von Rauchschwaden fast verdeckt, taucht der Everest im Hintergrund auf.*

13

RECHTS: *Rongbuk-Kloster*

UNTEN: *Conrad Anker vor einem Eiskamin auf dem Weg zum Nordsattel*

15

LINKS: *Blick vom Nordgrat des Everest auf den Changtse (7568 m); im Vordergrund die Zelte von Lager V*

UNTEN RECHTS: *Auf dem Weg zum Lager VI legt Conrad Anker mit Sauerstoffmaske eine Rast ein.*

UNTEN LINKS: *Aufstieg zum Lager VI am 16. Mai; von links nach rechts: Dave Hahn, Tap Richards, Andy Politz*

OBEN: Conrad Anker mit dem Leichnam von George Mallory, um die Mittagsstunde des ersten Mai 1999

RECHTS: Mallorys Stiefel, mit v-förmigen Nägeln beschlagen. Solches Schuhwerk eignete sich hervorragend für grobe Oberflächen; auf festem Firn oder Eis bot es allerdings nur wenig Trittsicherheit, so daß der Bergsteiger zusätzlich Stufen schlagen mußte

RECHTS: bei Mallory gefundene Gegenstände: Klappmesser, Schere, Streichhölzer, Bleistift, Zinkoxyd, Sicherheitsnadel, Höhenmesser, Gurt (wahrscheinlich vom Sauerstoffapparat), Schutzbrille, Pökelfleisch, verschiedene Schnüre

Dave Hahn, aufgenommen von Conrad Anker, als sich die beiden am 17. Mai dem Gipfel des Everest näherten

men und flößte ihm irgendwelche Flüssigkeiten ein. Volod schaffte es kaum, durch einen Strohhalm zu trinken. Schließlich zog man ihm die Handschuhe und Stiefel aus. Hände und Füße waren zwar nicht gänzlich schwarz, sahen aber schlimm aus. Was mich verwunderte, war, daß er unter seiner Gore-Tex-Hose nur eine lange Unterhose und eine zusätzliche Wollhose trug. Er hatte keinen Daunenanzug an.

An dieser Stelle sei daran erinnert, daß auch in weniger wohlhabenden osteuropäischen Ländern dem Alpinismus eine sehr wichtige Rolle zukommt. Nicht nur aus der Ukraine, auch aus Rußland, Polen, Tschechien, der Slowakei oder Slowenien stammen viele ausgezeichnete Kletterer, die nicht zuletzt im Himalaja höchste Berge bezwingen, ohne über bestes technisches Material zu verfügen, geschweige denn finanziell unterstützt zu werden. An ihre Unternehmungen ist viel nationaler Stolz geknüpft, wie er beispielsweise in der ukrainischen Expeditionsschrift zum Ausdruck kommt.

> An der Schwelle zum XXI. Jahrhundert braucht die Ukraine Helden. Sie treten dort in Erscheinung, wo zum Erreichen des gesteckten Ziels ein maximales Aufgebot an physischen, mentalen und intellektuellen Kräften vonnöten ist. Und diese Kräfte sind nirgendwo dringlicher gefordert als beim Besteigen der höchsten Berge der Welt [...]

Am Morgen des 11. Mai baute ich aus zwei metallenen Rucksackgestellen, Klebestreifen und Fallschirmseilen einen Tragekorb, in dem Volod von fünf Tibetern über 20 Kilometer hinunter ins Basislager getragen wurde. Er war in keiner guten Verfassung, konnte aber von Glück reden, überhaupt noch am Leben zu sein.

Wir haben als Team nie besser zusammengearbeitet als während dieser Rettungsaktion. Dave Hahn formulierte in seinem MountainZone-Bericht ein schönes Kompliment:

> Wenn ich es genau bedenke, begegnen einem im Alltag nur selten Helden. Da, wo ich lebe und arbeite – am Mount Rainier –, muß ich dazu einen weiten Weg in die Stadt zurücklegen, mir eine Eintrittskarte kaufen, für ein Bier sechs Dollar ausgeben und innig darauf hoffen, daß Ken Griffey Jr. (ein U.S.-Baseballstar, Anmerkung des Übersetzers) einen Ball über die Mauer drischt und mir die Gelegenheit bietet, aus weiter Entfernung einen Anblick von Größe zu erhaschen. Hier aber brauche ich nur über den Teebecherrand zu gucken und sehe täglich Helden vor mir.

Zwei Monate später erhielt ich aus Kiew Nachricht von Roman Coval, einem ukrainischen Expeditionsmitglied. Volod hatte zwei Fingerkuppen der linken Hand amputiert bekommen und an beiden Füßen mehrere Zehen. Ein für ihn glimpflicher Ausgang – und er hofft inzwischen, bald wieder auf Berge steigen zu können. Roman kommentierte makaber: »Wir haben in der Ukraine viele Bergsteiger, denen Finger oder Zehen fehlen. Das Problem ist nur, man muß sich neues Schuhwerk zulegen – zwei Nummern kleiner.«

Das Team wurde vom Präsidenten der Ukraine mit besonderen Ehren ausgezeichnet. Die Expedition sei, so sagte Roman, von der Regierung »in den höchsten Tönen« gelobt worden.

Vasil Copitko blieb spurlos verschwunden. Seine Gefährten glauben, daß er bei dem Versuch, im Dunkeln abzusteigen, an der linken Gratschulter hoch über dem Kangshung-Gletscher gestürzt ist. Wäre er in der Nordwand über dem Rongbuk gestürzt, hätte ihn wahrscheinlich jemand gefunden. Er wird wohl für immer verschollen bleiben.

Trotz des glücklichen Ausgangs hatte die Rettungsaktion eine ernüchternde Wirkung auf uns. Die Ukrainer waren beileibe keine Halbstarken, sondern im Gegenteil exzellente Bergsteiger, die genau wußten, auf was sie sich einließen. Lediglich ein paar kleine Fehleinschätzungen und Pech mit dem Wetter hatten sie an den Rand des Todes gebracht. Wir wußten, daß uns Ähnliches passieren konnte.

Es war mittlerweile der 11. Mai 1999, und bis auf die drei Ukrainer war in diesem Jahr noch keiner über die Nordflanke zum Gipfel aufgestiegen. Wir hatten ursprünglich geplant, uns vor der Fortsetzung der Suche und unserem eigenen Gipfelvorstoß ein paar Tage zu entspannen. Doch statt Kräfte zu sammeln und Gewicht anzusetzen, hatten wir uns mit der nächtlichen Rettung weiter verausgabt.

Ich versuchte, den Tag über auszuruhen, was mir aber nicht so recht gelang. Am 12. Mai stiegen wir erneut zum Nordsattel auf, und ich glaubte, wieder fit zu sein. In meinem Kopf hatte sich das Bild der Zweiten Stufe festgesetzt. Ich wollte sie unbedingt im freien Stil erklettern, um ermessen zu können, vor welcher Aufgabe Mallory am 8. Juni 1924 gestanden hatte.

DIE ZÄHNE IM WIND

David Roberts:

Mallorys düstere Vorahnungen wurden Wirklichkeit: Am Ende zeigte die Expedition von 1924 eher kriegerische als alpinistische Züge.

Auf der Anreise gab sich Großbritanniens bester Bergsteiger allerdings noch optimistisch. »Ich kann mir nicht vorstellen, geschlagen umzukehren«, schrieb er aus dem entlegenen Dorf Shekar Dzong an seine Frau Ruth. Und seinem ehemaligen Teamgefährten Tom Longstall sagte er voraus: »Diesmal fliegen wir – und Gott sei mit uns – zum Gipfel oder wir stampfen hinauf, die Zähne im Wind.«

Wie schon 1921 und 1922 unterschätzte Mallory den Everest auch diesmal. Seine und Finchs bravouröse Leistungen zwei Jahre zuvor hatten ihm Mut gemacht. Bisweilen grenzte seine Zuversicht an Arroganz, wie schon während seiner Vortragsreise durch die Vereinigten Staaten, als er von einer dritten Expedition gesprochen und geprahlt hatte: »Der Mount Everest will Streit.« Manchmal aber trübten auch Zweifel seine Hoffnung, so in ein paar Zeilen, die er von Bord des Schiffes aus an seine Schwester

Mary schrieb: »Wie auch immer, wir müssen diesmal hoch; und wenn wir besonnen vorgehen und uns gründlich vorbereiten, statt bei erstbester Gelegenheit vorzupreschen, werden, so glaube ich, einige von uns den Gipfel erreichen.«

Die neue Mannschaft war noch stärker besetzt als die von 1922. Die Leitung hatte allerdings erneut General Charles Bruce, der mittlerweile 58 Jahre alt und zu Beginn der Expedition in gesundheitlich schlechter Verfassung war. Mit von der Partie waren auch wieder Howard Somervell und Teddy Norton, die ihre vorausgegangene Großtat am Everest noch zu übertreffen gedachten. Der ruhige, bedächtige Norton wurde zum technischen Leiter ernannt, obwohl Mallory über mehr Erfahrung verfügte und der bessere Kletterer war. Somervell brachte Bentley Beetham mit, einen jungen, vielversprechenden Bergsteiger, mit dem er im Sommer 1923 eine Alpentour unternommen hatte, der nur wenige andere Briten gewachsen gewesen wären. Sie hatten in nur sechs Wochen 35 Gipfel erstiegen.

Auch Noel Odell nahm an der Expedition teil. Er brachte reiche Forschungserfahrung und alpinistischen Sachverstand mit. Bei ihm dauerte die Akklimatisierungsphase zwar immer etwas länger, doch war er erst einmal in Form, konnten nur noch Norton und Mallory mit ihm Schritt halten. Odells vormaliger Reisebegleiter in Spitzbergen, der junge Sandy Irvine, war eine unbekannte Größe, doch es zeigte sich schnell, daß sein Mangel an bergsteigerischer Erfahrung durch athletische Kraft und beherzten Mut wettgemacht wurde. Das Team komplettierten schließlich Geoffrey Bruce, dank seiner

Teilnahme an der Erkundungsfahrt von 1922 zum Bergsteiger herangereift, John de Vere Hazard, ein gewandter Kletterer in den Alpen, und der Fotograf John Noel, der sich als echte Stütze erweisen sollte.

Mallory hielt das Team für »eine wirklich starke Truppe«. Norton ging noch weiter: »Ich glaube, es wird nie mehr eine so starke Mannschaft zusammenkommen, um den Everest zu besteigen.«

Während der langen Anreise, litt Mallory unter der Trennung von seiner Frau. Er schrieb ihr zahlreiche und ausführliche Briefe. Ihn belastete das Gefühl, ihr im vergangenen Herbst, als es anscheinend wieder einmal zu einer Ehekrise gekommen war, unrecht getan zu haben. »Ich fürchte, ich mache Dich nicht besonders glücklich«, schrieb er vom Schiff aus. »Du hattest in letzter Zeit viel Kummer, und es ist traurig, daß wir nicht häufiger zusammen sind und miteinander reden können.« Die Abwesenheit ihres Mannes war für Ruth schwer zu ertragen. »Liebster, ich hoffe, daß es Dir gutgeht und daß Du eine gute Reise hast. Ich halte mich wacker, doch Du fehlst mir halt sehr.«

Als es auf den Berg zuging, fing General Bruce an zu kränkeln, ihm wurde häufig »flau«. Er konnte das Tempo der anderen nicht mehr halten und setzte sich schließlich ab, um in Kampa Dzong, einem Dorf in der Nähe, auszuruhen. Doch ehe er dort ankam, erlitt er einen heftigen Fieberanfall, der offenbar von einer schon länger schlummernden Malariainfektion herrührte. Bitter enttäuscht meldete Bruce sich von der Expedition ab und reiste nach Indien zurück.

Daraufhin wurden Teddy Norton zum Expeditionsleiter und Mallory zum technischen Leiter ernannt (der er de facto ohnehin gewesen wäre). Glücklicherweise kamen die beiden Männer selbst in kritischen Momenten sehr gut miteinander zurecht und trafen keine Entscheidung, ohne vorher den jeweils anderen konsultiert zu haben.

Mit fast verbissenem Eifer versuchte Mallory, Pläne für den Gipfelvorstoß zu schmieden. John Noel bemerkte: »Er fühlte sich allem Anschein nach unwohl, war ständig mit seinen Planungen beschäftigt.« Noch weit vom Everest entfernt hatte Mallory am 14. Juli eine Strategie ausgetüftelt, die er seiner Frau in einem Brief begeistert darlegte. Aber nur drei Tage später fand er durch einen »Geistesblitz« zu einem neuen Plan. Im wesentlichen sah dieser vor, daß zwei Seilschaften gleichzeitig von verschiedenen Lagern aus zum Gipfel vorstoßen sollten. Im Detail: Von Lager IV im Nordsattel sollten zwei Expeditionsmitglieder mit 15 Trägern zu Lager V emporsteigen, dort den Boden für vier Zelte ebnen und wieder umkehren. Zwei andere – jenes Gipfelduo, das auf zusätzlichen Sauerstoff verzichten wollte – sollten in Lager V übernachten, dann mit acht Trägern über Lager VI hinaussteigen und Lager VII in der bislang nie erreichten Höhe von 8320 Metern errichten. Das zweite, mit Sauerstoffflaschen ausgestattete Gipfelduo sollte das 240 Meter tiefer gelegene Lager VI beziehen. »Dann«, so schrieb Mallory an Ruth, »gehen beide Zweiergruppen am nächsten Morgen los, um hoffentlich zur selben Zeit am Gipfel anzukommen.«

Auf dem Papier sah der Plan gut aus, und Norton war damit einverstanden. Doch der Everest durchkreuzt immer wieder selbst die gründlichst durchdachten Vorhaben. Zwar machten sich tatsächlich zwei Gruppen zum Gipfel auf – eine ohne, die andere mit zusätzlichem Sauerstoff –, allerdings im Abstand von vier Tagen. Und als das zweite Duo – Mallory und Irvine – zu seinem Angriff aufbrach, hatte sich das erste schon in Lager III zurückgezogen. Das für eine Stelle hoch oben am Nordostgrat vorgesehene Lager VII wurde nie aufgeschlagen.

Auf der Dampferfahrt nach Indien hatte sich den Männern die sorgenvolle Frage gestellt, ob die Katastrophe von 1922, der sieben Träger zum Opfer gefallen waren, im Gedächtnis der Sherpas immer noch frisch sein würde. Ob sich wohl genügend Freiwillige fänden, die an diesen todbringenden Berg zurückkehren würden? Um so glücklicher waren die Briten, als sie über ihren Handelsagenten erfuhren, daß sich »eine Reihe von Sherpas, Bhotias und sonstige Bergbewohner« eingefunden habe, um angeheuert zu werden.

Gleichwohl hatten Mallory und seine Gefährten durchaus recht in der Annahme, daß den Sherpas der Schrecken noch tief in den Knochen steckte. Folglich ließen sich die Träger im Jahre 1924 von jeder Bagatelle entmutigen. Ein Beispiel für diese Unsicherheit lieferte Angtarkay, der 1922 lebend unter den herabgestürzten Schneemassen hatte geborgen werden können. Im Prolog zu *Der Kampf um den Everest* schreibt General Bruce (der es sich, obwohl er aus der Expedition ausgeschieden war, nicht nehmen ließ, seinen Beitrag zu leisten): »Wir fühlten uns verpflichtet, ihn wieder anzustellen. Aber schon bald verließ ihn der Mut, und so kehrte er mit mir um.« Bruce war überzeugt, daß der Sherpa nie verwunden hatte, bei lebendigem Leib begraben gewesen zu sein.

Mallory hatte sich geschworen, alles daranzusetzen, daß sich die Tragödie von 1922 nicht wiederholte. Wie eine Vorausahnung voller tragischer Ironie mutet an, was er am 2. Mai seiner Schwester Mary schrieb: »Kein Bergsteiger noch Träger wird zu Tode kommen, wenn ich es verhindern kann. Ein solches Unglück würde alles verderben.«

Mit einem Troß aus 70 Trägern, Köchen und »Dienern« zog die Expedition durch Tibet. Am Rongbuk-Kloster erwartete sie eine Nachricht, die wie ein böses Omen gedeutet werden mußte. Der oberste Lama war krank und konnte zur großen Enttäuschung der Träger nicht die *puja* vollziehen. Zudem bekamen die Bergsteiger ein frisch gemaltes Wandbild zu Gesicht, daß die Katastrophe von 1922 auf grausige Weise in Erinnerung brachte. Es stellte, so schilderte Bentley Beetham, die Gruppe dar, wie sie »von pferdefüßigen Teufeln mit Mistgabeln den Abhang hinuntergestoßen wird und einer noch kälteren Hölle entgegentrudelt.«

Zwei Wochen später, als das ansonsten durchweg schlechte Maiwetter ein wenig besser wurde, marschierten Norton und die ganze Mannschaft noch einmal zum Kloster zurück. Doch anstatt sie zu segnen, verwünschte der Lama die Fremden. »Eure Wiederkehr freut die Dämonen«, intonierte er auf tibetisch, was ein Dolmetscher für John Noel übersetzte. »Sie werden euch immer und immer wieder zwingen zurückzukommen.«

Ungeachtet dieser Episode war Mallory voller Optimismus, denn er glaubte an seinen per »Geistesblitz« eingegebenen Plan. »Ich kann Dir kaum beschreiben, wie hoffungsfroh ich nun gestimmt bin«, ließ er Schwester Mary in einem Brief wissen. »In diesem Jahr ist alles ganz anders als 1922, als wir in Ermangelung eines geeigneten Planes zur Gipfelbesteigung unterschwellig immer unzufrieden waren.«

Während der gesamten Reise über Indien nach Tibet hatte Mallory den jungen Sandy Irvine kritisch beobachtet. In einem Brief an Ruth bescheinigte er dem Oxford-Studenten eine »vernünftige und ruhige« Art, merkte aber unmittelbar darauf scherzhaft an, daß man zwar »mit ihm Pferde stehlen, aber kein unterhaltsames Gespräch führen« könne. Später, während einer stürmischen Nacht am Berg, las Mallory aus der von Robert Bridges zusammengestellten und von ihm hochgeschätzten Anthologie *The Spirit of Man* einige Gedichte laut vor. Es überraschte Somervell, zu erfahren, daß Emily Brontë nicht nur Romane, sondern auch Gedichte geschrieben hatte. Odell zeigte sich tief beeindruckt von den letzten Zeilen von Shelleys »Der entfesselte Prometheus«, und »Irvine war in bezug auf Lyrik etwas befangen, schien aber doch beeindruckt zu sein von Grays ›Elegie‹.« (Erstaunlich, daß diese düsteren Friedhofsgedanken über einen anonymen Toten bei einem 22jährigen Anklang fanden: »Ach, nur zum Grabe führt der Pfad des Ruhms.«)

Auch Norton war angetan von Sandy Irvines ruhiger Kraft. In *Der Kampf um den Everest* beschreibt er seinen Teamgefährten wie folgt: »Wie es sich für ein ruderndes Blauhemd gehört, war Irvine groß und stark. Er hatte breite Schultern und vergleichsweise schlanke Beine [...]« Er war etwas schwerer als Mallory und konditionell in Hochform, zumal er im zweiten Jahr der Rudermannschaft von Oxford angehörte, die 1922 den Rivalen von Cambridge nach neun Jahren endlich wieder hatte schlagen können. Zwar besaß er nicht Mallorys klassische Schönheit, war aber doch ein sehr ansehnlicher junger Mann. In der Familienchronik heißt es, daß Irvine in Oxford als Frauenheld aufgefallen sei und ein Verhältnis mit der Stiefmutter seines besten Freundes gehabt habe. Der hellen Haut wegen wurde er mit dem Spitznamen Sandy bedacht (sein richtiger Vorname war Andrew). Am Everest litt er mehr als alle anderen unter Sonnen- und Windbrand.

Für Herbert Carr, Irvines Biograph, der ihn von Oxford kannte, war er von Natur aus schüchtern. »Er hatte eine seltsame Art zu lachen«, erinnerte sich Carr. »Es war ein stummes Lachen, nicht zu hören, nur sichtbar, das sein Gesicht sonnig aufleuchten ließ. Da er für gewöhnlich einen ernsten Ausdruck trug, war der Kontrast um so überraschender.«

Irvine war in Birkenhead zur Welt gekommen und in ähnlich gediegenen Verhältnissen wie Mallory großgeworden. In Shrewsbury besuchte er eine Privatschule und wechselte dann ans Merton College in Oxford. Seine schulischen Stärken lagen in den Fächern Chemie und Technik. Erbärmlich schwach war er dagegen in Französisch und Latein. Er bastelte und werkelte leidenschaftlich gern und erfinderisch. Noch als Schüler in Shrewsbury schickte er die Konstruktionszeichnungen zweier Geräte, die er erfunden hatte, an das Kriegsministerium – einen Unterbrechermechanismus für Maschinengewehre, mit dem das Schießen durch rotierende Luftschrauben hindurch möglich sein sollte, sowie einen gyroskopischen Stabilisator für Flugzeuge. Beides war zwar schon von Hiram Maxim (dem Erfinder des Maschinengewehrs) vorweggenommen worden, dennoch war das Ministerium laut Herbert Carr sehr beeindruckt von Irvines Ingenieurleistung und »übermittelte ihm herzliche Glückwünsche mit der Empfehlung, seine Bemühungen fortzusetzen.«

Zur Weihnachtszeit 1923 nahm er im schweizerischen Mürren bei Arnold Lunn, der die ersten Slalomrennen organisierte, Unterricht im Skilaufen. »Ich kenne außer ihm niemanden, dem als Anfänger auf Anhieb ein Telemark-Schwung gelang«, lobte Lunn seinen Schüler. Schon nach drei Wochen Übung nahm Irvine am »Strang-Watkins Challenge Cup« (einem Slalomrennen) teil und gewann vor erfahrenen Skiläufern. Er liebte diesen Sport und schrieb in einem Dankesbrief an Lunn: »Wenn ich alt bin, werde ich an diese Tage zurückdenken als die Zeit meiner eigentlichen Geburt. Ich glaube, wer nicht auf Skiern gestanden hat, weiß nicht, was es heißt, zu leben.«

Irvine war durch und durch ein Wettkämpfer, und so forderte er auf dem Weg zum Everest Mallory zu einem Pferderennen heraus. Mallory fand Gefallen an dem selbstbewußten jüngeren Gefährten. Nach einigen Wochen Lagerleben auf dem östlichen Rongbuk-Gletscher notierte er, daß Irvine »sehr fleißig und geschickt an der Sauerstoffapparatur gearbeitet hat. Gegen ihn spricht eigentlich nur seine Jugend (die er sich selbst allerdings zugute hält) –, Härten scheint er weniger leicht wegstecken zu können […]

Aber er wird bestimmt ein idealer Partner sein, denn er ist so beherzt, wie man nur sein kann.«

Mallory war tatsächlich sehr beeindruckt von Irvines Verbesserungsmaßnahmen an der Sauerstoffausrüstung. Er hatte die Geräte auseinandergenommen, jeweils ungefähr zwei Kilo nutzloses Metall daraus entfernt und wieder zusammengesetzt. Mallory wunderte sich: »Was wir an Gerätschaften mitgebracht hatten, war voller Lecks und sonstiger Mängel; er hat im Grunde ein völlig neues Instrument entwickelt [...]« Auf einen technisch so unbedarften Mann wie Mallory mußten Irvines Fähigkeiten wie ein Wunder wirken.

In der Folgezeit ist immer wieder die Frage aufgeworfen worden, warum Mallory nicht den sehr viel erfahreneren Odell als Partner für den Gipfelangriff auswählte, sondern ausgerechnet Irvine. Viele vertreten die Meinung, daß Irvines mangelnde Fähigkeiten im Berg zu dem fatalen Unfall beigetragen haben könnten. In seiner maßgeblichen Geschichte des Everest fragt Walt Unsworth, ob Mallory womöglich »eine romantische Zuneigung für den adretten jungen Studenten« empfunden habe.

Es gibt näherliegende Erklärungen. In dem Moment, da sich Mallory für den Einsatz künstlichen Sauerstoffs entschieden hatte, wurde Irvines Sachverstand zum ausschlaggebenden Faktor. Verantwortlich für die Sauerstoffausrüstung war angeblich Odell, der aber ihrem fraglichen Nutzen skeptisch gegenüberstand. Mallory hatte weitere Gründe dafür, warum Irvine mit zum Gipfel kommen sollte, in einem Brief an Ruth deutlich gemacht. Für Irvine sprach nicht nur dessen fachkundige Handhabung der Sauerstoffausrüstung, sondern insbesondere auch der Umstand, daß, hätten sich Mallory und Odell für den Vorstoß zusammengetan, mit Irvine und Geoffrey Bruce ein unerfahrenes Duo übriggeblieben wäre, das als Stütze nicht viel getaugt hätte.

> Und darum kommt Irvine mit mir. Er wird ein tüchtiger Begleiter sein, weiß nicht nur mit dem Atemgas, sondern auch mit dem Kocher umzugehen. Fraglich bleibt nur, inwieweit sein Mangel an alpinistischer Erfahrung zu einem Handikap werden könnte. Ich hoffe, daß das Gelände nicht allzu schwierig ist.

Irvine führte am Everest Tagebuch und machte seinen letzten Eintrag am Vortag des Gipfelvorstoßes. Das Tagebuch wurde von Odell in Verwahrung genommen und 1979 veröffentlicht. Es ist ein recht trockenes Dokument, über weite Passagen in jenem schmucklosen Stakkato geschrieben, das nüchterne Menschen zu bevorzugen scheinen. »Haben am Nachmittag die Primus-Kocher wieder eingepackt und um den Kauf eines Ponys gefeilscht [...] Schnellverschlüsse an meinen Schlafsack genäht.« Irvine nahm von seinen Teamgefährten kaum Notiz, sein Blickwinkel war stark eingeschränkt auf das gesteckte Ziel. Wie die meisten Engländer, die zum ersten Mal nach Asien kommen, reagierte er überempfindlich. Seinen Eindruck eines tibetischen Dorfes schilderte er so: »Dreck und Gestank dieses Ortes waren außerordentlich.« Nach dem Besuch eines anderen Dorfes: »Am Nachmittag sahen wir die tibetischen Teufelstänzer; die absonderliche Veranstaltung dauerte von 14.00 bis 18.30 Uhr und wurde zum Ende hin ziemlich monoton.«

Auf der Anreise erreichten Irvine irgendwann schlechte Nachrichten aus Oxford. »Habe über Draht erfahren, daß Cambridge mit viereinhalb Längen Vorsprung gewinnen konnte – unerhört!« Einen Tag später hatte er den Schock noch immer nicht verwunden: »Komme nicht darüber hinweg, daß Oxford mit viereinhalb Längen geschlagen wurde. Würde gern Einzelheiten über das Rennen erfahren.«

Das Tagebuch zeugt auch von Irvines Bastelleidenschaft und zahlreichen Reparaturen. Die größte Herausforderung sah er in den klobigen Sauerstoffgeräten:

> Habe den ganzen Nachmittag und Abend wieder einmal auf die Montage von Atemhilfen verwendet. Aus Kiste Nr. 2023 setzte ich zwei komplette Geräte zusammen (1A und 2A), aber ohne Ersatzschläuche, denn entweder waren die Schläuche selbst oder die Messingteile porös, also undicht. Bei Nummer 3A war der Strömungsmesser kaputt; ich mußte ihn auseinandernehmen. Schien am Sockel korrodiert zu sein. Habe alles möglichst saubergemacht. Bei $1^1/_2 + 3$ hakt's zwar immer noch, aber es funktioniert, wenn man ab und zu drauf klopft. Bei Nummer 4A klemmte das Drosselventil; es war auf MkIII eingestellt.

Man kann sich vorstellen, wie konsterniert Mallory auf solche sonderbaren Erklärungen reagiert hätte. Tatsächlich sind manche Passagen des Tagebuchs unfreiwillig komisch, zum Beispiel die, wo festgehalten ist, daß sich Irvine um die Ausrüstung des – nach Longstaffs deutlichen Worten von 1922 – wackeren Babys kümmerte, das »unfähig [ist] Verantwortung zu tragen, allenfalls für sich selbst.« Eine Kostprobe:

> *11. April*: [...] Habe Mallorys Pritsche repariert, Beethams Kameras, Odells Stativ und eine volle Dose Paraffin versiegelt [...]

> *12. April*: Den Tag im Lager verbracht, ein paar Fotos geschossen, Gebäckschachteln sortiert und an Mallorys Kamera herumgedoktort, was mich den ganzen Nachmittag gekostet hat.

> *19. April*: Am Nachmittag einen von Mallorys Eispickel repariert (die ein Kuli kaputtgemacht hat) [...]

> *27. April*: [...] Nach etwa einer Stunde kam Mallory herein, mit einer Kiste voller Steigeisen, und ich war bis zum Abendessen damit beschäftigt, diese Eisen Mallorys und meinen Stiefeln anzupassen und eine Art der Befestigung auszutüfteln, bei der man keinen Riemen über die Zehen spannen muß, was nämlich die Durchblutung hemmen könnte.

> *28. April*: [...] Einen Großteil des Nachmittags über Beethams Kamera gehockt; des weiteren meinen Schlafsack und Mallorys Sattel repariert.

Irvines handwerkliches Können war für die Expedition natürlich von großem praktischen Wert. Vielleicht war er »in bezug auf Lyrik etwas befangen«, doch unverzichtbar, wenn hoch auf dem Berg die Ausrüstung streikte.

Im Verlauf der Expedition freundeten sich Mallory und Irvine an. Nach dem 7. Mai nannte er ihn in seinem Tagebuch nur noch »George«, während die anderen Norton, Somervell und Hazard blieben. Die Wettstreitlust, die ihn unter anderem zu einem Pferderennen angeregt hatte, setzte sich am Everest fort, doch da konnte Irvine mit dem älteren Freund nicht Schritt halten. Vom 4. Mai ist im Tagebuch zu lesen: »Plötzlich muß ein Teufel in Mallory gefahren sein, denn unversehens sprang er in weiten Sätzen durch den Schutt einer Moräne talwärts, und ich kam nicht mehr mit [...]«

Am 29. April erreichte die Gruppe das Basislager am Auslauf des Rongbuk-Gletschers. Sogleich machte man sich daran, die Gepäckladung von 300 Yaks zu sortieren und auf die Lager am östlichen Rongbuk zu verteilen. Mallory war voller Optimismus. Er hatte sich schon darauf festgelegt, daß der Gipfelangriff am 17. Mai erfolgen sollte, höchstens einen Tag früher oder später. Und er sagte Ruth voraus: »Das Telegramm, das unseren Erfolg meldet, wird vermutlich eher ankommen als dieser Brief, wohl aber keine Namen nennen. Wie wirst du hoffen, daß ich zu den Eroberern zähle!«

Doch dann lief plötzlich alles schief. Man erlebte den auch für dortige Verhältnisse ungewöhnlichsten Mai seit Jahren, und selbst auf der relativ niedrigen Höhe des Basislagers herrschten bittere Kälte und stürmischer Wind. Am 28. April blies »ein eiskalter

Wind, der Himmel war verhangen, und dann fegte ein Schneesturm über unsere Zelte hinweg. Gestern war es noch schlimmer; es schneite fast den ganzen Tag über.« Um die schlechte Laune zu vertreiben, wurden nach guter englischer Art Tafelfreuden inszeniert, und die Gruppe feierte ihre Ankunft im Basislager mit einem Fünf-Gänge-Menu und etlichen Flaschen Champagner.

Inzwischen war die Anzahl der Träger und Yak-Treiber auf 150 angewachsen. Angeführt von Ghurkas, die schon 1922 dabeigewesen waren, machten sich die Einheimischen am 30. April singend und scherzend auf den Weg, um die Lager I und II einzurichten. Die Hälfte von ihnen sollte, sobald die Lasten in Lager I abgeladen wären, umkehren, während die anderen angehalten waren, am nächsten Tag zum Lager II weiterzuziehen. Doch auf dem Rückweg zum Basislager brach die Nacht über die Träger herein, und von 75 Männern kamen nur 22 an. Die anderen trafen zwar unbeschadet am nächsten Tag ein, doch von nun an gab es mit den Trägern immer wieder große Probleme, die sich nachteilig auf die Expedition auswirkten.

Am 7. Mai gerieten Träger auf den Weg zum Lager II in solch scheußliches Wetter, daß Mallory ihnen anderthalb Kilometer vor dem Ziel erlaubte, die Lasten abzulegen. Zur selben Zeit saß eine Gruppe von Trägern im 6500 Meter hoch gelegenen Lager III fest. »Jeder hatte nur eine Decke«, schrieb Geoffrey Bruce ins Expeditionsbuch, »und zu essen gab es nur ein wenig rohe Gerste. In ihrer Verzweiflung trieb es die Männer, die ohnehin schon völlig erschöpft waren, zurück.« Nach ihrem unerwarteten Aufkreuzen befanden sich in Lager II so viele Träger, daß die aufgeschlagenen Zelte bei weitem nicht ausreichten. Man mußte auch auf jene Zelte und Lebensmittel zurückgreifen, die für höhere Lager vorgesehen waren.

In Lager III trotzten Mallory und drei Teamgefährten Temperaturen von minus 30 Grad und orkanartigen Winden. Ein Aufstieg zum Nordsattel kam unter solchen Bedingungen nicht in Frage.

Mallory hatte gehofft, am 9. Mai Lager IV auf dem Nordcol errichten zu können, doch an diesem Tag gerieten Odell und Hazard in ein so heftiges Schneetreiben, daß sie nach Dreiviertel der Stecke gezwungen waren, ihr Gepäck abzusetzen und umzukehren. Sie verbrachten eine ungemütliche Nacht in Lager III, über die Bruce später schrieb:

> Der Sturm dauerte mit unverminderter Gewalt an, und feiner Schnee trieb in unsere Zelte, bedeckte alles mit einer drei bis vier Zentimeter dicken Schicht. Es war unerträglich. Bei der kleinsten Bewegung rutschten kleine Schneelawinen in den Schlafsack, wo sich dann ein kalter, feuchter Fleck ausbreitete.

Die Stimmung der Träger sank auf einen alarmierenden Tiefstand. Mallory und seine Gefährten versuchten alles, die Einheimischen zu weiteren Leistungen anzuspornen, doch sie standen auf verlorenem Posten. Daß sie im Kloster Rongbuk nicht den Segen des Lama erhalten hatten, minderte ihren Einsatzwillen wahrscheinlich ebenso wie das fürchterliche Wetter. Mallory nahm eine »orientalische Trägheit« als Ursache an: »Wenn ein gewisses Maß an körperlichem Unwohlsein und seelischer Verstimmung erreicht ist, kauern sie sich einfach hin. Unsere Träger lagen mit angezogenen Knien in den Zelten.« Doch er mußte einräumen, daß auch den »Sahibs« nichts anderes übrigblieb, solange der Sturm andauerte: Sie steckten »die meiste Zeit über in den Zelten – woanders war es nicht auszuhalten.«

Schließlich beugte sich Norton dem Unausweichlichen. Er schickte alle Träger und Bergsteiger zurück ins 20 Kilometer entfernte Basislager. Bruce sah eine »traurige Prozession schneeblinder, kranker, durchfrorener Männer« talwärts ziehen. Aber selbst auf dem Rückzug blieb ihnen weiteres Unglück nicht erspart: Ein Träger stürzte und brach sich das Bein, bei einem anderen bildete sich ein Blutstau im Gehirn, und ein dritter hatte Frostbrand in den Füßen. Die beiden letzteren starben wenig später und wurden in der Nähe des Basislagers begraben.

Den Engländern erging es nicht viel besser, ihre Erkrankungen reichten von trockenem Husten bis zur »Gletscher-Mattigkeit«. Mallory litt unter so heftigen Bauchschmerzen, daß man eine Blinddarmentzündung fürchten mußte. Beetham hatte große Ischiasprobleme, so daß er als Gipfelaspirant ausfiel.

Das Team von 1922 hatte den Nordcol am 13. Mai erreicht, und nur sechs Tage später waren Mallory, Somervell und Norton zu ihrem ersten Vorstoß aufgebrochen. 1924 war man von dieser Etappe noch weit entfernt. Man hockte sechs Tage lang im Basislager und leckte sich die Wunden. Mallory schrieb an Ruth: »Wir sind schwer geprüft; alles hat sich gegen uns verschworen.«

Am 17. Mai erst – Mallory hatte an diesem Tag den

Gipfel in Angriff nehmen wollen – wandte sich die geschwächte Mannschaft wieder dem Berg zu. Das lange Warten im sturmumtosten Lager III hatte nach Somervells Worten »an unseren Kräften gezehrt. Statt fit und stark zu sein wie während unseres Versuchs von 1922, waren wir abgemagert, schlapp, fast invalide.«

Trotz alledem faßte Mallory wieder Mut. Er setzte den 28. Mai als neuen Gipfeltermin fest und schrieb an Ruth, beharrlich hoffend: »Es ist in der Tat mühsam, sich zusammenzureißen und zu tun, was hoch am Berg geboten ist, aber gerade jene in schwachen Momenten abverlangte Kraftanstrengung macht den Sieg erst möglich.«

Endlich, am 20. Mai, stiegen Mallory, Norton, Odell und ein Sherpa zum Nordsattel auf. Mallory übernahm die Führung in einem steilen Eiskamin, der eine zwar schwierige, aber sichere Alternative bot zu jenem Hang, über den 1922 die Lawine abgegangen war. Norton schilderte die Führungsarbeit recht anschaulich: »Man konnte förmlich sehen, daß sich seine Nerven wie Geigensaiten anspannten. [...] Vorsichtig kletterte er durch die Wand und den Kamin, geschmeidig wie immer.«

Der Anstieg war, wie Mallory schrieb, »ein Triumph der alten Truppe.« Doch auf dieser Expedition schien nichts gutzugehen. Während der Rückkehr ereilte die vier Männer eine weitere Katastrophe.

Es fing damit an, daß Mallory jene verhängnisvolle Route von 1922 einzuschlagen beschloß. Schon bald kam die Gruppe an Abhänge, die es erfordert hätten, Steigeisen anzulegen, doch die hatte man im Lager III zurückgelassen. Mallory schlug hier und da Stufen in den Schnee. Unangeseilt folgten Norton und ein Sherpa. Beide glitten aus und rutschten ab, konnten sich aber zum Glück von allein wieder fangen. Wenig später stürzte Mallory drei Meter tief in eine verdeckte Spalte. Wie damals, als er von Geoffrey Winthrop Young gesichert am Nesthorn stürzte, hielt er auch diesmal seinen Eispickel fest und bewies in größter Not eine bemerkenswerte Selbstbeherrschung. An Ruth schrieb er: »Halb blind und außer Atem fand ich mich in äußerst prekärer Lage wieder, gehalten nur von meiner Eisaxt, die sich irgendwie verfangen hatte. Unter mir klaffte ein unangenehm schwarzes Loch.«

Mallory rief um Hilfe, doch von den Begleitern, die selbst in Gefahr schwebten, hörte und wußte niemand, was geschehen war. Schließlich wurde er »des Rufens müde« und befreite sich aus eigener Kraft aus der Spalte – kam aber auf der falschen Seite heraus. »Ich mußte einen gefährlichen Hang aus sehr hartem Eis queren und geriet weiter unten auf tückischen Mischschnee.« Völlig erschöpft kamen die vier Männer im Lager III an.

Schließlich erreichten sie dann doch den Nordsattel, den Ausgangspunkt für den Gipfelangriff, und die Wetterzeichen ließen Besserung erwarten. Der Eiskamin, durch den Mallory aufgestiegen war, stellte zunächst für die Lastenträger ein Hindernis dar, doch bald waren Fixseile angebracht, und Irvine flocht eine Strickleiter, die in den Kamin gehängt wurde, damit dieser auch für Männer mit schwerem Gepäck passierbar war.

Kaum hatte Mallory neu zu hoffen gewagt, als ein weiterer Notfall das Team abermals zurückwarf.

Am 21. Mai führten Somervell, Irvine und Hazard zwölf Träger zum Nordsattel. Während Somervell und Irvine wieder kehrtmachten, blieb Hazard mit den Trägern in Lager IV, um dort auf Bruce und Odell zu warten, die mit den Trägern weiterziehen und Lager V einrichten wollten. An diesem Abend aber setzte ein Schneesturm ein, der auch noch während des nächsten Tages andauerte, und die Temperaturen sanken auf minus 30 Grad. Odell und Bruce verließen das Lager III gar nicht erst. Am nächsten Tag beschloß Hazard, mit den Trägern abzusteigen.

Aus der Gruppe der Expeditionsmitglieder stach Hazard als Sonderling hervor. Somervell sagte später: »Hazard hatte sich hinter eine psychische Schutzmauer zurückgezogen. Manchmal platzte es aus ihm heraus: ›Bei Gott, das gefällt mir!‹ Doch dann verkroch er sich wieder und ließ nichts an sich herankommen.«

Als er nun die Träger über den frisch verschneiten Steilhang hinabführte, fiel ihm gar nicht auf, daß vier von ihnen zurückscheuten und umkehrten. Mit nur acht Trägern kam Hazard in Lager III an, was Mallory in Rage brachte. »Wie es dazu kommen konnte, ist kaum nachzuvollziehen«, schrieb er, »aber offenbar hat er seinen Part nicht richtig ausgeführt [...]«

Der Vorwurf ist wohl überzogen, denn es war für einen Mann schlichtweg zuviel verlangt, unter extrem schweren Bedingungen die Verantwortung für zwölf Träger zu übernehmen. Das Ergebnis bedeutete jedoch ein Fiasko: Vier Sherpas waren – wahrscheinlich zutiefst verängstigt und womöglich unter

Erfrierungen leidend – hoch oben am Berg auf sich allein gestellt.

Am 24. Mai brachen Somervell, Norton und Mallory auf, um die Träger zu retten. Norton rechnete mit dem Schlimmsten, wie er später gestand: »Ich hätte zwei zu eins gegen einen glücklichen Ausgang unseres Unternehmens gewettet.« Norton und Somervell waren zudem außer Form, doch »Mallory, der unter solchen Umständen von seiner nervösen Energie lebt, drängte uns weiter.« Die Hänge über dem Eiskamin waren voller Schnee, der abzurutschen drohte. Während die zwei anderen von der letzten sicheren Stelle aus absicherten, stieg Somervell über eine diagonale Traverse bis ans Ende des 60 Meter langen Seils empor, das die Männer mitgenommen hatten. Nur noch knapp zehn Meter, und er hätte das Joch erreicht. Von den Stimmen der Bergsteiger angelockt, spähten die Träger über den Rand nach unten. Es war bereits 16.00 Uhr und damit gefährlich spät geworden.

Norton, der ihre Sprache sprach, überredete die Träger, die zehn Meter bis zu Somervell ohne Hilfe zurückzulegen. Zwei Männer schafften es auch, die beiden anderen rutschten ab und kamen an einer prekären Stelle unweit von Somervell zu liegen. Ihm blieb keine andere Wahl, als seinen Pickel in den Hang zu rammen, das eingeholte Seil um den Pickelschaft zu schlingen und sich zu den vor Angst zitternden Trägern hinunterzuhangeln. Er packte zuerst den einen, dann den anderen beim Kragen und hievte sie in Sicherheit. Es war schon längst dunkel, als die erschöpften Männer im Lager III ankamen.

Dieser Zwischenfall demoralisierte die Sherpas noch mehr. Von ursprünglich 55 Trägern waren nach dem 24. Mai nur noch 15 zur Mithilfe zu bewegen. Das Team nannte diese tapferen Männer »Tiger«, ein aufmunternder Beiname, der am Everest seitdem häufig verliehen wird. Die Gruppe war aber mittlerweile so sehr in Auflösung begriffen, daß Norton keine andere Wahl blieb, als wieder einmal den allgemeinen Rückzug antreten zu lassen. Am 25. Mai schleppte man sich in das auf 5450 Metern gelegene Lager I.

»Es war eine durchweg schlechte Zeit«, schrieb Mallory seiner Frau am 27. Mai, im letzten Brief, den sie von ihm erhalten sollte. »Nach all den Strapazen und Rückschlägen schaue ich zum Zelt hinaus in eine Welt aus Schnee und schwindenden Hoffnungen [...]«

Selbst in seinen pessimistischen Momenten hatte Mallory nicht für möglich gehalten, daß der Everest seinem Team so arg zusetzen konnte wie in dem vergangenen Monat. Weniger couragierte Männer hätten längst eingepackt und die Heimreise angetreten. Doch man blieb und berief einen »Kriegsrat« ein.

In Lager IV waren noch immer keine Sauerstoff- oder Lebensmittelvorräte deponiert. Es gab dort nur Zelte und Schlafsäcke. Norton plante neu und beschloß, auf das Atemgas gänzlich zu verzichten. Zwei Gruppen von je zwei Bergsteigern sollten, unterstützt von Trägern, mit möglichst leichtem Gepäck an drei aufeinanderfolgenden Tagen über die Lager V und VI zum Gipfel vorstoßen. Dieser

Plan war natürlich ein Hirngespinst, denn bislang hatte keiner aus der Mannschaft auch nur einen einzigen Schritt über den Nordsattel hinaus gesetzt.

Sowohl Somervell als auch Mallory litten unter heftigen Hustenanfällen. Mallory ließ Ruth wissen: »Im Hochlager war's besonders schlimm. Nach einem anstrengenden Tag konnte ich nicht schlafen vor Husten, der mich so sehr durchschüttelte, daß ich dachte, es zerreißt mir den Leib. Außerdem hatte ich Kopfschmerzen und fühlte mich insgesamt elend.«

Dennoch bot Norton Mallory an, zum ersten Duo zu gehören, denn, so begründete er im nachhinein, »obwohl er die Hauptlast schwerster Arbeit getragen hatte, war er nach wie vor voller Kraft und Feuer, wovon jede seiner Gesten zeugte [...]« Sein Partner sollte Geoffrey Bruce sein, der zu diesem Zeitpunkt, wie Mallory schrieb, »der einzige voll einsatzfähige Mann« des Teams war.

Endlich wurde das Wetter besser und gönnte der Mannschaft mehrere »wolkenlos schöne und heiße« Tage in Folge. Trotz ihrer jeweiligen Beschwerden kamen die Bergsteiger gut voran. Mallory machte sich allerdings keine Illusionen über die Erfolgschancen einer Gipfelbesteigung. »50 zu eins, daß es nicht gelingt, aber wir wollen es anpacken und am Ende stolz auf uns sein können«, schrieb er an Ruth. Und er schloß den Brief zuversichtlich: »Von diesem Lager aus noch sechs Tage bis zum Gipfel!«

Am 1. Juni brachen Mallory, Bruce und acht Träger vom Nordsattel auf, um auf 7700 Metern Höhe Lager V einzurichten. Die Sonne schien, doch von

Südwesten fegte ein eisiger Wind übers Joch. Rund 100 Meter vor dem gesteckten Ziel waren die Träger am Ende. Vier von ihnen ließen ihr Gepäck fallen und kehrten um, die restlichen vier schleppten sich auf ein steiniges Band, wo Mallory bereits damit begonnen hatte, den Boden für die Zelte zu ebnen. In einer heroischen Kraftanstrengung brachten Bruce und der Sherpa Lobsang das abgeworfene Gepäck hinauf ins Lager. Dabei verausgabte sich Bruce. Er hatte, wie später diagnostiziert wurde, »sein Herz überbeansprucht« und kam für weitere Einsätze nicht mehr in Frage.

In jener Nacht schliefen zwei Sahibs und drei Träger in Lager V. Am Morgen war Mallory zum Aufbruch bereit, doch Bruce fühlte sich zu schwach, und die Träger hatten, wie Norton sich ausdrückte, »ihr Pulver verschossen«. Man mußte ins Lager IV zurück.

Dort kamen Odell und Irvine ihren unterstützenden Aufgaben nach. Sie sollten das Essen vorbereiten und dem absteigenden Gipfelduo mit Sauerstoffflaschen entgegengehen. Irvine behagte diese Rolle nicht. Seinem Tagebuch vertraute er an: »Statt in Reserve zu bleiben, wäre ich viel lieber in der ersten Seilschaft mit aufgestiegen.« Aber er hatte in den Tagen zuvor gekränkelt, unter Durchfall gelitten und sich, wie am 24. Mai vermerkt, »ganz und gar elend« gefühlt. Der Sonnenbrand, der ihn schon länger als einen Monat quälte, war noch schlimmer geworden. Die Expeditionsapotheke enthielt zwar verschiedene hautschützende Salben, unter anderem Zinkoxyd, doch damit war Irvine kaum geholfen. Schon am 11. April hatte er geschrieben: »Mein Gesicht ist arg mitgenommen von Wind und Sonne [...] und meine Nase pellt sich.«

Am 24. Mai heißt es: »Gesicht ziemlich übel dran«. Am 2. Juni drohte der Sonnenbrand den tapferen jungen Mann außer Gefecht zu setzen. Am Abend schrieb er: »Wind und Sonne am Col haben meinem Gesicht mächtig zugesetzt, die Lippen springen auf, was das Essen erschwert.«

Einen Tag nach Mallory und Bruce traten Norton und Somervell zum zweiten Versuch an. Statt Somervells Partner für diesen – wie es schien – letzten Vorstoß selbst zu bestimmen, hatte Norton Mallory und Somervell gebeten, ihrerseits zu entscheiden, wer Somervell begleiten sollte. Zur Auswahl standen Odell, Irvine, Hazard und Norton, und sie ernannten Norton. Eine kluge Wahl, wie sich herausstellte.

Mit sechs sorgfältig ausgesuchten »Tigern« brachen Norton und Somervell am 2. Juni vom Nordsattel auf. Das Wetter war beständig. Sie trugen ein Zelt und Schlafsäcke mit sich, denn wenn alles nach Plan lief, würden Mallory und Bruce zur selben Zeit in Richtung Lager VI vorrücken, so daß für beide Teams in V und VI Zelte und Schlafsäcke zur Verfügung stehen mußten. In *Der Kampf um den Everest* gibt Norton eine detaillierte Beschreibung seiner an diesem Tag getragenen Kleider ab. Diese Standardmontur von 1924 steht in auffälligem Kontrast zu den Daunenanzügen und Kunststoffstiefeln heutiger Everestbesteiger:

> Ich hatte ein dickes wollenes Leibchen und wollene Unterhosen an, ein dickes Flanellhemd und

zwei Pullover unter einem hellen Knickerbocker-Anzug aus windundurchlässigem Gabardine, die Hosenbeine mit einem leichten Flanellstoff gefüttert; dann zwei weiche, elastische Wickelgamaschen aus Kaschmirwolle und ein Paar fellgefütterte Stiefel mit Ledersohlen und mit den für Bergschuhwerk üblichen Nägeln verstärkt. Über dem Anzug trug ich einen sehr leichten Überzieher aus dem ›Shackleton‹-Gabardine der Messrs. Burberry. An den Händen hatte ich ein Paar lange Wollfäustlinge unter einem ähnlichen Paar aus Gabardine. Um für das Hacken von Stufen das nötige Fingerspitzengefühl zu haben, tauschte ich das untere wollene manchmal gegen ein seidenes Paar aus. Auf dem Kopf trug ich eine mit Fell gefütterte Motorradfahrer-Ledermütze: Augen und Nase schirmte eine Brille aus Crookes' Glas ab, eingenäht in eine Ledermaske, die alle nicht von meinem Bart geschützten Gesichtsteile abdeckte. Das Ganze komplettierte ein ellenlanger Wollschal.«

Steigeisen trugen beide nicht, denn selbst Irvine hatte keine befriedigende Lösung für das Problem finden können, wie sie ohne drohende Durchblutungsstörung zu befestigen waren.

Es muß Norton und Somervell sehr frustriert haben, als sie einem von Mallorys Sherpas begegneten, der ihnen mitteilte, daß das erste Duo umgekehrt sei. Und tatsächlich kamen ihnen die enttäuschten Freunde dann auf ihrem Abstieg zum Nordsattel entgegen. Mit nur vier Trägern setzten Somervell und Norton ihren Weg fort und erreichten Lager V um 13.00 Uhr, wo sie ein Feuer machten, um etwas zu kochen und sich aufzuwärmen.

In tieferen Lagen hatten die Männer Primus-Kocher verwendet, die mit flüssigem Brennstoff betrieben wurden. Oberhalb des Nordsattels zogen sie allerdings sogenannte Unna-Kocher vor, in denen ein in Frankreich hergestellter fester Brennsatz verfeuert wurde. Die Zubereitung der Mahlzeiten war für alle ein Greuel. Norton sagte: »Nichts, nicht einmal die Strapaze eines steilen Anstiegs in extremer Höhe ist so ermüdend und verlangt eine so resolute Entschlossenheit wie die verhaßte Aufgabe, hoch oben am Berg eine Mahlzeit zuzubereiten.«

Mit Pfannen Schnee zusammenkratzen, Wasser an seinen in dieser Höhe kaum mehr als lauwarmen Siedepunkt bringen, Thermosflaschen mit Wasser oder Tee für den nächsten Morgen füllen, die fettigen Töpfe auswaschen – und dann: »Der wohl widerlichste Teil der ganzen Prozedur besteht darin, daß man am Ende auch noch essen muß, was dabei zustande gekommen ist; das verlangt äußerste Überwindung, denn man hat überhaupt keinen Appetit. Oft löst allein die Vorstellung Ekel aus. Zu trinken aber kann man nie genug haben.«

Am nächsten Morgen konnte es erst um 9.00 Uhr losgehen, weil Norton lange brauchte, um die vier Träger zum Aufbruch zu bewegen. »Ich weiß noch, daß ich sagte: ›Wenn ihr uns ein Lager auf 8200 Meter Höhe aufschlagt und wir den Gipfel erreichen, werden eure Namen in dem Buch, das von dieser Leistung berichtet, in güldenen Lettern erscheinen.‹«

Trotz des späten Starts kamen sie an jenem 3. Juni

gut voran. Das Wetter spielte mit, es war sogar weniger windig als am Vortag. Dennoch erreichten die beiden Engländer ihre 1922 gesetzte Höchstmarke von 7920 Metern erst kurz nach Mittag, später dann auch die von Finch und Bruce aufgestellte Rekordhöhe von 8070 Metern. In einer Höhe von 8160 Metern schickten sie die drei Träger zurück und errichteten Lager VI, wozu wieder einmal eine aus losen Steinen zusammengetragene Plattform aufzubauen war. So hoch wie Norton und Somervell war noch kein Mensch vorher gestiegen.

Nach einem ganzen Monat frustrierender Rückschläge und schmachvoller Niederlagen wagten die beiden nun zu hoffen, daß der Gipfel für sie zu erreichen sei. Norton schlief gut, Somervell leidlich. »Am Everest morgens schon früh auf die Beine zu kommen, ist wahrhaftig nicht leicht!« schrieb Norton später. Am 4. Juni aber machten sich die beiden schon um 6.40 Uhr auf den Weg.

Nach einer Stunde standen sie am Fuß einer zerklüfteten Sandsteinschicht, heute das Gelbe Band genannt. 8230 Meter waren geschafft, der Gipfel nur noch etwas mehr als 600 Meter über ihnen. Rechterhand fanden Norton und Somervell einen relativ leicht begehbaren Anstieg von einer Leiste zur nächsten.

Es war an dieser Stelle, daß Norton die von Mallory favorisierte Gratroute verließ und eine lange, allmählich ansteigende Traverse in Richtung auf die später so genannte Große (Norton-) Schlucht einschlug – ein Weg, der ihm als der geeignetere erschien. Es herrschte abermals schönes Wetter, aber gleichzeitig war es bitter kalt.

Das Ziel schien zum Greifen nahe, und doch mußten die Männer nun den extremen Anforderungen der Höhe Tribut zollen. Somervells Husten hatte sich bedrohlich verschlimmert und zwang zu häufigen Verschnaufpausen. Norton beging den nachhaltigen Fehler, die Schutzbrille abzunehmen, als er auf felsiges Terrain kam – auf einer Höhe von 8380 Metern begann er doppelt zu sehen. Ohne zusätzlichen Sauerstoff kamen die Männer nur noch schleppend voran, sie »schlichen dahin wie die Schnecken«, so Norton später. Bis zur nächsten Pause nahm er sich jeweils 20 Schritte vor, doch er schaffte allenfalls 13. »Wir müssen ein schrecklich erbärmliches Bild abgegeben haben.«

Gegen Mittag näherten sich die beiden der oberen Leiste des Gelben Bandes, 150 bis 180 Meter unterhalb des Gipfelgrates und ein gutes Stück westlich der Ersten Stufe. Plötzlich gab Somervell zu verstehen, daß er nicht weiter könne, ermutigte den Partner aber, allein vorzustoßen. Vorsichtig folgte Norton der Flucht des Gelben Bandes weiter nach rechts. Er bog um zwei Ecken und kam unmittelbar unter der sogenannten Zweiten Stufe an, die, wie Norton feststellte, »ein so gewaltiges Hindernis am Grat bildet, daß wir uns für die untere Route entschieden und vom Versuch, darüber hinwegzusteigen, Abstand genommen hatten.«

Es ging nun sehr steil bergan, über tückisch glatte »Dachpfannen«. Zweimal mußte Norton zurück und eine andere Linie einschlagen, doch dann erreichte er die Große Schlucht.

Dort mußte er unversehens durch tiefen Pulverschnee stapfen, in dem er stellenweise bis zur Hüfte versank, und mit einem Mal wurde ihm klar, in welch großer Gefahr er sich befand:

> Ich tappte sozusagen von einer glatten, abschüssigen Dachpfanne zur nächsten, und mußte einsehen, daß ich mich allzusehr allein auf die Reibung meiner Nagelschuhe verließ. Die Strecke war an sich nicht sonderlich schwierig, aber sehr gefährlich für jemanden, der allein unterwegs und nicht angeseilt ist. Vorsichtig zu klettern kostet Kraft, und die war fast aufgebraucht. Außerdem verschlimmerten sich meine Augen; daß ich nicht mehr richtig sehen konnte, wurde zur ernsthaften Behinderung.

Norton kehrte um. Er war nur etwa 100 Meter von Somervell entfernt und rund 30 Meter höher, aber ihm widerfuhr, was häufig passiert, wenn ein Bergsteiger seine Niederlage erkennen muß: Er verlor die Nerven. Vor einem Schneeflecken angekommen, dessen Durchquerung kein größeres Problem aufwarf als das noch kurz zuvor durchstiegene Terrain, rief er seinem Partner zu, er möge ihm ein Seil zuwerfen. Von Somervell gesichert, wagte Norton schließlich die Querung.

Im nachhinein wurde exakt ermittelt, daß Norton eine Höhe von 28 126 Fuß (8573 Meter) erreicht hatte und damit bis auf 275 Höhenmeter an den mit 8848 Meter über NN höchsten Gipfel der Welt herangekommen war. Falls Mallory und Irvine bei ihrem vier Tage später unternommenen Versuch nicht noch höher gekommen sind, hatte Nortons Rekordmarke 28 Jahre Bestand. Weitere 26 Jahre sollten vergehen, ehe es jemand wie er schaffte, in diese Höhenregion ohne künstlichen Sauerstoff vorzustoßen – Peter Habeler und Reinhold Messner bei ihrer Gipfelbesteigung 1978.

Um 14.00 Uhr machten Norton und Somervell kehrt und blieben angeseilt, bis sie Lager VI erreichten. Unterwegs glitt Somervell der Eispickel aus der Hand und fiel in die Tiefe. Für den Abstieg von Lager VI mußte eine Zeltstange als Ersatz herhalten.

Die Sonne ging unter, als die beiden in Lager V ankamen. Um die Nacht nicht in der Schieflage des unzulänglichen Zeltplatzes verbringen zu müssen, schlugen sie sich in der Dämmerung weiter bis zum Lager IV durch. Auf dieser Etappe hätte Somervell fast sein Leben verloren.

Ausgeseilt war Norton vorangegangen. Zwar bemerkte er, daß sein Partner zurückhing, doch benommen von der dünnen Luft glaubte er, daß der Freund stehengeblieben sei, um die in glühendes Restlicht getauchte Gebirgskulisse zu skizzieren. (Somervell hatte im Verlauf der Expedition bei jeder sich bietenden Gelegenheit Landschaftsaquarelle gemalt, wovon etliche in *Der Kampf um den Everest* abgebildet sind.) Tatsächlich aber litt er unter einem entsetzlichen Hustenanfall. Seine Kehle war verklebt, und er glaubte, ersticken zu müssen. Krampfhaft würgend spuckte er schließlich Blut – und konnte wieder frei atmen. Später wurde vermutet, daß ihm Schleimhautstücke des Kehlkopfes die Luftröhre verstopft hatten.

Als Norton im letzten Abendschein dem Nordsattel entgegenwankte, eilten Mallory und Odell zu

Hilfe und lotsten ihn über den Firnbruch oberhalb des Lagers. Einer der Männer rief, man solle einen Sauerstoffzylinder bringen. Doch mit dünner Stimme entgegnete Norton: »Wir brauchen keinen verdammten Sauerstoff, wir wollen was zu trinken.«

Damit hätte die Expedition von 1924 abschließen können: mit dem verwegenen Vorstoß von Norton und Somervell, die einen neuen Höhenrekord aufgestellt hatten. Der Beginn der Monsunzeit stand unmittelbar bevor. Doch kaum hatte sich Norton auf dem Nordsattel halbwegs erholt, ließ Mallory ihn wissen, daß er beschlossen habe, einen letzten Versuch zu wagen – mit künstlichem Sauerstoff. Nachdem Mallory am 2. Juni von Lager V abgestiegen war, hatte er den Transport von Sauerstoffflaschen von Lager III zum Nordsattel in die Wege geleitet. Norton erklärte sich einverstanden, er bewunderte den »Schneid dieses Mannes«. Was ihm allerdings nicht behagte, war, daß Mallory Irvine als Partner mitzunehmen gedachte und nicht Odell.

In der Nacht vom 4. auf den 5. Juni wurde Norton von schrecklichen Augenschmerzen aus dem Schlaf gerissen. Er war schneeblind geworden und außerstande, die Freunde bei ihren Vorbereitungen auf den Gipfelangriff zu unterstützen. Er konnte ihnen nur dadurch ein wenig helfen, indem er den Trägern Anweisungen in deren Sprache gab. Schon im Zuge der beiden vorausgegangenen Versuche hatte sich gezeigt, daß gerade in Regionen oberhalb von Lager IV die Verständigung mit den einheimischen Helfern von entscheidender Bedeutung war. Norton und Bruce beherrschten den Dialekt der Sherpas einigermaßen. Mallory konnte »ein paar Brokken Hindustani«, doch Irvine verstand kaum ein Wort.

Am 6. Juni morgens um halb acht sagte Norton dem Gipfelduo Lebewohl. »Der letzte Eindruck, den ich von meinen Freunden habe, sind ein Händedruck und ein Segenswunsch [...]« Weil er immer noch blind war, konnte er nicht sehen, wie sich die beiden über Schneewülste und Eisbrüche auf die Nordflanke zubewegten. Später am Tag kehrte Norton ins Lager III zurück. Er war so hilflos, daß sich beim Abstieg über die Moräne sechs Träger abwechselnd um ihn kümmern mußten. In den nächsten vier Tagen, so Norton, »machten wir alle Phasen der Anspannung und Sorge, Hoffnung und Niedergeschlagenheit durch«, bis sich Lager III schließlich als »der verhaßteste Ort der Welt« in seinem Gedächtnis eingeprägt hatte.

Noel Odell, der einzige, der fit genug war, um Hilfsdienste leisten zu können, verbrachte elf Tage auf beziehungsweise über dem Nordsattel – eine Leistung, die laut Norton »in der Geschichte des Hochalpinismus ihresgleichen sucht.« Auch Odell bewunderte Mallorys unbezwingbare Willenskraft, und es spricht für ihn, daß er, als es um die Partnerfrage ging, ganz ohne Groll auf seine Zurückstellung reagiert hatte.

Obwohl sie körperlich in keiner guten Verfassung waren, hatten Mallory und Irvine für den Weg von Lager III zu Lager IV dank zusätzlichen Sauerstoffs nur zweieinhalb Stunden gebraucht, eine Zeit, auf die die besten Kletterer heutiger Zeit stolz sein könnten. Bis zur letzten Minute hatte Irvine an der Sauerstoffausrüstung gearbeitet und Feineinstellungen vorgenommen.

Auch Irvines Willenskraft scheint außergewöhnlich groß gewesen zu sein, denn er hatte in den Nächten zuvor am Nordsattel kaum Schlaf gefunden. Die letzten Tagebucheinträge zeugen davon, wie sehr Irvine unter seinem Sonnenbrand litt. Am 3. Juni schrieb er: »Eine äußerst unangenehme Nacht verbracht; es war, als hätte sich alle Welt an meinem Gesicht gerieben, und mit jeder Berührung lösten sich Fetzen verbrannter Haut, was mich vor Schmerzen fast hätte aufschreien lassen.« Und am 5. Juni, am Vorabend des Aufbruchs, heißt es: »Mein Gesicht ist schiere Agonie.«

Obwohl er über einen Monat mit Eifer daran gearbeitet hatte, die Sauerstoffgeräte zu verbessern, vertraute er Odell an, daß er mehr Wert darauf legen würde, den Fuß der Gipfelpyramide *ohne*, als den Gipfel *mit* Atemgas zu erreichen. Odell zitierte ihn mit den Worten: »Wenn es sich denn überhaupt lohnen soll, dann nur unter Verzicht auf künstliche Hilfsmittel.« Solche Töne wurden erst 50 Jahre später wieder angeschlagen.

Am 6. Juni um 8.40 Uhr verließen Mallory und Irvine mit acht leichtbepackten Trägern den Nordsattel. Odell machte ein Foto von den beiden, nach eigenem Bekunden einen flüchtigen Schnappschuß, der festhielt, wie das Gipfelduo an der Ausrüstung herumnestelte. Die Gesichter der Männer sind auf diesem Foto unkenntlich, dennoch wurde es Hunderte von Malen reproduziert, denn es ist das letzte der beiden – es sei denn, das unentwickelte Zelluloid in Mallorys Kamera, die irgendwo am Everest verlorenging, birgt noch weitere Aufnahmen.

Das am Morgen noch klare Wetter wurde schlechter, und am Abend fing es an zu schneien. Gegen 17.00 Uhr kehrten vier Träger von Lager V zum Nordsattel zurück. Mallory hatte ihnen eine Nachricht mitgegeben: »Kein Wind hier oben; die Sache sieht hoffnungsvoll aus.«

Wie geplant, stiegen Odell und ein Sherpa am nächsten Tag zu Lager V auf, wo sie mit den anderen vier Trägern zusammentrafen, die inzwischen von dem 8170 Meter hoch gelegenen Lager VI herabgestiegen waren, ebenfalls mit einer Nachricht:

> Lieber Odell,
> tut uns leid, daß wir solch ein Durcheinander hinterlassen haben – der Unna-Kocher ist noch im letzten Moment den Hang hinuntergerollt. Sieh zu, daß Du morgen rechtzeitig vorm Dunkelwerden wieder in Lager IV bist, wo ich dann auch zu sein hoffe. Im Zelt muß noch ein Kompaß liegen; steck ihn um Himmels willen ein, denn wir haben keinen. Bis hier oben haben wir in zwei Tagen 90 Atmosphären verbraucht - die beiden Zylinder werden wohl reichen. Sind allerdings eine verdammte Last beim Klettern. Herrliches Wetter!
>
>   Immer Dein
>   G. Mallory

Vergeßlichkeit und technisches Ungeschick begleiteten Mallory bis zum Ende. Der Verlust des Kochers war beileibe keine Bagatelle, denn wenn die beiden Männer ihre Thermoskannen nicht schon gefüllt hatten, ehe das Ding hinunterrollte, gab es für sie kein Trinkwasser mehr, das ja aus Schnee geschmolzen werden mußte. Auf den Kompaß (Odell fand ihn tatsächlich in einem der Zelte von Lager V) ließ sich am Gipfeltag eher verzichten, es sei denn, dichter Nebel zöge auf. Der Sauerstoffverbrauch von »90 Atmosphären«, das wußte Odell, bedeutete, daß ihnen noch ein Drittel der Kapazität zur Verfügung stand, umgerechnet vier Stunden pro Flasche. Wenn die beiden jeweils zwei Flaschen bei sich gehabt hatten, wären sie noch acht Stunden lang mit Atemgas versorgt gewesen.

Der Nachricht an Odell beigefügt war auch jene für Noel bestimmte Notiz, die ihn dazu aufforderte, nach Mallory und Irvine Ausschau zu halten: »entweder überqueren wir dann das Felsband unter der Pyramide oder steigen den Gipfelgrat hoch«. Für Odell bestand kein Zweifel daran, daß es sich bei der Zeitangabe um einen Irrtum handelte und daß nicht acht Uhr *post*, sondern *ante meridiem* gemeint war.

Odell schickte die fünf Sherpas zurück nach unten und verbrachte ganz allein eine friedliche Nacht in Lager V. Bei Sonnenuntergang hatte er die Aussicht nach drei Seiten hin bestaunt – auf die in klarer Luft scharf umrissenen Konturen ferner Gipfel, darunter das gewaltige Massiv des Kangchenjunga, des dritthöchsten Berges der Welt, in 160 Kilometer Entfernung. »Ich hatte schon viele Gipfel im Alleingang besteigen und dabei so manchen Sonnenuntergang erleben zu dürfen«, schrieb er später, »doch dieser war die Krönung, eine unbeschreibliche und unvergeßliche Erfahrung überirdischer Dimension.«

Odell machte sich am 8. Juni gegen 8.00 Uhr morgens auf den Weg zu Lager VI. In der Frühe war es klar gewesen, doch um die Mittagszeit »bildeten sich Nebelwalzen, die von Westen gegen die große Bergwand rollten«. Die Luft war allerdings nur leicht bewegt. Für einen Gipfelangriff war das Wetter günstig. Odell berichtete: »Ich hatte keine Bedenken im Hinblick auf Mallorys und Irvines Fortkommen über Lager VI hinaus und hoffte, daß sie von der Gipfelpyramide nicht mehr weit entfernt waren [...]«

Odell ging ohne Sauerstoff und war so sehr in seinem Element, daß er, statt die kürzeste Strecke zu Lager VI zu wählen, in der Nordwand umherstreifte, geologische Beobachtungen anstellte und tatsächlich Fossilien fand. Kurz nach Mittag kam er durch den »kleinen Klettergarten« auf 7920 Meter Höhe, blickte zur Kammhöhe auf und wurde Zeuge jener legendären Szene: 600 Meter weiter oben kletterte eine Gestalt über eine Stufe in der Gratschneide, wartete, bis die zweite Gestalt aufschloß, um dann mit ihr in »zügigem Tempo« weiterzuziehen, »als gelte es, Zeit gutzumachen.« Kurz danach schlossen sich die Wolken und versperrten ihm die Sicht.

Zu diesem Zeitpunkt war es 12.50 Uhr. Der Notiz für John Noel zufolge hatte Mallory schon fünf Stunden früher an dieser Stelle sein wollen, was Odell ein wenig beunruhigte. Doch er legte sich einige mögliche Gründe für die Verspätung der Freunde zurecht. (In der einschlägigen Literatur wurde interessanterweise nie angemerkt, daß Mallorys acht-Uhr-Prognose als ein letztes schlagendes Beispiel dafür angesehen werden kann, daß er diesen Berg unterschätzt hatte. Bislang war noch kein

Team vor 6.30 Uhr von einem Höhenlager aufgebrochen, und der besagte Grat liegt mehr als 350 Meter über Lager VI.)

Es schneite, als Odell gegen 14.00 Uhr Lager VI erreichte. Zu seiner Enttäuschung fand er dort keine Nachricht von Mallory vor. Statt dessen entdeckte er Teile der Sauerstoffausrüstung, die im Zelt verstreut lagen, was ihn zusätzlich beunruhigte. Doch aus diesem Durcheinander war nicht unbedingt zu schließen, daß Irvine in panischer Hast irgendwelche wichtigen Reparaturen hatte durchführen müssen. Vielmehr glaubte Odell, daß der junge Freund wieder einmal seiner handwerklichen Leidenschaft nachgegangen war. »Er beschäftigte sich allzu gern mit Geräteteilen und Werkzeugen, ja, er liebte es, darin herumzuwühlen [...]«

Odell registrierte nicht, daß Mallory seine Taschenlampe im Zelt zurückgelassen hatte – abermals ein Fall sträflicher Vergeßlichkeit. (Die Lampe wurde schließlich erst von Mitgliedern der Expedition von 1933 entdeckt. Sie bedienten den Schalter und stellten fest, daß sie nach neun Jahren noch brannte.)

Unruhig geworden, wollte Odell den Freunden ein Stück entgegengehen und sie ins Lager zurückgeleiten, deshalb stieg er bei dichtem Schneegestöber um etwa 60 Höhenmeter auf, gab Pfiffe von sich und juchzte, um auf sich aufmerksam zu machen. Dann aber beruhigte er sich mit der Überlegung, daß es für eine Rückkehr der beiden noch zu früh sei, und stieg wieder ab. Als er im Lager ankam, lichteten sich die Wolken und gaben erneut die Sicht auf den Berg frei. Die Sonne beschien den oberen Teil der Nordflanke, doch von den Freunden war nichts zu sehen.

Odell blieb bis 16.30 Uhr in Lager VI, folgte dann aber Mallorys schriftlicher Empfehlung und machte sich an den Abstieg, nicht ohne vorher den in Lager V eingesteckten Kompaß zu hinterlegen – »an einer Stelle gleich hinter dem Zelteinstieg, wo er ins Auge springen mußte« –, gleichsam als Glücksbringer, denn zur Orientierung war er nicht unbedingt nötig.

Um Viertel nach sechs erreichte Odell Lager V und stieg dann weiter zum 700 Meter tiefer gelegenen Nordsattel ab. Er schaffte es in nur 30 Minuten, weil er über weite Strecken auf festen Eislappen kontrolliert abfahren konnte.

Von seinen Landsleuten traf er dort nur Hazard an. Die anderen versuchten sich in Lager III von den Strapazen der letzten Tage zu erholen. Am Abend des 8. Juni schauten alle immer wieder für lange Zeit zur Gipfelregion auf – in der Hoffnung, einen Lampenstrahl zu entdecken oder wenigstens das Signal einer der Notfackeln, die von Trägern ins Lager VI gebracht worden waren. Doch sie warteten vergebens darauf. Vielleicht, so dachte Odell, um seine Sorgen zu bezwingen, vielleicht vermochte das helle Mondlicht, das von den Gipfeln im Westen abstrahlte, den Freunden bei ihrem Abstieg behilflich zu sein.

Am nächsten Morgen suchten Hazard und Odell mit ihren Feldstechern die Bergflanke ab, konnten aber kein Lebenszeichen ausmachen. Weil er nicht länger untätig bleiben wollte, stieg Odell gegen Mittag mit zwei Sherpas in die Nordwand zurück. Hazard war zwar ausgeruht, zog jedoch nicht einmal in Erwägung, ihn zu begleiten. Er hatte sein Limit bei 7000 Metern erreicht.

Nach dreieinhalb Stunden erreichten die drei Männer Lager V und verbrachten dort eine schlaflose Nacht, zumal heftiger Sturm die Zelte niederzureißen drohte. Am Morgen des 10. Juni wütete der eiskalte Wind unvermindert weiter, und die beiden Träger waren außerstande, den Aufstieg fortzusetzen. Odell schickte sie zum Nordsattel zurück und schlug sich allein zu Lager VI durch. Zum ersten Mal atmete er Sauerstoff aus der Flasche, um schneller voranzukommen, doch weil er diesem Hilfsmittel immer noch skeptisch gegenüberstand, drehte er das Ventil bald wieder ab und »hatte nicht den Eindruck, kollabieren oder ersticken zu müssen, wie einem immer wieder glauben gemacht wird.« Mit dem unnützen Gerät als zusätzliche Last im Rucksack stieg er weiter auf und kam gegen Mittag in Lager VI an.

Odell ging in seinem Bericht nicht weiter auf das Entsetzen ein, das ihn packte, als er das Lager leer vorfand. Äußerst nüchtern erklärte er: »Ich fand alles so vor, wie ich es verlassen hatte; das Zelt war offenbar seit meinem Aufenthalt dort zwei Tage zuvor nicht betreten worden.« Er legte das Sauerstoffgerät ab und machte sich unverzüglich auf die Suche nach den Freunden. Doch das Wetter wurde noch schlechter.

Als er sich der Tatsache, daß ein entsetzliches Unglück geschehen sein mußte, nicht länger verschließen konnte, erlebte Odell so etwas wie eine Offenbarung:

> Die Gipfelregion des Everest gehört wohl zu den unwirtlichsten Gegenden der Erde, was sich einem besonderes eindrücklich vermittelt,

wenn Dämmerung die Konturen verhüllt und der Sturm seine Flanken peitscht. Und was könnte grausamer sein als ein solcher Ort, der jeden Schritt behindert, der der Suche nach Freunden gilt?

Odell mühte sich fast zwei Stunden ab, fand aber keine einzige Spur. Zurück in Lager VI kroch er ins Zelt, um sich vor dem scharfen Wind zu schützen. Dann, als sich der Wind ein wenig gelegt hatte, zog er zwei Schlafsäcke hinaus auf einen Schneefleck oberhalb des Zeltes und legte sie in Form eines »T«s aus. 1200 Meter weiter unten sah Hazard durch sein Fernglas das verabredete Zeichen und wußte Bescheid.

Am Ende verschloß Odell das Zelt und machte kehrt. Ein Blick auf den fernen Gipfel des Everest vermittelte ihm noch einmal ein Eindruck von dem menschenfeindlichen Charakter dieses großen Berges:

> Er schien mit kalter Gleichgültigkeit auf mich, das Menschlein, herabzublicken und mit Windgeheul zu spotten über meine Bitte, sein Geheimnis preiszugeben – das Rätsel um meine Freunde. Mit welchem Recht hatten wir uns in die Nähe der höchsten Göttin vorgewagt? Wenn der Berg denn wirklich das Heiligtum von Chomolungma darstellt, der Muttergöttin des Schnees – hatten wir es entweiht? War ich womöglich gerade dabei, es zu entweihen?

Doch selbst in diesem angsterfüllten Moment hörte Odell erneut den Sirenengesang:

Als ich aber wieder aufblickte, entstand eine andere Stimmung, schob sich über das unheimliche Bild. Von der hehren Gestalt ging eine verführerische Wirkung aus. Ich war wie gebannt und erkannte, daß ein Bergsteiger ihr erliegen muß, daß er, der so nahe herangekommen ist, nicht umhin kann weiterzugehen und ungeachtet aller Hindernisse diesen heiligsten und höchsten Ort zu erreichen trachtet. Mir scheint, daß meine Freunde genau dieser Verführung erlagen. Weshalb hätten sie sonst verweilen sollen?

Weiter unten am Berg hatten Odells Teamgefährten die letzten Tage im Ungewissen verbracht. Um seine Halsbeschwerden auszukurieren, war Somervell ins Basislager zurückgekehrt. Am 11. Juni schrieb er in sein Tagebuch: »Nichts Neues. Ein schlechtes Zeichen.« Und tags darauf, als mehrere Gefährten mit Nachrichten eintrafen: »Es gibt nur zwei Möglichkeiten – Unfall oder Umnachtung. Schrecklich. Aber wenn schon sterben, dann nahe einem hochgesteckten Ziel, und der Everest ist das schönste Grabmal auf dieser Erde.«

Am 12. Juni waren alle Expeditionsteilnehmer wieder im Basislager angekommen. Norton schrieb später:

Wir waren eine traurige Truppe. Zwar mußten wir in all der Nüchternheit, die sich unsere Generation im Großen Krieg zu eigen gemacht hat, den Verlust unserer Kameraden akzeptieren, und es gab auch nicht ansatzweise jenes morbide Lamento angesichts des Unwiderruflichen.

Aber die Tragödie ging uns sehr nahe. Die leeren Zelte unserer Freunde, die leeren Plätze bei Tisch erinnerten immer wieder daran, wie die Stimmung im Lager hätte sein können, wenn unser Unternehmen anders ausgegangen wäre.

Die Männer fanden sich mit der Tatsache ab, daß Mallory und Irvine umgekommen waren, konnten aber die Umstände ihres Todes nie in Erfahrung bringen. Während der Heimreise wurde endlos darüber spekuliert, und bis an ihr Lebensende – John Noel starb als letzter, kurz vor Vollendung seines 100. Geburtstages – stellten sie immer wieder dieselben Fragen und wendeten die spärlichen Tatsachen, auf denen sie ihre Vermutungen gründen konnten, wie Scherben hin und her.

DIE ZWEITE STUFE

Conrad Anker:

Am 15. Mai bezogen wir zu sechst das Lager V auf 7800 Meter Höhe. Wir hatten uns zwei Ziele gesetzt: die Gipfelbesteigung und die Fortsetzung der Suche. Wer was tun sollte, war nicht von vornherein festgelegt worden. Tap Richards, Jake Norton und ich wollten gern den Berg besteigen, denn wir waren alle noch nicht auf dem Everest gewesen.

Thom Pollard und Andy Politz meldeten sich freiwillig zur zweiten Suchaktion. Andy legte auf ein Gipfelerlebnis keinen großen Wert, zumal er schon einmal oben gewesen war. Und Thom, der genaugenommen gar nicht zu Simos Team gehörte, sondern im Auftrag von NOVA Videoaufzeichnungen und Digitalfotos machte, fühlte sich ohnehin verpflichtet, die Suche fortzuführen. Er hatte sich sogar schon am 1. Mai auf den Weg gemacht, war aber, wegen Sauerstoffproblemen vorzeitig wieder umgekehrt.

Nach dem Fund von Mallorys Leiche konzentrierte sich die Suche nun auf Irvine und die Kodak-Westentaschenkamera. Bis zum 15. Mai war jedoch so viel Schnee gefallen, daß ein Erfolg unwahrscheinlich erscheinen mußte. Deshalb beschlossen Andy und Thom, zur Fundstelle Mallorys zurückzukehren und mit Hilfe eines Metalldetektors sicherzustellen, daß wir am 1. Mai nichts übersehen hatten.

Am 16. Mai stiegen wir vier von Lager V zu Lager VI auf. Andy und Thom begleiteten uns, schleppten zur Unterstützung unseres Gipfelvorstoßes eine Menge Material nach oben und bogen dann in westliche Richtung zur Fundstelle Mallorys ab.

Ich lernte Andy erst auf der Expedition kennen, hatte allerdings schon viel von ihm gehört. Er war schon fünfmal auf dem Everest und hatte 1991 zusammen mit Simo den Gipfel von der Nordseite aus bestiegen. Er ist ein sehr starker Kletterer, sozusagen ein »Kerl wie ein Schrank«, und stammt aus Columbus, Ohio. 15 Jahre lang hat er sich als Bergführer verdingt, jetzt ist er Lehrer und arbeitet gelegentlich in Werbespot- und Filmproduktionen mit. Außerdem ist er versierter Küsten-Kajakfahrer, Skipper und Bootsbauer.

Thom hat als Bergsteiger im Vergleich zu uns anderen nur wenig Erfahrung, was die ganz großen Herausforderungen angeht, weiß sich aber im Berg gut und sicher zu bewegen. Er ist schlank und relativ zart gebaut. Man kommt prächtig mit ihm zurecht, denn er hat Humor, trägt das Herz auf der Zunge und ist absolut vertrauenswürdig.

Weil Thom im Frühjahr 1999 nicht offiziell zur Mannschaft der Bergsteiger gehörte, aber ebensoviel Verantwortung trug wie alle anderen, war seine Position permanent unklar. Sooft Simo ein Gruppentreffen einberief, mußte nachgefragt werden: Soll Thom teilnehmen oder nicht? Auf jeden Fall leistete

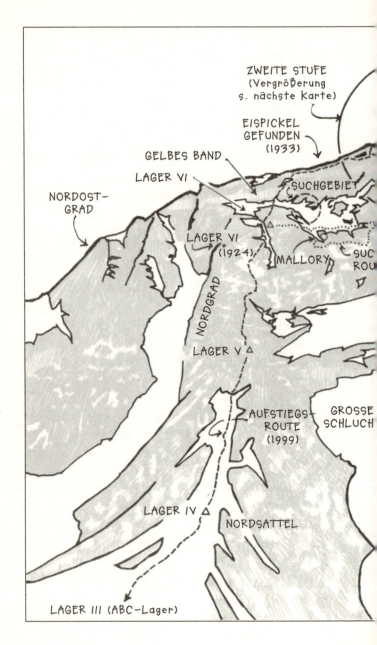

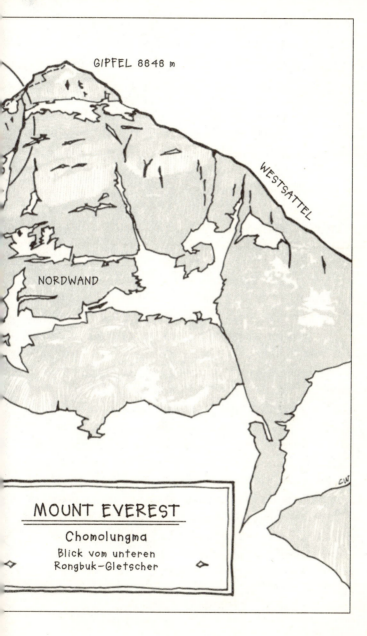

er wertvolle Dienste als Verbindungsmann zwischen den Bergsteigern und der Filmcrew.

Weil Thom und Andy am 16. Mai noch einiges Gepäck von Lager V nach VI hatten tragen müssen, konnten sie erst relativ spät zur zweiten Suche aufbrechen. Es war schon 14.30 Uhr, als sie sich von uns trennten. Beide nutzten zusätzlichen Sauerstoff. Thom berichtete mir später, wie es ihm in der Höhe von über 8100 Metern ergangen war.

Er mußte sich darauf verlassen, daß Andy den aus Steinplatten flüchtig aufgeschichteten Grabhügel wiederfinden würde. Geplant war, diese Stelle auf kürzestem Weg aufzusuchen, was aber offenbar schwieriger war als angenommen. »Andy ging und ging, ohne ein Wort zu sagen«, ließ Thom mich später wissen. »Nach einer Weile war mir klar: Der hat sich verlaufen. Was er dann auch zugab.«

Die beiden irrten zwischen den Leisten hin und her, wo Andy das Grab wähnte, doch der viele Neuschnee ließ alles anders aussehen. Endlich, nach zwei Stunden, wurde ihre Ausdauer belohnt.

Das Bild, das sich ihm bot, verschlug Thom die Sprache. »Es hat mich sehr bewegt«, schilderte er mir. »Da liegt eine der größten Gestalten der Bergsteigergeschichte, dachte ich immer wieder. Ich ging in die Knie und bat um eine Antwort auf die Frage, wie ich mich hier angemessen verhalten konnte.«

Wortlos machten sie sich schließlich daran, die Steine abzuräumen und den Leichnam aufzudecken. Mit dem Metalldetektor entdeckte Andy ein Fundstück, das unser erstes Team übersehen hatte. In Mallorys Hosentasche steckte eine Armbanduhr. Das Glas fehlte, Minuten- und Sekundenzeiger waren abgebrochen, doch der kurze Stundenzeiger stand zwischen eins und zwei, ein wenig näher an der Zwei. (Auf dem Weg zum Basislager wurde versehentlich auch dieser Zeiger abgebrochen.)

Die Zeigerposition mochte ein Hinweis auf den Zeitpunkt des Unfalls sein. Hatte er sich demnach gegen 13.40 Uhr, also kaum eine Stunde nach Odells Sichtung zugetragen oder in der darauffolgenden Nacht, während eines verzweifelten Abstiegsversuchs ohne Taschenlampe? Oder war die Uhr schon vorher stehengeblieben, weshalb Mallory sie in die Tasche gesteckt hatte?

Andy trennte ein Stück vom Seil ab (verwittert, wie es war, ließ es sich von Hand zerreißen) und entfernte den nagelbeschlagenen Stiefel von Mallorys rechtem Fuß. Diese Dinge sollten der kleinen Sammlung von Fundstücken beigefügt werden.

Thom wollte einen Blick auf das Gesicht des Toten werfen, das im Schutt festgefroren war. Er legte es sorgfältig frei, indem er das vereiste Gestein darunter so weit wegräumte, daß er, flach am Boden liegend, das Gesicht von unten betrachten konnte.

»Es war in sehr gutem Zustand«, sagte Thom, »nur ein wenig verzerrt, das heißt flachgedrückt von den Schneelasten, die über die Jahre auf dem Kopf zu liegen kamen. Die Augen waren geschlossen. Am Kinn waren noch die Bartstoppeln zu sehen.«

Im Zuge dieser Untersuchung entdeckte Thom auch die Wunde, die wahrscheinlich zu Mallorys Tod geführt hatte. »Über dem linken Auge war ein Loch mit verkrustetem Blut ringsum. Zwei Stücke des Stirnbeins staken daraus hervor. Die Verletzung sah aus wie durch einen Hammerschlag verursacht.«

Zuletzt deckten Andy und Thom den Toten wieder mit Steinen zu, dann sprach Andy ein anglikanisches Gebet.

Es war schon dunkel geworden, als sie, den Fixseilen folgend, ins Lager V zurückkehrten. Unterwegs meldeten sie sich über Funk bei uns in Lager VI. Wir waren gespannt darauf, zu erfahren, ob sie etwas gefunden hatten, doch es galt wieder einmal, Zurückhaltung zu üben, weil andere Expeditionen womöglich mithörten. Dave Hahn, der das Morsealphabet beherrscht, hatte vorgeschlagen, bestimmte Folgen von gefunkten Knacklauten als Signale abzusenden: dreimal kurz, zweimal lang sollte zum Beispiel heißen, daß etwas gefunden worden sei. Ich hielt das für zu kompliziert und machte einen anderen Vorschlag.

Wie verabredet, fragte ich Andy über Funk: »Hältst du mich immer noch für ein Arschloch?« Solche dummen Dialoge hört man im Funkverkehr am Everest immer wieder.

Worauf Andy antwortete: »Ja, du bist immer noch ein Arschloch.« Damit ließ er uns wissen, daß sie etwas gefunden hatten, doch *was*, erfuhren wir erst Tage später.

Am späten Nachmittag des 16. Mai hatten wir auf über 8220 Metern Höhe unser Lager VI aufgeschlagen. Jake Norton und ich teilten uns ein Zelt, ein zweites war für Dave Hahn und Tap Richards und ein drittes für die beiden Sherpas, die mit uns vom Nordsattel aufgestiegen waren. Die beiden – Ang Pasang und Da Nuru, kurz Dawa – hofften, mit auf den Gipfel steigen zu können. Sie waren älter und erfahrener als die meisten anderen Sherpas unserer Expedition, und ich traute ihnen den Aufstieg durchaus zu. Auf den Gipfel zu gelangen ist für Sherpas sehr wichtig, denn denjenigen, die es von beiden Seiten aus geschafft haben, ist auf Dauer Arbeit sicher. Übrigens hält ein Sherpa den Rekord der meisten Everest-Besteigungen: Ang Rita war zehnmal oben.

Jakes und mein Zelt wies gen Westen. Im Einstieg hockend, erlebten wir an jenem Abend einen wunderschönen Sonnenuntergang. Alle Wolken lösten sich auf, und wir sahen den Cho Oyu, den Pumori, Gyachung Kang und das Khumbu-Tal. Als sich die Sonne hinter diesen erhabenen Wächtern senkte, verzauberte ein warmer roter Schein die unbewegte Stille. Es war wie ein Versprechen auf den nächsten Tag.

In einer solchen Höhe zu schlafen ist kaum möglich. Man ist nervös, voller Erwartung und darauf eingestellt, gegen Mitternacht wieder aufzustehen, damit es zwei Stunden später losgehen kann. Ich döste also nur vor mich hin, schlief aber in der letzten Stunde so tief ein, daß ich beim Erwachen ganz benommen war.

Ang Pasang und Dawa ließen sich mit dem Aufstehen viel Zeit. Wir mußten sie immer wieder zur Eile drängen. Dann platzte die Glühbirne meiner Stirnlampe, und Dave mußte mir leuchten, damit ich die Ersatzbirne einsetzen konnte. Wir benötigten die Lampen, weil wir uns ständig bewegen mußten, um warm zu bleiben.

Es war schon 2.30 Uhr, als es endlich losgehen konnte. Eine halbe Stunde später erreichten wir das Gelbe Band, jene gelbbraune Kalksteinschicht zwischen grauem Schiefer. Im Dunklen war es schwer, das untere Ende der Fixseile zu finden, die durch das Band führen. Dave, der als einziger schon einmal dort oben war, fand den Einstieg schließlich.

Die Seile waren alt, und ich traute ihnen nicht. (Überhaupt stehe ich Fixseilen skeptisch gegenüber. Wer hat sie vor wie langer Zeit verlegt? Auf welche Weise sind sie verankert?)

Wir legten also unser eigenes Seil aus. Ich sorgte für die Verankerung, da ich mich für die Sicherheit der Gruppe verantwortlich fühlte, insbesondere auch für die der Sherpas. Sie verlassen sich oft allzu vertrauensvoll auf diese Kletterhilfen.

Jeder von uns hatte eine Steigklemme an seinem Klettergurt, die nicht nur der Sicherheit, sondern auch als Steighilfe diente. Außerdem trugen wir Steigeisen, auch auf felsigem Grund. Es war immer noch stockdunkel. Die schmale Mondsichel spendete nur wenig Licht. Als wir den oberen Rand des Gelben Bandes erreichten, dämmerte es. Den Wiedereinstieg zu finden, wenn man erschöpft vom Gipfel zurückkehrte, würde auch diesmal ein Problem sein. Doch Jake und Tap sorgten vor. Sie rammten lange Stangen in den Schnee und steckten gut sichtbare Wimpel darauf.

Oberhalb des Gelben Bandes war endlich der Nordostgrat erreicht. Wir konnten nun unsere Stirnlampen ausschalten. Der Wind frischte ein wenig auf, hielt sich aber in erträglichen Grenzen. Über dem Gipfel bildete sich eine Lentikulariswolke (also eine linsenförmige), was in der Regel kein gutes Zeichen ist. Wir zogen uns in den Windschatten eines Felsvorsprungs zurück und beratschlagten die Situation.

Tap und Jake sind ein ganzes Jahrzehnt jünger als Dave und ich. Ich habe mir mit Jake schon oft ein Zelt geteilt. Wir kommen sehr gut miteinander zurecht, vielleicht weil wir ein ähnliches Tempo gehen und ganz ähnliche Rhythmen haben. Kennengelernt haben wir uns 1996 in Kathmandu, wo er dasselbe Hotel wie ich bezogen hatte. Es war mir eine Freude, ihn auf dieser Expedition wiederzusehen.

Jake arbeitet gelegentlich als Bergführer, bestreitet seinen Lebensunterhalt aber vor allem damit, daß er in Colorado Springs, wo er wohnt, alte Häuser renoviert und vermietet. Er hat lange Zeit in Kathmandu verbracht, sich intensiv mit dem Buddhismus beschäftigt und Nepali sprechen gelernt. Unsere Ansichten und Wertvorstellung sind auch in dieser Hinsicht erstaunlich ähnlich.

Jake ist ein ausgesprochen lieber und ehrlicher Kerl mit einer schlaksigen Statur. Schlecht gelaunt sieht man ihn selten. Auf unseren Expeditionen war er meiner Einschätzung nach einer der stärksten Teilnehmer. Immer wenn es einen Lagerplatz einzurichten galt, schleppte er enorme Mengen an Steinen. Unterwegs nach ABC schloß er sich den Sherpas an und plauderte mit ihnen auf nepali.

Tap ist kleiner und noch schlanker als Jake, geradezu hager, aber ebenfalls bärenstark. Er hat schon bei etlichen Himalaja-Expeditionen mitgemacht und ist sehr einfühlsam im Umgang mit anderen. Er lebt in Taos, New Mexico, war bei RMI beschäftigt, arbeitet mittlerweile aber im Auftrag von IMG, der Firma von Simo. Auch Tap ist ein sehr liebenswerter Kerl. Während der Ruhepausen im Basislager haben wir aus dem Waschen unserer Socken einen gleichsam rituellen Akt gemacht, den wir »carbo loading« (Reifen seifen) nannten. Das ist im Hochgebirge eine wichtige Maßnahme, denn saubere Socken bleiben länger trocken. Wir stellten das Waschbecken hinter das Vorratszelt und organisierten uns ein paar Dosen Bier, die wir beim Waschen heimlich mit den Sherpas pichelten.

Als wir am 16. Mai 1999 in der Dämmerung am Nordostgrat auf einer Höhe von 8440 Metern hinter dem Conference Rock (wie wir den Felsvorbau nannten) kauerten, bekannte Dave Hahn, daß er sich nicht wohl fühle, und äußerte Bedenken. »Mir ist verdammt kalt«, sagte er. »Und die Wolke sieht nicht gut aus. Ich fürchte, das Wetter schlägt um. Wir sollten uns hier und jetzt entscheiden, ob wir weitergehen oder umkehren.« Jake und Tap zeigten sich unentschlossen, schienen aber wenig darauf erpicht zu sein, den Gipfel zu erreichen.

Vielleicht war ihnen an dieser einschüchternden Stelle auf dem Nordostgrat mulmig geworden. Wir wußten um die Schwierigkeit der Strecke, die vor uns lag. Ang Pasang und Dawa sagten kaum ein Wort. Ich aber verspürte den dringenden Wunsch, den Anstieg fortzusetzen. Die Erste Stufe lag rund 250 Meter weit entfernt. Ich war voller Ungeduld und bewegte Arme und Beine, um warm zu bleiben. Und plötzlich sagten die Sherpas: »Ja, laßt uns weitergehen.«

Wir hatten etwa eine Dreiviertelstunde am Conference Rock pausiert. Über Funk ließen wir uns von Simo im Lager ABC die neueste Wettervorhersage durchgeben. Ausnahmslos behalfen wir uns mit Sauerstoff aus der Flasche, bei einem Durchlauf von zweieinhalb bis dreieinhalb Litern pro Minute.

Eigentlich hatte ich den Everest ohne zusätzlichen Sauerstoff ersteigen wollen, doch unter dem Eindruck dessen, was den Ukrainern geschehen war, plädierte ich doch für ein größeres Maß an Sicherheit, was in unserem Fall den Einsatz von Atemgas bedeutete.

Wir befanden uns in der Nähe jener Stelle, an der Percy Wyn Harris 1933 den Eispickel gefunden hatte, der entweder Mallory oder Irvine gehörte. Ein Stück weiter westlich entdeckten Tap und Jake auf ihrem Abstieg eine alte Sauerstoffflasche und nahmen sie mit nach unten. Jochen Hemmleb konnte sie später mit Bestimmtheit der Expedition von 1924 zuordnen. Simo hatte dieselbe Flasche schon 1991 gesehen und ärgerte sich nun, sie nicht schon damals geborgen zu haben. Immerhin ist sie ein weiteres wichtiges Beweisstück und belegt, daß Mallory und Irvine die Route über den Grat gewählt und nicht die Wand weiter unten traversiert hatten.

Wir setzten unseren Weg fort. Dave war der designierte, ich aber der eigentliche Anführer unserer Seilschaft, da ich den Weg bahnte und die Fixseile verlegte. An der Ersten Stufe ging ich voran, gefolgt von den beiden Sherpas. Hier mußte ein weiteres Seil befestigt werden, doch beim Aufstieg sicherte ich mich an dem bereits vorhandenen. Um die Festigkeit zu testen, sorgte ich vorher für einen festen Stand und zerrte mit aller Wucht an dem Seil. Ich stieg dann mit Hilfe der Klemme am alten Seil die Erste Stufe empor, während die beiden Sherpas in meinem Gefolge das neue Seil anbrachten. Auf dem oberen Absatz angekommen, verankerte ich es an den langen Mauerhaken, die Vorgänger von uns in den Fels getrieben hatten. All das beanspruchte viel Zeit. Um Knoten zu schlingen, mußte ich außerdem immer wieder die Fäustlinge ausziehen und mich mit meinen Fleece-Handschuhen begnügen.

Die Erste Stufe ist sehr exponiert und zählt, was die Schwierigkeit angeht, zu den Klettersteigen der vierten Kategorie (die auch ohne Sicherung zu bewältigen sind). Für Mallory war sie gewiß kein Problem. Ich glaube allerdings, daß er damals eine andere Linie wählte als diejenige, die heute durch die Fixseile vorgegeben ist, und sich statt dessen weiter links, also zur Kangshung-Wand hin, gehalten hat. Vermutlich befand er sich gerade an dieser Stelle auf dem Grat, als Noel Odell seine Silhouette ausmachte.

Oberhalb der Ersten Stufe traversierte ich zur Zweiten. Der Untergrund ist dort sehr tückisch, nämlich voller loser, abschüssiger Schieferplatten und zugeschneiter Mulden. Die gängige Route verläuft ein wenig unterhalb der Gratschneide auf der Seite der Nordwand. Ein weiteres Seil zu verlegen hielt ich hier nicht für unbedingt notwendig, zumal wir ein altes, etwa sechs Millimeter dickes Kernmantelseil vorfanden, das zwar an einigen Stellen ziemlich abgenutzt, aber doch verläßlich fest war. Im Vorbeigehen zog ich die durchhängenden Abschnitte straff, um für etwas mehr Sicherheit zu sorgen.

Nach 54 Minuten erreichten wir auf halbem Weg zur Zweiten Stufe den sogenannten Mushroom Rock, einen pilzförmigen, gut zwei Meter hohen Felsblock. Ich trat in seinen Windschatten, ließ mich von der Sonne bescheinen, und konnte mich, erstmalig an diesem Tag, ein wenig aufwärmen.

Erstaunlich, daß die Chinesen 1975 hier ihr Lager VII errichteten und mit 20 Bergsteigern in diesem höchsten Biwak, das je an der Nordwand eingerichtet wurde, übernachteten. (An dieser Expedition waren insgesamt rund 400 Personen beteiligt!)

Am Mushroom Rock versammelten wir uns ein zweites Mal. Dave tauschte seine Sauerstoffflasche aus. Er verbrauchte mehr als wir, ungefähr vier Liter pro Minute, was er mit der zusätzlichen Beanspruchung aufgrund der Videoaufnahmen begründete. Dieser gesteigerte Verbrauch sollte noch Konsequenzen haben.

Die Querung von der Ersten Stufe zum Mushroom Rock ist sehr anspruchsvoll, und die Strapazen waren Tap und Jake deutlich anzusehen. Sie hatten einen eigentümlichen Augenausdruck.

Im Basislager hatte wir einige Wochen zuvor darüber diskutiert, wie in solchen Momenten zu verfahren sei. Mehr als einmal hatte ich betont, daß man nicht unbedingt den Gipfel erreichen muß, weil man sich dazu verpflichtet fühlt, schöne Fotos schießen oder eine Geschichte darüber verfassen will, und schon gar nicht einem anderen zu Gefallen, weil dieser andere keine Hilfe sein wird, wenn man in Schwierigkeiten kommt. Die Motivation zur Gipfelbesteigung muß vielmehr ganz allein aus einem selbst kommen.

Wenn einem Partner bei anstrengenden Kletterpartien die Kraft ausgeht, sage ich immer: »Laß uns umkehren.« Ist auch nur *einer* den Anforderungen nicht gewachsen, gerät die ganze Seilschaft in Gefahr. Bei der Diskussion im Basislager hatten Tap und Jake mir noch vorgeworfen, in diesen Dingen allzu rigoros zu sein.

Jetzt aber sagten die beiden: »Es soll wohl nicht sein.« Und: »Ich sehe kein Weiterkommen. Das Wetter scheint umzukippen.« Sie hatten beschlossen umzukehren.

Eine solche Haltung entspricht der des professionellen Bergführers, dessen Einschätzung eines Risikos generell eher konservativ ist. Wenn die beiden nicht schon mit 18 Jahren eine Bergführerausbildung gemacht und sich statt dessen an schwierige Partien und Erstbesteigungen herangewagt hätten, wären sie wahrscheinlich weitergegangen.

Ich sagte: »Die Entscheidung liegt einzig und allein bei euch. Ich gehe weiter. Aber ich kann mir vorstellen, wie euch zumute ist, und respektiere euren Entschluß.« Wir meldeten uns bei Simo über Funk und ließen ihn wissen, daß Jake und Tap kehrtmachen wollten. Er hatte nichts dagegen. Allerdings war ihm wohl daran gelegen, daß zumindest der eine oder andere von uns den Gipfel erreichte.

Im Rückblick schilderte Tap seine Empfindungen in diesem Moment wie folgt: »Mir war einfach unwohl bei der Sache. Wir hatten gerade erst mitbekommen, wie es den Ukrainern ergangen war, und ich bildete mir ein, den Hauch des Todes zu spüren.«

»Es war die schwerste Entscheidung, die mir als Bergsteiger je abverlangt worden ist«, ergänzte Jake. »Mir standen Tränen in den Augen.«

Doch das Wetter wurde entgegen ihren Befürchtungen besser statt schlechter. Die Lentikularwolke verzog sich. Mir wurde richtig warm. Sogar Daves Stimmung schlug zum Positiven um. Er war mit einem Mal richtig aufgekratzt, und wir stachelten uns gegenseitig an.

Dave hatte dafür gesorgt, daß ich zur Teilnahme an der Expedition eingeladen wurde. Wir sind schon früher miteinander geklettert, nämlich in der Antarktis. Er ist dort der Chef-Reiseleiter für *Adventure Network International* und bietet imposante Führungen auf den Mount Vinson an, den er schon 14 Mal bestiegen hat – so oft wie kein anderer. Dave und ich haben eine neue Route auf den Mount Gardner gefunden und zusammen mit Alex Lowe eine unbenannte 1500 Meter hohe Pyramide bestiegen. Im vergangenen Winter entdeckten wir zwei Proviantlager jener amerikanischen Seilschaft, die 1967 als erste den Mount Gardner bezwungen hat. Wir knabberten dort an 32 Jahre alter Schokolade und freuten uns schon auf unsere bevorstehende Everest-Expedition.

Dave ist großgewachsen und kantig, ein Bergführer, wie er im Buche steht, und sehr geduldig und verständnisvoll im Umgang mit seiner Kundschaft. Er hat eine ironische Ader und eine Schwäche für Kalauer. Ich glaube, er würde gern schreiben. Er machte sich enorm viel Mühe mit seinen Internet-Berichten, die zum Besten zählten, was MountainZone über unsere Expedition anzubieten hatte. Außerdem interessiert er sich sehr fürs Filmen. An unserem Gipfeltag war er wild entschlossen, den ganzen Aufstieg für NOVA auf Video aufzunehmen.

Es war Daves vierte Expedition am Everest. 1994 hatte er schon einmal auf dem Gipfel gestanden. Leiter der damaligen Expedition war ebenfalls Simo gewesen. Damals hatte sich Dave mit einem italienischen Bergsteiger auf den Weg gemacht, der vor der Zweiten Stufe jedoch kehrtmachte. Dave ging allein weiter und erreichte den Gipfel erst um 16.45 Uhr, also ziemlich spät. Immerhin war ihm damit die erste erfolgreiche Besteigung der Saison geglückt. Beim Abstieg wurde es aber bald so dunkel, daß er nicht weiterkam und gezwungen war, oberhalb der Ersten Stufe zu biwakieren. Die ganze Nacht über atmete er Sauerstoff aus der Flasche und blieb wie durch ein Wunder von Erfrierungen verschont. Kurz vor Sonnenaufgang erreichte ihn ein Teammitglied mit Wasser, Lebensmitteln und Sauerstoff. Er traf Dave dehydriert und völlig entkräftet an, konnte ihm aber ins Lager zurück helfen.

Eine Woche später ereignete sich an der Nordwand ein tragischer Unfall, an dem Mitglieder der Expedition von Simo und Dave beteiligt waren. Der Australier Michael Rheinberger machte sich mit Mark Whetu, einem Neuseeländer, auf den Weg zum Gipfel. Rheinberger war 53 Jahre alt und schon siebenmal am Everest gescheitert. Diesmal wollte er alles daransetzen, den Gipfel zu erreichen, und tatsächlich kam er mit Whetu ans Ziel – aber erst um 19.18 Uhr. Zwanzig Meter unterhalb des Gipfels mußten sie im Freien biwakieren. Erstaunlicherweise überlebten sie die Nacht. Am nächsten Tag waren sie nach elfstündigem Abstieg vollkommen erschöpft, hatten jedoch erst die Zweite Stufe hinter sich gebracht. Rheinberger war inzwischen erblindet, nicht mehr klar bei Verstand und so sehr entkräftet, daß er sich kaum noch auf den Beinen halten konnte. Helfer, die, von Simo dazu aufgefordert, von Lager VI aus aufstiegen, mußten sich schon vor der Ersten Stufe extrem starken Winden geschlagen geben. Um das eigene Leben zu retten, sah sich Whetu schließlich gezwungen, den Freund im Stich zu lassen. Er schaffte tatsächlich den Weg zurück in Sicherheit, erlitt aber schwere Erfrierungen. Rheinberger hatte sein Traumziel erreicht, jedoch mit dem Leben dafür zahlen müssen.

Man mag also beanstanden, daß Dave Hahn 1994 trotz bedrohlich fortgeschrittener Zeit den Gipfelsturm riskiert hatte. Er weiß jedoch immer ganz genau, was er sich zumuten kann und was nicht. Bei beiden seiner vorangegangenen Everest-Expeditionen machte er in einer Höhe von 8500 Metern kehrt.

Doch zurück zu unserem Gipfelversuch im Mai 1999. Tap und Jake, die sich zum Umkehren entschlossen hatten, pausierten noch für eine Weile am Mushroom Rock, um uns beim Besteigen der Zweiten Stufe zuzusehen. Ich übernahm wieder die Führung und ging davon aus, daß mir die Sherpas folgten. Doch in diesem Moment blieb Ang Pasang zurück, um mit Tap und Jake umzukehren. Sein Entschluß kam für mich so plötzlich, daß ich ihm nicht einmal mehr auf Wiedersehen sagen konnte.

Die Fortsetzung der Traverse zwischen Mushroom Rock und Zweiter Stufe ist mindestens ebenso heikel wie das erste Stück. Lockerer Fels wechselt sich mit Schneetaschen ab, die zum Teil so tief sind, daß man bis zur Hüfte darin versinkt. Man muß hier höllisch aufpassen: Wenn der Schnee wegrutscht, geht es mit einem womöglich bis ganz nach unten auf den Rongbuk.

Vor der Zweiten Stufe angelangt, wartete ich auf Dave und Dawa. Ich fühlte mich an diesem Tag so stark, daß ich den anderen 15 bis 20 Minuten voraus war, obwohl sie es leichter hatten als ich, weil sie einfach nur der von mir gelegten Spur zu folgen brauchten. Als Dawa endlich aufschloß, schüttelte er den Kopf und sagte: »Ich muß wieder runter.« Worauf ich antwortete: »Verstehe. Kein Problem.« Er gab mir eins der Seile, das ich für den Abstieg an Ort und Stelle hinterlegte. Daß Dawa den Weg zurück zur Ersten Stufe auch allein bewältigen würde, stand für mich außer Frage. Er war und ist sehr erfahren und weiß sich auch auf schwierigem Terrain trittsicher zu bewegen. Früher oder später würde er zu Jake, Tap und Ang Pasang aufschließen, davon war ich überzeugt.

Blieben also nur noch Dave und ich. Wir wandten uns der Zweiten Stufe zu. Es war halb elf. Wir hatten zwar kein besonders schnelles, aber doch recht zügiges Tempo vorgelegt, und das Wetter sah gut aus.

Die Zweite Stufe springt rund 30 Meter hoch auf und versperrt einen ansonsten nur mittelschweren Gratabschnitt. Der Sockel ist ein kantiger Klotz und läßt sich über eine Reihe von Leisten und hohen Tritten relativ leicht bewältigen. In der Mitte der Stufe lehnt ein dreieckiger Firnkeil vor der Felswand. Darüber zieht sich durch den leicht überhängenden Fels ein zirka viereinhalb Meter langer Riß oder enger Kamin, der hier die eigentliche Herausforderung darstellt. An dieser Stelle installierten die Chinesen 1975 eine Leiter. Oberhalb der Leiter sind noch gut drei Meter Steilwand zu bezwingen, die eine kritische Durchstützbewegung – für Laien: einen Klimmzug – erforderlich macht. Dann ist die Stufe geschafft.

Als Dave am Fuß der Zweiten Stufe zu mir aufschloß, sagte er: »Die verflixte Kamera beschlägt ständig.« Es galt, die Kassette herauszunehmen und die geöffnete Kamera in der Sonne trocknen zu lassen. Wir befanden uns allerdings im Schatten des Sockels, also schlug ich ihm vor, am Fixseil bis zur Leiter aufzusteigen und dort im Sonnenschein die Kamera trocknen zu lassen.

Mit Hilfe seiner Steigklemme kletterte Dave bis zur Spitze des Firnkeils hoch und hakte sich an der Leiter fest. Die ersten 13 bis 14 Meter kletterte ich frei, nutzte aber meine Steigklemme am Fixseil zur Sicherung. Der Anstieg ist nicht extrem schwierig, aber doch ziemlich anspruchsvoll. Als ich die Leiter erreichte, hatte Dave die Kamera wieder zum Laufen gebracht, doch es dauerte nicht lange, und sie streikte erneut.

Ich legte meine Sauerstoffapparatur ab, weil sie mich beim freien Klettern behinderte, zumal die Atemmaske so weit aus meinem Gesicht hervorragte, daß ich nicht richtig sehen konnte, wohin ich die Füße setzte. Dann holte ich ein 34 Meter langes und neun Millimeter dickes Kletterseil aus dem Rucksack, hakte mich ein und bat Dave darum, mich abzusichern. Er wollte gleichzeitig filmen, wovon ich aber abriet, weil ich kein Risiko eingehen wollte.

Ich hatte ein kleines, speziell für diese Zweite Stufe zusammengestelltes Kletterset bei mir: vier Friends in verschiedenen Größen und sechs Klemmkeile. Ich legte mir alles zurecht und nahm die Wand in Augenschein.

Um die entscheidende Bedeutung dieses siebeneinhalb Meter hohen Felsstücks, vor dem ich stand,

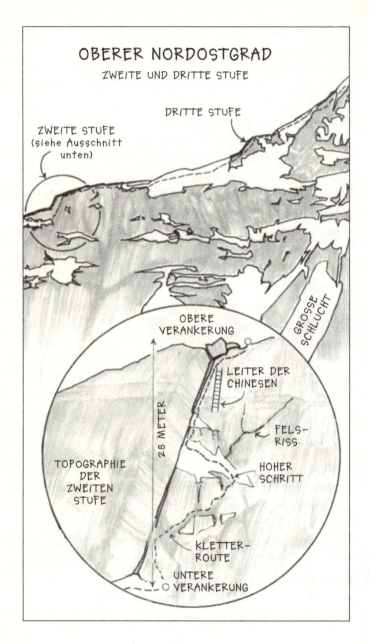

verstehen zu können, muß man die düstere Geschichte der Zweiten Stufe kennen. Die Mannschaft von 1924 hatte sich von weit unten gelegener Warte aus diesen Absatz in der Gratlinie genau angesehen. Teddy Norton war diesem Absatz bewußt ausgewichen, als er am 4. Juni unterhalb des Grates das Gelbe Band traversierte und bis zur Großen Schlucht vorstieß. Mallory aber hatte sich in den Kopf gesetzt, der Gratschneide zu folgen, denn die Route kam seinem Kletterstil entgegen. Bei seiner berühmt gewordenen Sichtung hatte Noel Odell die zwei winzigen Gestalten ursprünglich an der Zweiten Stufe zu sehen geglaubt, die nach seiner Beobachtung von den beiden in nur fünf Minuten überwunden worden sei.

Ab 1938 war die Nordseite des Everest den Bergsteigern aus dem Ausland verwehrt, so daß bis 1960 keiner mehr in die Nähe der Zweiten Stufe kommen konnte. Im selben Jahr machte sich eine große chinesische Expedition auf den Weg, den Everest über seine Nordseite zu besteigen. An diesem Unternehmen waren 214 chinesische und tibetische Bergsteiger beteiligt, von denen aber keiner auf mehr als fünf Jahre Klettererfahrung zurückblicken konnte. Was über diesen Massenvorstoß an Informationen in den Westen sickerte, gab allen Experten große Rätsel auf. Der einzige in englischer Sprache verfaßte Bericht erschien in dem Propagandablatt *China Reconstructs*. Er liest sich eher wie ein maoistisches Erbauungstraktat als die Schilderung einer Bergbesteigung. Dem Text zufolge kämpften zwei Männer über einen ganzen Nachmittag und bis zur Abenddämmerung gegen die Zweite Stufe an, mußten sich aber vor den letzten »drei Metern« geschlagen geben und eine bitterkalte Nacht im Freien verbringen. Drei Wochen später machte sich eine Dreier-Seilschaft daran, die Zweite Stufe zu überwinden. Einer von ihnen unternahm vier Anläufe, fiel aber jedesmal vor Erschöpfung von der Wand ab. Schließlich zog Chu Yin-hua Stiefel und Handschuhe aus, um auf Socken und mit bloßen Fingern im Fels besser Halt zu finden, und stieg dem Partner auf die Schultern, der vor der Wand in die Knie gegangen war, dann aber »am ganzen Körper zitternd, hechelnd, jedoch in heroischer Anstrengung die Zähne aufeinanderbiß und aufstand«. Nach drei Stunden, so der Bericht, war der Felsvorsprung bezwungen, und Chu holte die Genossen am Seil nach oben.

Angeblich erreichten die drei den Gipfel in der Nacht um 4.20 Uhr. Weil es dunkel war, konnten sie keine Fotos machen. Sie behaupteten, eine Gipsbüste von Mao am Gipfel hinterlassen zu haben, doch die hat bisher kein Everestbesteiger entdecken können. Die Heldentat forderte von Chu den Tribut seiner Finger und Zehen, die ihm später abgenommen werden mußten.

Im Westen hielten und halten noch immer viele Bergsteiger diesen chinesischen Gipfelvorstoß für frei erfunden. H. Adams Carter, der als Redakteur des *Alpine Journal* eine Zusammenfassung des Artikels aus *China Reconstructs* in seinem Magazin veröffentlichte, kommentierte lakonisch: »Die Details lassen Alpinisten in fast allen Teilen der Bergwelt gehörig stutzen.«

Ein weiterer Aufstieg über den Nordostgrat erfolgte 1975 und wurde wiederum von Chinesen vorgenommen. Im Verlauf dieser Expedition traf Wang Hongbao auf seinen »old English dead«. Von den Vorgängern wollte man alles über die Schwierigkeiten der Zweite Stufe erfahren haben. Nachdem jede Menge Material in das beim Mushroom Rock errichtete Lager VII geschafft worden war, schlug man eine Leiter mit Mauerhaken an die kritische Stelle und überwand auf diesem Weg die Zweite Stufe. Alle nachfolgenden Aufstiege über den Nordgrat haben diese Leiter, beziehungsweise die seitdem angebrachten Fixseile, genutzt.

Mallory und Irvine hatten natürlich keine Leiter zur Verfügung. Darum war ich sehr daran interessiert, mich ohne jede Steighilfe an der Zweiten Stufe zu versuchen – was noch keiner geschafft hatte, wenn man unterstellt, daß Mallory und Irvine daran gescheitert sind. (Selbst wenn man den chinesischen »Schulterstep« von 1960 für bare Münze nimmt, wäre dieser als Steighilfe anzusehen.)

In jüngerer Zeit haben manche, die über die Leiter gestiegen sind, gemutmaßt, daß sich ein gut drei Meter weiter rechts verlaufender Felsriß als mögliche Aufstiegslinie anbieten könnte. Bevor ich in die Wand einstieg, rückte ich, von der Leiter aus gesehen, ein Stück nach rechts, um die beschriebene Alternative zu begutachten. Von der Spitze des Firnkeils aus konnte ich nicht loslegen. Um an die Kante zu gelangen, mußte ich Stufen schlagen und auf geeignete Fixpunkte verzichten. Ein Ausrutschen hätte hier einen sehr tiefen Sturz zur Folge gehabt. Als ich endlich den Riß erreichte, sah ich, daß er mit losen Gesteinsbrocken angefüllt war, was ihn äußerst gefährlich machte. Ich langte hin – und hatte mühelos einen apfelsinengroßen Stein in die Hand. Dieser Riß kam für mich nicht in Frage.

Mir wurde bewußt, wie eng die Grenzen aller theoretischen Erklärungsversuche des Rätsels um Mallory und Irvine gesteckt sind. Jochen Hemmleb hatte die Zweite Stufe zu seinem Steckenpferd gemacht und übers Internet drei ausführliche »Studien« darüber veröffentlicht. Eine war überschrieben mit »How to Get Up the Second Step – A Topo Guide.« Darin ging Hemmleb so weit, den Schwierigkeitsgrad jenes Risses einzuschätzen, den ich mir vor Ort angesehen hatte, und kommt zu dem Schluß, daß er etwa bei IV–V liegt (4b nach britischen bzw. 5.6 nach U.S.-amerikanischen Standards). Und das, ohne die fragliche Stelle jemals gesehen zu haben! In diesem Jahr ist Jochen über den Nordsattel, das heißt über eine Höhe von rund 7000 Metern nicht hinausgekommen. Doch das hält ihn nicht davon ab, sich als Experte in Sachen Zweite Stufe zu gerieren. In einem der tiefer gelegenen Lager hörte ich ihn Dinge sagen wie: »An der Expedition sind viele Bergsteiger beteiligt, ich aber bin unersetzlich.«

Nachdem ich den Riß abgeschrieben hatte, kam für mich als Kletterweg nur eine Linie unmittelbar neben der Leiter in Frage, wo ein weiterer Felsriß ansteigt und nach rechts abknickt. Die Steigeisen ließ ich angeschnallt. Sie abzunehmen hätte zuviel Kraft gekostet, und ich mußte damit rechnen, daß das obere Stück verreist war. Außerdem fühlte ich mich an diesem schwierigen Stück mit Eisen sicherer.

Der Blick hinunter auf den über 2430 Meter tiefer gelegenen Rongbuk-Gletscher war unglaublich. Mir war klar, daß ich mich zügig bewegen mußte – das ist an schwierigen Passagen generell geboten, insbesondere in einer Höhe von 8600 Metern. Wenn man pausiert und sich an einem Haltegriff zu lange festklammert, geht einem schnell die Puste aus. Linksseitig Arm und Knie in den Riß klemmend, fand ich ausreichend Halt und stieg mit dem rechten Fuß über schmale Kanten auf. Dave hatte gehofft, mich filmen zu können, doch ihm blieb jetzt nichts anderes übrig, als den Kopf in den Nacken zu legen und Seil zuzugeben. Genau aufzupassen war in seinem ureigensten Interesse, denn wenn ich abgegangen und mit den Steigeisen auf ihn gefallen wäre, hätte er das Nachsehen gehabt.

Erst als ich etwa viereinhalb Meter über Dave war, fand ich meinen ersten und einzigen Fixpunkt: einen dicken Steinkeil, der im Riß klemmte. Darunter plazierte ich einen Friend Nummer drei. Kaum hatte ich mich eingeklinkt, war mir auch schon sehr viel wohler zumute. Ich klemmte nun den linken Fuß sowie die linke Hand in den Riß und langte mit der rechten nach einem Haltegriff im Fels. Ich war jetzt nur noch rund 15 Zentimeter von der Leiter entfernt. Die Stelle, an die ich den rechten Fuß setzen mußte, lag genau zwischen zwei Sprossen, das heißt, die Leiter war mir im Weg.

Ich war allerdings inzwischen so kaputt und außer Atem, daß ich den Fuß auf die Sprosse setzen und ausruhen mußte.

Die Pause war lang genug, um Luft holen und ein paar saftige Flüche ausstoßen zu können. Ich war wütend darüber, auf die Sprosse getreten zu sein, denn damit hatte ich meinen Vorsatz, frei zu klettern, hintertrieben. Ich kletterte weiter und hatte noch einen schwierigen Klimmzug zu vollziehen, dann war das problematischste Stück geschafft. Auf weniger steil geneigtem Fels rückte ich nun bis zum Anker vor, einem kaffeetischgroßen Steinklotz, der auf einer Kante steht und mit Mauerhaken mehrfach abgesichert ist. Sämtliche Fixseile sind mit diesem Anker verbunden.

Dort machte ich mein Seil fest, kroch an den Rand des Überhangs zurück und ließ Dave mein Gepäck ans Seil binden, damit ich es hochziehen konnte. Daraufhin kletterte Dave über die Leiter und mit Hilfe einer am Fixseil geführten Steigklemme nach oben.

Ich hatte die Zweite Stufe nicht frei erklommen. Eine falsche Bewegung ließ mein Vorhaben scheitern. Dennoch hatte ich jetzt eine recht genaue Vorstellung von der Schwierigkeit, die eine Überwindung dieses Hindernisses darstellt. Auf Anhieb schätzte ich den Schwierigkeitssgrad auf ungefähr 5.8 ein. Als ich jedoch später, in die Staaten zurückgekehrt, die Kletterpartien im Yosemite Park und am Indian Creek in Utah zum Vergleich heranzog, kam ich zu einem anderen Ergebnis. Der Zweiten Stufe ist mindestens eine 5.10 zuzuschreiben. Und das ist sehr viel schwieriger als alles, was Bergsteiger im Wales der zwanziger Jahre auf Turnschuhen, mit Hanfseilen, ohne Mauerhaken und einer »gentleman's«-Sicherung bewältigt haben können.

Über Funk meldeten wir uns bei Simo. Ich rückte sogleich damit heraus, daß mir der freie Anstieg nicht gelungen war, sagte, daß ich zu schwach gewesen sei und mich auf einer Sprosse der Leiter ausgeruht hätte.

Die knapp acht Meter hatte ich relativ schnell hinter mich gebracht, nämlich in ungefähr fünf Minuten. Es war mittlerweile 11.00 Uhr. Wir ließen unsere Kletterausrüstung zurück sowie eine leere Wasserflasche und ein paar andere Sachen, die wir vorläufig nicht mehr brauchten. Bevor wir unseren Weg fortsetzten, fragte ich Dave: »Wie fühlst du dich? Hast du Lust weiterzugehen?« Ich hielt es für wichtig, daß er sich frei entscheiden konnte, und fügte hinzu: »Wenn du zurück willst, habe ich vollstes Verständnis dafür. Ich komme von hier aus auch allein zum Gipfel. Mach dir um mich keine Sorgen.«

Aber er antwortete ganz spontan: »Auf zum Gipfel!«

Oberhalb der Zweiten Stufe wird der Grat breiter und bildet das sogenannte Plateau. Hier voranzukommen ist relativ leicht. Hin und weder verstellen Felsblöcke den Weg, die sich aber ohne weiteres überwinden lassen. Mir wurde richtig warm, so daß ich den Reißverschluß des Daunenanzugs öffnete. Auf dem Plateau kamen wir an den Leichen der zwei indischen Bergsteiger vorbei, die 1996 hier den Tod fanden (dem Jahr der ungewöhnlich zahlreichen Unglücksfälle, die alle in Krakauers *In eisige Höhen* angeführt sind). Es waren jene Inder, die das japanische Team ignoriert hatte, weil es, statt zu helfen, lieber den Gipfel erreichen wollte. Wir näherten uns nur bis auf 30 Meter. Es widerstrebte mir, sie von nahem zu sehen.

Die kleine und sehr viel weniger schwierige Dritte Stufe zu besteigen war geradezu ein Vergnügen. Oben angekommen, standen wir am Fuß der Gipfelpyramide, rund 150 Meter unter dem Gipfel. Mir war so warm geworden, daß ich schon den oberen Teil der Daunenjacke abnehmen wollte, als es plötzlich heftig zu schneien anfing. Dicke, feuchte Flocken fielen herab.

Wir machten uns an den Anstieg der Pyramide und hielten uns rechts. Der Schneebelag wurde immer höher, und bald versanken wir darin bis zu den Waden. Mit meinem Skistock sondierte ich die Schneedecke und traf darunter auf eine harte Eisschicht. Der Hang ist dort ungefähr 45 Grad geneigt. Ich überquerte eine Reihe von kleinen Mulden voller Schneewehen, die jederzeit abrutschen konnten und mich entsprechend in Sorge versetzten.

Dave hing weit zurück. Ich funkte ihm zu: »Dave, es sieht hier nicht gut aus. Bleib bitte, wo du bist. Den Hang kann jeweils nur einer besteigen.« Ich machte kehrt. Aus jahrelanger Beobachtung diverser Schneelagen und -verhältnisse war mit intuitiv klar, daß ich in großer Gefahr schwebte.

Ich meldete mich bei Simo und Russell Brice im Lager ABC und schilderte ihnen unsere Situation, worauf Simo sagte: »Sei's drum. Seht zu, daß ihr hoch- und dann auch wieder runterkommt.« Ich fühlte mich nicht direkt bevormundet, fand seine Aufforderung aber reichlich keß. Ich sagte mir immer wieder: *Das ist viel zu riskant*. Gleichwohl erinnerte ich mich daran, daß die Ukrainer diese Passage problemlos gemeistert hatten. Allerdings waren sie schon neun Tage zuvor dort oben gewesen, wahrscheinlich unter gänzlich anderen Bedingungen.

Russell Brice meldete sich. Er hatte schon zwei- oder dreimal die Nordwand durchstiegen und sagte nun in heiterem Tonfall: »So ist die Pyramide immer. Ziemlich unheimlich. Ich mußte wie ihr jedesmal hin und her traversieren.« Das war eine wertvolle Information, mit der ich was anfangen konnte.

Weiter vorn sah ich Felsen sowie eine Gratlinie, auf der dank der exponierten Lage eine feste Schneedecke zu erwarten war. Mir stand zwar nicht der Sinn danach umzukehren, doch sah ich mich zum ersten Mal während der Expedition einem allzu großen Risiko ausgesetzt. Ich dachte: *Paß gut auf und verlaß dich darüber hinaus auf dein gutes Karma.*

Gegen 13.30 Uhr hatte ich das Felsstück erreicht. Ich setzte mich hin und wartete auf Dave. Plötzlich fiel mir auf, daß ich mich genau an der Stelle befand, wo Rheinberger und Whetu 1994 hatten übernachten müssen – knapp 20 Meter unterhalb des Gipfels.

Auf der Felsbank im Windschatten des Hanges hockend, wartete ich 40 Minuten. Ich nahm das Sauerstoffgerät vom Rücken und ließ das Futter meiner Handschuhe und die Fleece-Mütze trocknen, soweit das möglich war.

Wiederholt fragte Simo über Funk: »Was ist los da oben?«

»Ich genieße die Aussicht«, antwortete ich.

»Wo ist Dave?«

»Er kommt gleich.«

Simo wurde immer unruhiger. »He, wenn du's bis zum Gipfel schaffen willst, mußt du langsam in die Gänge kommen.«

Ich sagte: »Nicht ohne Dave.« Schließlich hatte ich ihm zu verdanken, daß ich an dieser Expedition überhaupt teilnehmen konnte.

Endlich kam er in Sicht. Ich sah, daß er japste und

ziemlich fertig war. Und als er mich erreichte, wurde ihm plötzlich schlecht.

Im Himalaja laufen Bergsteiger ständig Gefahr, sich irgendeine bakterielle Infektion einzuhandeln. Magen und Darm befinden sich im Dauerstreß. Diesmal hatte es Dave erwischt, er litt unter Erbrechen und Durchfall, und er kam nicht schnell genug aus seinem Anzug. Also mußte er die Hose ausziehen, sie saubermachen und sich anschließend wieder ordentlich zupacken – und das alles 20 Meter unter dem Gipfel. Vielleicht war es nur eine Magenverstimmung. Auf Überanstrengung reagieren Magen und Darm besonders empfindlich. Daves Malheur war gewiß nicht auf mangelnde Kondition zurückzuführen. Daß selbst ein so starker Mann wie er dort oben an seine Grenzen stößt, weist allerdings darauf hin, wie ernst dieser Berg zu nehmen ist.

Im Karakorum ist mir einmal Ähnliches passiert. Ich hing gerade in einem gefährlichen Eisfall und konnte nicht mehr an mich halten. Das ist bis heute eine meiner unangenehmsten Erfahrungen als Bergsteiger. Dave hatte darum mein vollstes Mitgefühl. Was mir allerdings Sorgen machte, war weniger der Durchfall, als daß ihm übel war. Er machte einen hundsmiserablen Eindruck.

»Sollen wir nicht doch lieber umkehren?« fragte ich.

»Nein, nein«, sagte er. »Es ist doch nicht mehr weit.« Die Worte kamen sehr schleppend, und ich dachte: *Das sieht nicht gut aus, Dave ist schlimm dran.*

Es gibt Leute, die sich, obwohl sie nie am Everest gewesen sind, ein Urteil erlauben und behaupten, daß es mittlerweile ein Pappenstiel sei, diesen Berg zu besteigen. Selbst von erfahrenen Veteranen sind mitunter solche Töne zu hören. So bezeichnete Scott Fisher die Route über den Nordostgrat als eine »gelb gepflasterte Straße«.

Ich gab Dave zu trinken und sagte: »Geh vor und sei als erster auf dem Gipfel. Ohne dich wäre ich jetzt nicht hier.«

Auf halbem Weg blieb er stehen. »Mit dem Sauerstoff stimmt was nicht«, hechelte er.

Ich stellte fest, daß er bei einem Verbrauch von vier Litern in der Minute nun auch seine zweite Flasche geleert hatte. Ich nahm sie aus der Halterung und schleuderte sie über den Rand der Kangshung-Wand in die Tiefe. Normalerweise lege ich Wert darauf, daß Leergut wieder mit nach unten genommen wird, damit man es wiederverwenden kann. Doch jetzt waren weder Dave noch ich in der Lage, diese zusätzlichen sechs Kilo mit uns zu schleppen.

Dave schulterte seinen Rucksack, und wir stiegen ohne Sauerstoff zum Gipfel auf, den wir um 14.50 Uhr erreichten – später, als mir lieb war. Wir verweilten deshalb nur zehn Minuten. Obwohl das Objektiv ziemlich beschlagen war, filmte Dave die letzten Schritte bis zum Gipfel. Dort machten wir ein paar Aufnahmen voneinander. Ich kramte meine bei der *puja* in Bouddanath eingesteckte Walnuß aus der Tasche und legte sie in den Schnee. Dann öffnete ich die von Mönchen des Rongbuk-Klosters mit Reiskörnern gefüllte Filmdose und streute den Inhalt über die linke Schulter hinweg auf den Gipfel. Wir waren von Wolken umgeben, und die Aussicht ließ zu wünschen übrig.

Ich hatte mir diesen Moment immer als die beeindruckendste aller möglichen Erfahrungen vorgestellt. Das war sie an diesem Tag nicht. Ich stand auf dem höchsten Berg der Welt und fühlte mich ganz klein und ängstlich.

Es hatte aufgehört zu schneien. Ich warf einen Blick auf die Uhr und dachte: *Schon drei durch. In vier Stunden wird's dunkel. Meinem Partner geht es nicht gut. Wir stecken in ernsten Schwierigkeiten.*

Der Abstieg gestaltete sich äußerst anstrengend. Auf der Südseite hat man es sehr viel leichter – über weite Strecken kann man sich einfach auf den Hosenboden setzen und abfahren. Wenn Dave schlappmachte, wäre es mir unmöglich, ihn nach unten zu schaffen.

Als wir die Biwakstelle von Rheinberger und Whetu passierten, überließ ich Dave meinen dort deponierten Sauerstoffzylinder und stellte das Ventil auf einen Durchlauf von zwei Litern pro Minute. Dann packte ich all seine Sachen in meinen Rucksack, gab ihm noch etwas zu trinken und sagte: »Wir müssen uns jetzt beide schwer am Riemen reißen und unser Bestes geben.«

Er war ziemlich benommen, fast schon weggetreten. So hatte ich ihn noch nie erlebt, selbst nicht während unserer härtesten Tage in der Antarktis. Ich machte mir große Sorgen und fragte: »Wie wollen wir's anstellen? Führst du oder soll ich vorangehen?« Es war mir recht, daß er mich darum bat, denn meiner Spur zu folgen würde leichter für ihn sein.

Wir stiegen über eine gefährliche Traverse ab. Dave war sehr langsam. Überall, wo sich ein bißchen Fels zeigte, hielt ich an und wartete auf ihn, und wenn er dann aufschloß, setzte ich mich sofort wieder in Bewegung, was vielleicht ein Fehler war. Vielleicht hätte ich ihm mehr Zeit zum Verschnaufen lassen sollen. Ich fürchtete allerdings, daß wir, von der Dunkelheit überrascht, im Freien würden übernachten müssen.

Am oberen Absatz der Dritten Stufe legte ich das Seil zurecht und montierte Daves Abseilachter, so daß er sich nur noch einzuklinken brauchte. Als er absteigen wollte, sah ich jedoch, daß er sich das Seil einfach nur um den Arm geschlungen hatte. Ich machte ihn darauf aufmerksam, doch er sagte: »Laß mich in Ruhe. Ich schaff' das schon.«

»Nein«, entgegnete ich. »Dave, das ist zu gefährlich. Wir müssen als Team zusammenhalten und tun, was nötig ist.« Falls er, an der Bremse festgehakt, weggerutscht wäre, hätte ich nur an einem Strang des doppelt gelegten Seils zu zerren brauchen, um ihn zu halten. Doch ein bloß um den Arm geschlungenes Seil hätte einen Sturz nicht verhindert.

Ich kam ganz gut ohne zusätzlichen Sauerstoff aus und hatte mir ohnehin vorgenommen, beim Abstieg darauf zu verzichten, weil ohne Atemmaske die Füße besser zu sehen sind. Es war 16.00 Uhr, als wir die Dritte Stufe hinter uns gelassen hatten und das Plateau überquerten. Dave wurde noch langsamer, blieb immer wieder stehen und setzte sich mitunter. Ich rechnete ständig nach, wieviel Zeit uns noch blieb und wie lange Daves Sauerstoff reichte. Auf keinen Fall wollte ich ein Biwak riskieren, und ich hielt es für lebensnotwendig, daß wir noch vor Anbruch der Dunkelheit den Fuß der Ersten Stufe erreichten.

Kurz vor 17.00 Uhr sah ich mich zu einer schweren Entscheidung genötigt. Die Ukrainer hatten sich zusätzlich dadurch in Gefahr gebracht, daß sie den fälligen Hilferuf bis 21.00 Uhr hinauszögerten. Dies war mir eine Lehre gewesen, und so rang ich mich dazu durch, Simo zu benachrichtigen. Ich fragte: »Wäre es möglich, daß du dich bei Tap und Jake in Lager VI meldest und sie bittest, warme Getränke, Sauerstoff und Ersatzbatterien für die Lampen einzustecken und uns am Gelben Band entgegenzukommen?«

Simo hatte vollstes Verständnis. »Wird gemacht«, sagte er. Er verständigte Tap und Jake. Ang Pasang und Dawa hatten den Abstieg fortgesetzt und wollten noch in der Nacht Lager ABC erreichen. Mir war klar, daß es Tap und Jake entsetzlich schwerfallen würde, sich wieder auf den Weg zu machen, kaum daß sie das Lager erreicht und sich erschöpft ausgestreckt hatten. Aber ich fürchtete, daß ich nicht genug Kraft hatte, um Dave anzutreiben, zumal ich mit mir selbst mehr als genug zu tun hatte.

An der Zweiten Stufe nahm ich das gute 34-Meter-Seil, an dem ich mich schon beim Aufstieg hatte absichern lassen. Ich schärfte Dave ein, daß er sich nur ja mit seinem Achter einklinken sollte, und seilte mich ab. Unten angekommen, rief ich ihm zu: »Abseilen!« Doch er war über der Kante nicht zu sehen. Also wiederholte ich das Kommando über Funk.

Ich machte mich daran, das Fixseil auszulegen, das Dawa mit hochgebracht hatte. Die Strecke zwischen der Zweiten Stufe und dem Mushroom Rock ist sehr heikel, ich wollte sie möglichst gut absichern. Das Seil war ziemlich verheddert, und was mich zusätzlich nervös machte, war, daß sich Dave immer noch nicht blicken ließ. Doch endlich bewegte sich das an der Stufe herabhängende Seil, und ich wußte, daß es unterwegs war.

Wir erreichten den Mushroom Rock um 18.30 Uhr, als gerade die Sonne unterging. Ich zog mir eine weitere Kombination Unterwäsche an und fühlte mich eigentlich immer noch recht gut in Form. Nach jahrelanger Erfahrung wußte ich, daß ich mich 18 Stunden lang voll belasten kann. Danach erlebe ich in der Regel einen toten Punkt. Ist der überwunden, halte ich weitere acht Stunden durch. Dann aber geht nichts mehr.

Dave schloß am Mushroom Rock zu mir auf. Die Sauerstoffflasche, die er hier deponiert hatte, war noch fast voll. Wir wechselten die Zylinder und stiegen weiter ab.

Die am Mushroom Rock deponierte Sauerstoffflasche hatte Dave offenbar neu belebt und wieder zu Kräften gebracht. So kamen wir an den Fixseilen rasch voran und seilten uns in der Dämmerung über die Erste Stufe ab. Wir befanden uns jetzt auf sicherem Terrain, und so drängte ich darauf, Zeit gutzumachen und auf eine Rast zu verzichten.

Dave war wieder in Form, und ich brauchte mir um ihn keine Sorgen mehr zu machen. Jake und Tap kamen uns entgegen, wir standen mit ihnen in Funkkontakt. Eine kritische Stelle gab es noch, nämlich am oberen Rand des Gelben Bandes. Man ist dort versucht, allzufrüh einzusteigen. Auch ich kam von der Spur ab, was einen makaberen Anblick zur Folge hatte. Hinter einer Felskante entdeckte ich eine kleine Höhle. Darin lag ausgestreckt die Leiche eines Bergsteigers, der sich zum Schutz vor der Nacht in dieses Loch verkrochen hatte und erfroren war. Keine Ahnung, wer das war.

Ich fragte Dave, der schon dreimal hier oben gewesen war, ob er den Einstieg ins Gelbe Band finden könne. Dank seiner Orientierung konnten wir schließlich die Wimpel ausmachen, die wir aufgesteckt hatten, um das obere Ende des Fixseils zu markieren.

Tap und Jake stießen in der Mitte des Gelben Bandes zu uns. Sie hatten einen frischen Sauerstoffzylinder dabei, ein warmes Getränk in einer Thermosflasche und etwas zu essen, worauf aber weder Dave noch ich Appetit hatten. Wir setzten uns für eine Weile hin und plauderten miteinander. Hin und wieder kam es sogar zu Begeisterungsausbrüchen. Es war ein schönes Zusammentreffen.

Ich erreichte Lager VI um Viertel nach neun, und die anderen drei kamen 20 Minuten später an. Als wir schon in unseren Schlafsäcken steckten, stützte sich Dave mit dem Ellbogen auf und sagte müde: »Danke, daß du dich um mich gekümmert hast.«

Zu einem gefühlvolleren Ausdruck für unser gemeinsames Erlebnis kam es erst am nächsten Tag. Wir schliefen bis in den späten Morgen, machten ein paar Kessel Wasser heiß und stiegen dann ab in Richtung ABC. Auf dem Firnfeld unterhalb von Lager VI kamen uns Seilschaften anderer Expeditionen entgegen. Sie grüßten uns mit breitem Grinsen und gratulierten.

Als wir, auf dem Gletscher unterhalb des Nordsattels angekommen, das letzte Fixseil losließen und alle Gefahren überstanden wußten, fielen wir uns, von Schneeflocken umwirbelt, in die Arme. Wir hatten es geschafft.

Später im Basislager mußte sich Dave übrigens von Simo mächtig dafür anblaffen lassen, daß er Sauerstoff verschwendet und am Gipfel ohne Reserve dagestanden habe. Zwischen den beiden herrschte eine ziemlich gereizte Stimmung, und sie brauchten Tage, um wieder miteinander ins reine zu kommen. Ich hielt mich aus der Sache heraus.

Darüber hinaus wurde noch ein anderer Punkt diskutiert: Wir fragten uns, wie die Gipfelbesteigung und ihre Begleitumstände in der Öffentlichkeit am besten darzustellen seien. Eric schlug vor, daß wir uns auf einen halb-offiziellen Bericht einigten, aus dem die Mitwirkung eines jeden Teilnehmers am gemeinschaftlichen Erfolg positiv hervorgehen sollte. Ich vermute, er hatte Sorge, daß unser Beinahe-Fiasko ein schlechtes Licht auf die ansonsten so erfolgreiche Expedition werfen konnte.

Dave meinte jedoch: »Wenn wir nicht die ganze Wahrheit sagen, wird Conrad um die besondere Anerkennung betrogen, die er verdient hat.«

»Das ist mir egal«, sagte ich.

APOTHEOSE

CONRAD ANKER:

Als das ganze Team – die Filmcrew, die Sherpas und die Bergsteiger – in ABC ankam, gab es ein großes Fest. Sherpa Pemba hatte einen zweistöckigen Torte gebacken. Ich war stolz und froh über unsere Leistung, nicht nur weil wir den Gipfel bestiegen hatten, sondern auch weil wir ohne Probleme, ohne Frostbeulen oder schlimmere Verletzungen vom Berg wieder heruntergekommen waren.

Dennoch war unsere Stimmung etwas gedämpft, weil sich weiter oben am Berg wieder tragische Dinge ereignet hatten. Wir waren schon auf dem Weg nach unten gewesen, als uns zwei Expeditionen – eine polnische und eine belgische – entgegenkamen. Am Nachmittag des 18. Mai, also einen Tag nach Daves und meiner Gipfelbesteigung, machten sich drei polnische und zwei belgische Kletterer auf den Weg Richtung Gipfel.

Wir konnten sie nachmittags auf dem Gipfelgrat sehen. Sie kamen zunächst gut voran, wurden dann aber erkennbar langsamer. Anscheinend hatten sie sich überanstrengt und kamen nur noch schleppend von der Stelle.

Auf dem Rückweg wurde der Abstand zwischen den einzelnen Männern schließlich immer größer. Sie trennten sich, so wie es die Ukrainer am 8. Mai getan hatten. Von beiden Gruppen kehrte jeweils nur ein Mann in der Nacht auf den 19. Mai ins Lager VI zurück. Zwei Polen und ein Belgier mußten im Freien biwakieren.

Einer der Polen, Tadusz Kudelski, ist dann wohl zwischen der Ersten und Zweiten Stufe ausgerutscht und vom Grat gestürzt. Er wurde nie wieder gesehen. Ryszard Pawlowski, sein Partner, der ebenfalls die Nacht draußen verbracht hatte, schaffte es am 19. Mai ins Lager zurück, hatte sich aber schlimme Erfrierungen zugezogen. Das Schicksal von Pawlowski, der den Gipfel schon zum zweiten Mal erreicht hatte und ein starker Bergsteiger ist, machte wieder einmal deutlich, daß der Everest nicht unterschätzt werden darf.

Selbst das belgische Teammitglied, das sich noch am 18. Mai zurück ins Lager retten konnte – ein Portugiese namens Joao Garcia –, kam nicht ohne Frostbrand an Nase, Fußsohlen und Händen davon. Sein Partner war der Expeditionsleiter und altbekannte Bergsteiger Pascal Debrouwer. Sherpas stiegen auf, um ihn zu retten. Sie fanden ihn vor der Ersten Stufe und versuchten, ihn wachzurütteln, doch es half nichts – er lag bereits im Koma. So kehrten sie unverrichteter Dinge um. Dann aber ließ die warme Nachmittagssonne Debrouwer vermutlich wieder zu sich kommen. Er stand auf, machte ein paar tapsige Schritte, geriet ins Wanken und stürzte in die Tiefe.

Dies haben Bergsteiger bezeugt, die sich zur selben Zeit in Lager VI aufhielten.

Am 19. Mai stiegen wir ins Basislager ab, wo erneut gefeiert wurde. Wir tranken jede Menge Scotch, und ich war ziemlich betrunken. Alle tanzten, selbst die Sherpas. Vorher hatte ich jedoch im Zelt der Belgier vorbeigeschaut und zwei Teammitglieder angetroffen. Sie waren völlig fertig. Debrouwer hinterließ Frau und Kinder. Seine Gefährten machten sich gerade Gedanken darüber, wie sie mit der Familie Kontakt aufnehmen sollten. Ich bot ihnen an, unser Satellitentelefon zu benutzen, und versuchte dann eine halbe Stunde lang, sie zu trösten.

Inzwischen hatte die Nachricht, daß wir Mallorys Leiche gefunden hatten, auf der ganzen Welt hohe Wellen geschlagen. Die Website von MountainZone wurde täglich rund 1 000 000 Mal aufgerufen, und das über zwei Wochen. Die Veröffentlichung der Digitalfotos von Mallorys Leichnam in *Newsweek*, im *Stern* sowie in englischen und australischen Boulevardblättern hatte die Kontroverse zugespitzt. Wir machten uns immer noch Sorgen, daß chinesische Behörden unsere Ausreise behindern und die Fundstücke konfiszieren könnten.

Allerdings erwies sich diese Befürchtung als unbegründet. Einzelne Teammitglieder brachten die Gegenstände, die wir bei Mallory gefunden hatten, mit ihrem Gepäck in die Vereinigten Staaten, wo Simo sie dem Washington State Historical Museum in Tacoma anvertraute. Dort sollen die Sachen später in einer ständigen Ausstellung zu sehen sein. Die Briefe wurden dem Magdalene College in Cambridge überlassen, wo, wie bereits erwähnt, auch die umfangreiche Korrespondenz zwischen Ruth und George archiviert ist.

Auf der Anreise im März hatten wir bereits viel über die Frage diskutiert, ob Mallory und Irvine den Gipfel erstiegen haben könnten, und waren mehrheitlich eher skeptisch.

Der Fund Mallorys veränderte jedoch das Meinungsbild. Jochen Hemmleb zum Beispiel schätzte danach 50 zu 50, daß sie es bis zum Gipfel geschafft hatten. Tap Richards wagte sich noch weiter vor: »Ich glaube, sie waren oben. Die Chancen sind schwer zu berechnen, aber ich würde sagen: 70 zu 30.« Jake Norton hatte seine Meinung vollständig geändert. »Der Anblick von George Mallory hat mich umgestimmt«, sagte er. »Er war selbst im Tod ehrfurchtgebietend. Vielleicht schwärme ich, vielleicht will ich's nur für wahr halten, tippe aber auf 90 zu zehn, daß sie den Gipfel erreicht haben.«

Ich bedaure, diese optimistischen Einschätzungen nicht teilen zu können. Wie jeder andere wäre ich natürlich auch ganz aus dem Häuschen, wenn sich ein unumstößlicher Beweis für ihren Erfolg fände. In der Hoffnung, einen solchen Beweis zu finden, plant Simo bereits für das Frühjahr 2001 eine weitere Expedition, bei der nach Irvine und der Kamera gesucht werden soll. Ich werde nicht daran teilnehmen – für mich ist es Zeit, wieder dem nachzukommen, was ich am liebsten tue, nämlich auf schwierigen Bergen in entlegenen Regionen neue Routen ausfindig machen.

Ich habe viel über die Ergebnisse unserer Expedition nachgedacht und mir vor Augen geführt, was am Fundort Mallorys zu sehen war und was ich an der Zweiten Stufe in Erfahrung bringen konnte. So stellen sich mir vor allem zwei Fragen: Wie ist Mallory gestorben, oder anders formuliert, was hat seinen Tod verursacht? Und haben er und Irvine den Gipfel erreicht? Dank unserer erfolgreichen Expedition im Frühjahr 1999 sind wir der Wahrheit sehr viel nähergekommen als alle anderen Untersuchungen, die im Laufe der letzten 75 Jahre angestrengt worden sind.

Ein wichtiger Faktor bei all diesen Expeditionen ist die Ausrüstung. Seit den zwanziger Jahren hat es viele Innovationen und Verbesserungen in bezug auf das alpinistische Zubehör gegeben. Anhand meiner eigenen Erfahrungen in der Nordwand und auf dem Nordostgrat habe ich mir vorzustellen versucht, wie ich dort 1924 mit den Mitteln zurechtgekommen wäre, die Mallory und Irvine zur Verfügung standen.

Ich denke, das wichtigste Hilfsmittel sind Steigeisen. Die Mannschaft von 1924 hatte welche dabei, machte aber oberhalb des Nordsattels keinen Gebrauch davon. In dem »Die Organisation der Expedition« überschriebenen Anhang zu *Der Kampf um den Everest* schreibt Howard Somervell: »*Steigeisen* – sind recht zweckmäßig. Sie waren im Mai 1924 auf dem Weg zwischen Lager II und III unverzichtbar und wünschenswert auch zwischen III und IV. In höheren Regionen aber sind sie nutzlos.« Für mich ist dieses Urteil schwer nachzuvollziehen. Gerade oberhalb von Lager IV hätten die Männer damals mit Steigeisen sehr viel Zeit gespart, die durch mühsames Stufenschlagen vertan wurde. Aus Irvines Tagebuch und anderen beiläufigen Bemerkungen wissen wir bereits, daß die Befestigungsriemen das eigentliche Problem darstellten, weil sie das weiche Stiefelleder eindrückten und somit die Durchblutung der Zehen beeinträchtigten. Oberhalb des Nordsattels lief man mit Steigeisen höchste Gefahr, sich schlimme Erfrierungen zuzuziehen.

Mallorys Stiefel waren mit Nägeln beschlagen. In der Sohle des rechten, den Andy und Thom bergen konnten, steckten kleine V-förmige Metallkeile, die etwa fünf Millimeter weit herausragten. Ich habe nie beschlagene Schuhe getragen, würde aber gern einmal ausprobieren, wie es sich mit einem solchen Paar in einem Gelände wie der Gipfelregion des Everest läuft. Ich vermute, daß sie auf glattem Fels recht gute Dienste tun und auch auf Schneebelag ein wenig besser haften als heutige gummibesohlte Bergschuhe. Auf hartem Eis aber taugen sie vermutlich weniger. Mallory war zwar sehr schnell und geschickt beim Schlagen von Stufen, doch selbst der beste Stufenhauer der Welt wird sehr viel langsamer vorankommen und sehr viel mehr Kraft vergeuden als ein Bergsteiger, der auf modernen Steigeisen läuft. Ich habe an unserem Gipfeltag meine Eisen kein einziges Mal abgenommen. Auch wenn man mit ihnen auf Fels nicht ganz so gut vorwärtskommt wie mit Gummisohlen, lohnt sich ihr Einsatz allemal, weil es für Eis und Schnee nichts Besseres gibt.

Erhebliche Vorteile gegenüber damals bieten auch die heute gebräuchlichen Fixseile. Zum einen markieren sie den Streckenverlauf: Als wir am 17. Mai bei Dämmerlicht den Weg über das Gelbe Band suchten, orientierten wir uns einfach an den fest installierten Seilen. Mallory und Irvine mußten sowohl beim Auf- als auch beim Abstieg ihre Route selbst finden.

Zum anderen sorgen Fixseile natürlich auch für Halt. Man kann sich daran hochhangeln oder auch nach unten rutschen. An steilen Abschnitten wie auf dem Gipfelgrat haben wir uns an Fixseilen abgeseilt, was sehr viel einfacher ist als frei zu klettern.

Seit 1924 hat sich das technische Material um ein Vielfaches verbessert. Mallory und Irvine stand ein Baumwollseil von rund einem Zentimeter Durchmesser zur Verfügung. Es wird wahrscheinlich schon bei einer Belastung von 250 Kilogramm gerissen sein, zumal anzunehmen ist, daß es feucht und an einigen Stellen verknotet war. Siebenmal fester ist das leichtere Nylonseil, daß ich an der Zweiten Stufe bei mir hatte. Außerdem ist Nylon elastischer und fängt deshalb einen Sturz weicher auf. Daß bei jenen beiden Bergunfällen, die Mallory knapp überlebte, das Seil gehalten hatte, grenzt an ein Wunder.

In den zwanziger Jahren wurden in den Alpenländern zur Sicherung bereits Mauerhaken und Karabiner verwendet, was britische Puristen allerdings als das Betreiben eines »Eisenhandels« schmähten. Es gibt keinen Hinweis darauf, daß die Expedition von 1924 mit Mauerhaken, den dazugehörigen Hämmern oder gar Karabinerhaken ausgerüstet war. (Leider ist in *Der Kampf um den Everest* keine Materialliste abgedruckt.) Der Bericht erwähnt lediglich »Holzhaken«, mit deren Hilfe Seile unterhalb des Nordsattels befestigt wurden, doch ich vermute, daß es sich dabei nur um einfache Holzstöcke handelte – und die wären weiter oben nicht zu gebrauchen gewesen.

Unter solchen Gegebenheiten muß allein der Anblick der Zweiten Stufe damals Angst und Schrecken ausgelöst haben. Irvine hatte vermutlich, ohne selbst richtig gesichert zu sein, am Fuß der Wand gestanden und Mallory mit dem Seil gehalten. Wäre Mallory gestürzt, am Überhang etwa, hätte er Irvine unweigerlich vom Grat und mit sich in die Tiefe gerissen.

Wir wissen, daß Mallory im Lager V seinen Kompaß vergessen hatte, was nicht weiter schlimm gewesen wäre, wenn das Wetter gehalten hätte. Odell aber berichtet von dichter Bewölkung und Schneetreiben. Des weiteren ist bekannt, daß Mallory am Tag des Gipfelangriffs auch noch seine Taschenlampe vergessen hatte, und zwar in Lager VI. Wahrscheinlich ließ er auch die für Notfälle vorgesehene Magnesiumfackel zurück, denn Odell fand ein oder zwei solche Fackeln im Zelt von Lager VI. Es wäre äußerst riskant gewesen, hätten Mallory und Irvine versucht, im Dunkeln ohne Lampe abzusteigen.

Nicht nur, daß bei der Expedition von 1924 die Sauerstoffzylinder leckten und das ganze System fehlerhaft war (worüber Irvine ständig klagte) – die Geräte waren außerdem sehr viel schwerer als die, die uns heute zur Verfügung stehen. Mittlerweile wiegt eine Ausrüstung rund sieben Kilo. Die von Mallory wog mehr als doppelt so viel und war trotzdem, was den Inhalt anging, bis zu dreimal weniger ergiebig. In der letzten Notiz an Odell spricht er von den Sauerstoffflaschen als »verdammte Last beim

Klettern«. Sie hätte den stärksten Bergsteigern schwer zu schaffen gemacht.

Schließlich muß noch die Bekleidung der damaligen Expeditionsteilnehmer erwähnt werden, die sich erheblich von unserer heutigen Bergsteigerkleidung unterschied: Mallory trug einfache Lederstiefel, zwei Paar Strümpfe, die Ruth ihm gestrickt hatte, eine lange Unterhose, darüber eine Hose und Beinwickel, um zu verhindern, daß Schnee in die Stiefel rutschte. Seinen Oberkörper schützten sieben oder acht Lagen aus Seide, Baumwolle und Wolle. Auf dem Kopf saß eine Art Pilotenmütze mit Fellfütterung.

Als ich auf den Gipfel stieg, trug ich zwei Fleece-Sweater, eine synthetische Windjacke sowie einen Daunenanzug mit windabweisender Beschichtung. Auf dem Kopf hatte ich eine Strickmütze und die Daunenkapuze der Windjacke, an den Füßen dicke, schaumstoffgefütterte Nylonstiefel mit eingearbeiteten Gamaschen. Allein der Daunenanzug bot eine acht bis zehn Zentimeter dicke Isolierschicht und hielt wärmer als alle sieben oder acht Lagen, die Mallory auf der Haut trug. Doch trotz meiner hochmodernen Ausstattung wurde mir eisig kalt, wenn ich längere Pausen einlegen mußte.

Eine wichtige Frage ist auch, ob Mallory und Irvine vor ihrem Gipfelangriff genügend Flüssigkeit zu sich genommen hatten. In einer Nachricht an Odell gestand Mallory, wie wir bereits wissen, daß »der Unna-Kocher [...] noch im letzten Moment den Hang hinuntergerollt« sei. Diese Notiz ist spätestens am Nachmittag des 7. Juni geschrieben worden, denn Sherpas trugen sie noch am selben Tag ins Lager V hinab. Es ist jedoch kaum anzunehmen, daß

Mallory und Irvine noch vor dem Abendessen ihre Thermosflaschen für den nächsten Tag gefüllt haben. Der Verlust des Kochers hatte also wahrscheinlich zur Folge, daß sie nicht ausreichend mit Flüssigkeit versorgt waren. Mag sein, daß sie die Flaschen mit Schnee gefüllt und in der Nacht am Körper gewärmt haben. Als ich einmal fünf Tage in einer Schneehöhle am Annapurna IV festsaß, war ich selbst zu einer solchen Verzweiflungsmaßnahme gezwungen – mit dem dürftigen Ergebnis eines Viertelliters Wasser. Das Schmelzen verbraucht mehr Körperwärme, als an Energie in Form von Flüssigkeit aufgenommen wird.

Nicht ausreichend mit Flüssigkeit versorgt zu sein, rächt sich in extremen Hochlagen. Außerdem litt Irvine bekanntermaßen unter einem schrecklichen Sonnenbrand, der zu einer zusätzlichen Dehydration geführt haben wird.

Gegen einen Gipfelerfolg der beiden spricht im übrigen auch der Zeitablauf. Daß Mallory die Taschenlampe vergessen hat, besagt unter anderem, daß er und sein Partner frühestens bei oder nach Sonnenaufgang aufgebrochen sind.

In *First on Everest: The Mystery of Mallory & Irvine* rechnete Tom Holzel vor, daß die beiden Männer bei ihrem Aufstieg durchschnittlich 62 Höhenmeter pro Stunde überwunden haben müßten. Das halte ich für sehr unwahrscheinlich. Dave und ich haben von Lager VI bis zum Gipfel zwölf Stunden und 20 Minuten gebraucht. Damit haben wir durchschnittlich nur 50 Höhenmeter pro Stunde geschafft – und das, obwohl wir relativ schnelle Kletterer sind, Dave schon einmal auf dem Gipfel war, und wir gegenüber Mallory und Irvine den enormen Vorteil von Steigeisen und Fixseilen für uns nutzen konnten. Ich kann nicht glauben, daß die beiden auf dem Nordostgrat um so vieles schneller vorangekommen sind als wir.

Allein schon diese Gründe legen die Vermutung nahe, daß Mallory und Irvine den Gipfel wohl kaum erreicht haben dürften. Aber das schlagendste Argument liefert meines Erachtens die Zweite Stufe.

Man muß wissen, daß die Zweite Stufe an keiner anderen Stelle zu überwinden ist als dort, wo die Chinesen eine Leiter installiert haben. Von der Gratlinie aus gesehen rechts erhebt sich die stark verwitterte senkrechte Felswand. Links fällt die dem Kangshung zugewandte Flanke sehr steil ab. Sie ist dick vereist und war während unserer Besteigung mit einer Schneedecke überzogen, die die Konsistenz von Schlagsahne hatte. Diese Stelle ist selbst mit modernen Hilfsmitteln kaum passierbar. Ausgeschlossen, daß man 1924 dort vorangekommen wäre, indem man Stufen ins Eis schlug. Rechts von der Leiter wird die Felswand steil und steiler. Man könnte wie Norton am 4. Juni 1924 ein gutes Stück unterhalb des Gratkamms bis zur Großen Schlucht vordringen und so die Zweite Stufe zu umgehen versuchen. Doch wer schon über das Gelbe Band hinausgestiegen ist, hat es leichter, die Stufe zu erklimmen, denn von hier aus zur Großen Schlucht zu traversieren wäre äußerst gefährlich.

Angenommen, Mallory und Irvine hätten die untere Hälfte der Zweiten Stufe ersteigen können. Die Schwierigkeit dort liegt bei 5.5 – für Mallory kein Problem. Irvine hätte dann aber an der Spitze des

Schneedreiecks – da, wo sich Dave an der Leiter sichern konnte – stehen und dort irgendwie Halt finden müssen, ohne Bohrhaken, versteht sich. Er hätte das dünne Baumwollseil um die Hüfte geschlungen und, wie Geoffrey Winthrop Young am Nesthorn, Mallory zu sichern versucht, während dieser, ebenfalls ohne jegliches Hilfsmittel, eine knapp acht Meter hohe und leicht überhängende Wand erkletterte. Der Friend, den ich unter dem Felskeil in zirka fünf Metern Höhe anbringen konnte, war für mich die einzig mögliche Absicherung, und dieses Hilfsmittel ist erst in den späten siebziger Jahren entwickelt worden.

Selbst bei optimaler Sicherung – mit einem Fixpunkt, einem guten Nylonseil und einer Erholungspause auf einer Leitersprosse – fiel mir dieses Stück äußerst schwer. In den zwanziger Jahren sind auf dem europäischen Festland nur wenige bis zu 5.10 Grad schwere Wände (wie es sie zum Beispiel im Elbsandsteingebirge bei Dresden gibt) gemeistert worden, und das auch nur von Kletterkünstlern, die ihrer Zeit weit voraus waren und Haken, Ringschrauben, Seilschlingen und dergleichen zum Einsatz brachten. Mit solchen Dingen wußten aber die zu jener Zeit in Wales kletternden Briten nicht umzugehen. Der damals auf der Insel beherrschte Schwierigkeitsgrad lag bei maximal 5.7 oder 5.8. Und in einer Höhe von 8600 Metern sind vergleichbare Kletterpartien noch sehr viel schwieriger.

Ich bin übrigens wie Reinhold Messner der Überzeugung, daß die Chinesen in ihrer Expedition von 1960 die Zweite Stufe nicht überwunden haben. Daß da jemand versucht haben soll, mit bloßen Händen und Füßen zu klettern, ist kaum vorstellbar, und zu behaupten, daß kein Gipfelfoto gemacht werden konnte, weil das Ziel erst im Dunklen erreicht wurde, klingt allzusehr nach einer Ausrede. Zudem soll das kritische Stück in der Stufe angeblich nur drei Meter hoch gewesen sein, während es tatsächlich knapp acht Meter hoch ist. Dies legt die Vermutung nahe, daß man mit dem reduzierten Maß die Legende vom »Schulterstep« plausibel machen wollte.

Hätten Mallory und Irvine damals die Zweite Stufe auf wundersame Weise geschafft, wären sie wahrscheinlich nicht mehr zurückgekommen. Kletterseile waren zu der Zeit höchstens 30 Meter lang. Hätten sie es am oberen Absatz der Stufe um den sich dort als Anker anbietenden Fels geschlungen, wären sie beim Abstieg mit der Länge nicht ausgekommen. Außerdem hätte das Seil von unten nicht wieder eingeholt werden können. Und noch ein Argument spricht gegen die Überwindung der zweiten Stufe: Wären Mallory und Irvine auf diesem Weg abgestiegen, würden zumindest Reste des Seils dort noch zu finden sein, was aber nicht der Fall ist.

Selbst wenn es mir gelungen wäre, die Zweite Stufe im freien Stil zu bezwingen, hätte ich es nicht zurück geschafft. Es wurde behauptet, daß Mallory und Irvine zu Tode kamen, als sie eben dies versuchten. In dem Fall aber wären sie bis hinunter auf den Rongbuk-Gletscher gestürzt.

Dennoch besteht eine kleine Möglichkeit, daß die beiden Männer ganz nach oben gelangt sind. Es heißt, daß 1924 ungewöhnlich viel Schnee gelegen habe. Deshalb wäre vorstellbar, daß sich vor der

Steilwand der Zweiten Stufe ein Schneekegel gebildet hatte, über den Mallory und Irvine hätten aufsteigen können. Den ganzen Mai über hatte ein Schneesturm nach dem anderen getobt, doch normalerweise bleibt Schnee in der Nordwand nicht lange liegen, er wird in kürzester Zeit wieder weggeblasen. Auf den 1924 aufgenommenen Fotos läßt sich das dünne schwarze Gesteinsband auf dem oberen Absatz der Zweiten Stufe recht deutlich erkennen. Die einzige Expedition, die in den letzten Jahren von einem dort aufgehäuften Schneekegel zu berichten wußte, war die katalanische von 1985, die jedoch in der Herbstsaison am Everest war, also nach der Monsunzeit. Dennoch mußte auch deren Gipfelseilschaft bei der Überwindung der Stufe von der fest installierten Leiter Gebrauch machen.

Ich habe immer von Herzen daran glauben wollen, daß Mallory und Irvine auf dem Gipfel waren. Ein solcher Erfolg hätte diese tragische Bergsteigergeschichte zu einem versöhnlichen Abschluß gebracht. Es macht mich ein wenig traurig, der skeptischen Seite das Wort zu reden, aber unter Berücksichtigung der Gründe, die ich zuvor dargelegt habe, komme ich nicht umhin, annehmen zu müssen, daß Mallory und Irvine den Gipfel nicht erreicht haben können.

Meiner Meinung nach ist am 8. Juni 1924 folgendes geschehen:

Mallory und Irvine blickten am Morgen von Lager VI aus zum Gipfel hoch. Für Mallory war der Everest der Berg seiner Träume. Er hatte ihn als einziger schon in drei Expeditionen zu bezwingen versucht. Jetzt, nach Wochen der Enttäuschung, hatte er eine letzte Chance. Er war gut vorbereitet, und das Wetter spielte mit.

Aber die beiden Männer waren nach dem harten, zweitägigen Anstieg vom Nordsattel müde. Irvine hatte einen schrecklichen Sonnenbrand, und wahrscheinlich taten beiden vom Steinstaub und von der Sonne die Augen weh.

Möglich, daß sie am Abend zuvor auch im Lager künstlichen Sauerstoff geatmet haben, um schlafen zu können, doch ich glaube, daß sie ihr Gas für den Aufstieg sparten. Ohne zusätzlichen Sauerstoff läßt sich in dieser Höhe jedoch kaum schlafen. Man atmet dort oben ganz anders – in kurzen, flachen Zügen und immer wieder die Luft anhaltend. Darüber wird man ständig wach. Die Männer sind vermutlich schon früh in ihre Schlafsäcke gekrochen, aber nicht so recht zur Ruhe gekommen.

Anscheinend versuchte Irvine am nächsten Morgen in aller Eile noch ein paar Reparaturen an der Sauerstoffausrüstung vorzunehmen. Daß er, wie Odell vermutete, lediglich zum Vergnügen an den Teilen herumbastelte, kann ich nicht glauben. Womöglich verzögerten technische Probleme den Aufbruch.

Beim Aufstieg halfen Mallory und Irvine der Atmung mit zusätzlichem Sauerstoff nach, vielleicht mit zwei Litern pro Minute. Sie kletterten über das Gelbe Band, ein schwieriges Gelände. (Tom Holzel vertritt die Ansicht, daß eine Flasche für vier Stunden ausreichen konnte, was sich aber meiner Meinung nach nicht so genau bestimmen läßt, da in dieser Höhe sehr viel schieflaufen kann. Fest steht jedenfalls, daß die beiden eine Flasche unterwegs wegwarfen, nämlich zwischen dem Gelben Band und der Ersten Stufe, wo Tap und Jake sie in diesem Jahr gefunden haben.)

Selbst mit Atemhilfe gerät in dieser Höhe der Zeitsinn durcheinander. Man glaubt, in 15 Minuten geleistet zu haben, was in Wirklichkeit eine Stunde gedauert hat. Nach meiner diesjährigen Erfahrung am Everest ist mir folgende Analogie eingefallen, die erklären mag, in welchem Bewußtseinszustand man sich in Höhen von über 8000 Metern befindet: Es ist, als würde ein Haus brennen, und das brennende Haus bist du selbst. Das Geschehen zieht sich ungemein in die Länge, und du kannst nichts dagegen unternehmen, kannst einfach nur zusehen, wie das Haus niederbrennt.

Mallory und Irvine haben vielleicht pro Schritt vier- oder fünfmal geatmet – das ist die normale Frequenz, selbst dann, wenn man zusätzlich Sauerstoff inhaliert. Wie auch immer, sie kamen nicht so schnell voran, wie Mallory gehofft hatte. Vom oberen Rand des Gelben Bandes traversierten sie zur Ersten Stufe, die sie, davon bin ich überzeugt, überwinden konnten. Als Odell sie um 12.50 Uhr erspähte, lag der tückische Grat zwischen Erster und Zweiter Stufe vor ihnen. Wenn sie ihn tatsächlich erreicht haben, waren sie rund 30 Meter höher als Norton vier Tage zuvor – was bedeuten würde, daß sie 28 Jahre lang den Höhenrekord innegehabt hätten.

Es muß ihnen bald klargeworden sein, daß sie es nicht bis zum Gipfel schaffen würden. Vielleicht sind sie bis zum Fuß der Zweiten Stufe gekommen, dann aber umgekehrt. Um diese Zeit begann es, wie Odell berichtete, zu stürmen, und während der nächsten zwei Stunden schneite es. Die Spuren der beiden Männer werden bald verweht oder zugeschneit gewesen sein, so daß sie den Weg nach unten suchen mußten. Dazu muß noch einmal erwähnt werden, daß der Einstieg ins Gelbe Band nach wie vor eine Schlüsselstelle und nicht leicht zu finden ist.

Vermutlich ging Mallory voran – die Suche nach einer geeigneten Route wird er nicht Irvine überlassen haben. Doch wahrscheinlich hat er – wie auch Dave und ich – den Fehler gemacht, zu früh, das heißt zu weit westlich ins Gelbe Band einzusteigen.

Irgendwann klarte der Himmel für eine Weile auf, und Odell hielt abermals nach den Freunden Ausschau. Wenn sie sich aber schon zwischen den Felsen befanden und nicht mehr auf dem Grat, hätte er sie ohnehin nicht sehen können.

Mallory und Irvine waren offenbar angeseilt. Auch auf mittelschwerem Gelände am Seil zu gehen war damals übliche Praxis, ist nach heutiger Ansicht aber viel zu gefährlich. Die vor allem dem zweiten Mann zufallende Aufgabe, auf das Seil achtzugeben und immer gleichen Abstand zum Vordermann zu halten, provoziert geradezu Unfälle. Und die Wahrscheinlichkeit, daß jemand den überraschend stürzenden Partner am Seil halten kann, ist äußerst gering. Trotzdem wurde übrigens bis in die sechziger Jahre eine solche Technik empfohlen.

Man kann das Gelbe Band an vielen Stellen durchqueren. Aber fast überall besteht ein Gefälle, das den Bergsteiger zwischen den beiden Möglichkeiten schwanken läßt, sich abzuseilen oder zu klettern. Außerdem ist das Gestein sehr verwittert. Mallory wird hier sehr genau aufgepaßt haben. Da es wahrscheinlich dunkel wurde, hat er wohl die Brille abgenommen, um den Fels besser sehen zu können. Ich vermute, daß die beiden an den einfacheren Stellen gleichzeitig geklettert sind, und daß an schwierigen Stellen einer zurückgeblieben ist und den anderen gesichert hat, vielleicht indem er das Seil über einen Vorsprung oder so etwas wie jene »Kerbe« legte, wie sie damals Geoffrey Winthrop Young am Nesthorn zur Sicherung Mallorys genutzt hatte.

Seit dem 1. Mai habe ich mir viele Gedanken über Mallorys Hände gemacht. Warum trug er keine Handschuhe? Das Ersatzpaar gestrickter Fäustlinge steckte in der Tasche und schien nicht gebraucht worden zu sein. Was mich außerdem überraschte, war, daß die Hände keinerlei Anzeichen von Erfrierungen aufwiesen.

Vor allem von Seiten derjenigen, die annehmen, daß Mallory und Irvine auf dem Gipfel waren, ist häufig zu hören gewesen, daß die beiden in der Nacht zum 9. Mai im Freien biwakierten und dann am nächsten Tag auf dem Rückweg abgestürzt sind. Bei ihrer Bekleidung ist jedoch nicht vorstellbar, daß sie eine Übernachtung in über 8200 Metern Höhe ohne ernste Erfrierungen überstanden hätten. Wenn die Fingerkuppen erfrieren, bilden sich zunächst Blasen, und nach etwa 24 Stunden schwellen sie an. Georges Finger aber waren frei von Symptomen dieser Art. Am 16. Mai 1999 hat Thom Pollard während unserer zweiten Suchaktion Mallorys Gesicht freigelegt. Ich fragte ihn, ob Anzeichen von Erfrierungen zu entdecken gewesen seien, was er verneinte. Anders als bei den Fingern zeigen sich auf Nase und

Wangen Erfrierungssymptome sofort. Die Haut wird zuerst weiß und grau, dann schwarz.

Daß Mallorys mumifizierte Leiche keine solchen Schäden aufweist, ist für mich der Beleg dafür, daß er am 8. Mai gestorben ist und nicht später. Weil mit Eintritt des Todes das Blut zu fließen aufhört, kann ein Toter keinen Frostbrand mehr entwickeln.

Ich vermute, daß Mallory, ehe er stürzte, seine Handschuhe ausgezogen hatte, um eine schwierige Passage besser durchklettern zu können. Wenn es aber schon dunkel war, hatte ein solcher Versuch ohne Taschenlampe kaum eine Chance.

Es wurde immer wieder darüber spekuliert, ob einer der beiden gestürzt und der Partner daraufhin mitgerissen worden sei, oder ob Irvine versucht habe, Mallorys Sturz aufzufangen, worauf das Seil gerissen sei. In letzterem Fall hätte Irvine allein im Dunkeln absteigen müssen. Diese Möglichkeit würde mit Wang Hongbaos »old English dead« übereinstimmen. Vielleicht hat der Chinese tatsächlich Irvines Leiche gefunden, da, wo dieser zu übernachten versucht hatte und erfroren war. Ich halte das jedoch für unwahrscheinlich, und zwar aus einem bestimmten Grund: Wenn Irvine Mallory mit dem Seil abzufangen versucht hätte, wäre es näher bei Irvine zerrissen und nicht rund drei Meter von Mallorys Taille entfernt.

Darum glaube ich, daß einer den anderen mitgerissen hat (vermutlich war es Irvine, der, dem Partner folgend, stolperte), daß beide gleichzeitig stürzten und daß das Seil von einer Felskante zerschnitten wurde. So etwas passiert mitunter selbst mit festen Nylonseilen. Wenn ich mit dieser Vermutung recht habe, müßte nach Irvine nicht, wie von Hemmleb vorgeschlagen, ein Stück höher und östlich der Fundstelle Mallorys gesucht werden, sondern genau in der entgegengesetzten Richtung. Es ist nämlich anzunehmen, daß die beiden, als der Unfall passierte, diagonal in östlicher Richtung abstiegen und Mallory die Führung hatte.

Beim Sturz wickelte sich das Seil um Mallorys Körper. Mit seiner rechten Seite prallte er zum ersten Mal auf. Bemerkenswert ist auch die schwere Fraktur des rechten Beins. Das rechte Sprunggelenk, daß sich Mallory 1909 gebrochen hatte, bereitete ihm auch noch 15 Jahre später am Everest Probleme. Kein Zweifel, die frühe Fraktur hatte das ganze rechte Bein dauerhaft geschwächt.

Ich bin mir einigermaßen sicher, daß Mallory nicht vom Nordostgrat abgestürzt ist, etwa von der Stelle, wo 1933 der Eispickel gefunden wurde. Die beiden Leichen aus jüngerer Zeit, die ich zuerst entdeckte – der »Greeter« und der Mann in dem verschossenen blauen Anzug – hatten sehr viel größere Verletzungen, da war kaum ein Knochen unversehrt geblieben, und der Kopf zeigte in beiden Fällen talwärts. Mallorys Körper war längst nicht so entstellt, und sein Kopf wies zum Berg hin. Er ist nach meiner Einschätzung um die 100 Meter tief gestürzt, was bedeuten würde, daß er fast schon den unteren Rand des Gelben Bandes erreicht hatte. Zu einem erfolgreichen Abstieg hätte damit trotz Dunkelheit nicht viel gefehlt.

Ob er noch lebte, als er im Schutt zu liegen kam, ist schwer zu sagen. Das von Thom entdeckte Loch in der Stirn war vielleicht die Verletzung, die zum Tod geführt hat. Doch die im Schutt steckenden Hände scheinen noch nach Halt gesucht zu haben. Möglich, daß er bis zum Ende gekämpft hat. Vielleicht legte er tatsächlich noch das linke Bein schützend über das gebrochene rechte, doch danach wird der Tod sehr schnell gekommen sein.

Daß ich nicht an Mallorys Gipfelerfolg glaube, tut meiner Bewunderung für ihn keinen Abbruch. Dennoch war, als ich mich im Frühjahr 1999 mit der Suchexpedition auf den Weg machte, die Gipfelbesteigung mein oberstes Ziel gewesen. Ein Schulfreund meinte schmunzelnd: »Du hast anscheinend das große Los gezogen«, sollte heißen: die Chance, ohne eigene finanzielle Belastung den Everest besteigen zu können. Halb entschuldigend antwortete ich: »Wer weiß, vielleicht finden wir ja was. Das ist in diesen Höhenlagen, wo sich nichts bewegt, durchaus möglich.«

Meine Einstellung sollte sich ändern. Als ich den Leichnam von George Mallory entdeckte, wurde mir bewußt, daß ich ein Kapitel unserer Bergsteigergeschichte erneut aufgeschlagen hatte. Neben Mallory zu sitzen vermittelte mir ein Gefühl tiefer Wertschätzung seiner Leistung und seiner Person überhaupt.

Die gesamte Expedition hatte immense Ausmaße: Die Schiffahrt von Liverpool nach Bombay, über Land mit dem Zug nach Darjeeling, auf Pferderücken durchs Himalajagebirge in das wenig bekannte Gebiet Tibets, über hohe Pässe in entlegene Täler – diese weite Strecke reisten die Bergsteiger, um das Geheimnis des sogenannten dritten Pols zu lüften. Sie führten enorme Lasten an Ausrüstung mit sich, in ihrer Zeit vom Besten, rudimentär nach heutigen Standards.

Für sie war allein die extreme Höhe noch voller Rätsel. Unser heutiges Wissen darum, daß der Everest im Alleingang und ohne zusätzlichen Sauerstoff zu bewältigen ist, läßt die Herausforderung weniger bedrohlich erscheinen. Zwar hatte Mallory in den Expeditionen von 1921 und 1922 sehr viel Höhenerfahrung sammeln können, doch blieb für ihn die Frage offen, ob ein Mensch auf über 8800 Metern aufsteigen und in dieser Höhe überleben kann. Mit jedem Schritt über Lager VI hinaus betraten die Bergsteiger von 1924 nicht zuletzt auch Neuland der eigenen Psyche.

Als ich am 1. Mai neben Mallory saß, schaute ich nach Osten auf die Route, die er und Irvine auf ihrem Rückweg wahrscheinlich eingeschlagen hatten. Ich versuchte mir vorzustellen, wie ihnen in dieser Grenzsituation zumute gewesen sein mochte, ohne Funkverbindung zu den anderen Expeditionsmitgliedern, ohne Fixseile zur Sicherheit und Orientierung, ohne ein ausgeruhtes Team von Bergsteigern, die für den Notfall bereitstanden, und ohne jede Möglichkeit, der Welt erklären zu können, was passiert war.

Mir ist sehr wohl bewußt, welch großen Einfluß die Leistung der beiden auf das Bergsteigen genommen hat. Ihr wagemutiger letzter Vorstoß war zukunftsweisend. Die damals eingeleitete Diskussion über die Verwendung zusätzlichen Sauerstoffs und die daraus resultierende Entscheidung dafür hat den Nachfolgern – allen voran Hillary und Tenzing – den relativ sicheren Weg in extreme Höhenregionen geebnet.

Manchmal frage ich mich, ob ich durch den Fund der Leiche von Mallory wider Willen dazu beigetragen habe, einen Mythos zu entzaubern. Hat die sagenumwobene Expedition von 1924 durch diesen Fund etwas von ihrem Glanz eingebüßt?

Manche sind dieser Meinung, doch was mich betrifft, so hat der Fund meine Bewunderung für diese Pioniere – deren Geschichte in die Geheimnisse von Chomolungma, der Muttergöttin des Schnees, eingehüllt war – nur weiter ansteigen lassen, und es macht mich stolz, dazu beigetragen zu haben, daß dieses Geheimnis nun in einem neuen Licht erscheint. Wenn es tatsächlich so ist, daß die Menschen zu ihrer Vervollkommnung von den Erfahrungen und Fehlern der vorausgegangenen Generationen lernen können, dann haben Mallory und Irvine mit ihrer Erforschung des Everest nicht nur dem Alpinismus weitergeholfen, sondern auch dem Wohl der Menschheit gedient.

DAVID ROBERTS:

Als die überlebenden Teilnehmer der Expedition von 1924 vom Berg abzogen, gingen sie in langen Gesprächen der Frage nach, was den verschollenen Freunden wohl widerfahren sein mochte. Noch vor Verlassen des Basislagers hatte Teddy Norton eine Versammlung zu diesem Thema einberufen. Bis auf Odell stimmten alle Teilnehmer darin überein, daß als Unglücksursache »ein einfacher Bergunfall – ein tödlicher Absturz« – anzunehmen sei. Dagegen vertrat Odell die Ansicht, daß die beiden mit dem Rückzug allzulang gewartet hätten, so daß es schließlich zu spät gewesen sei, und sie »im Dunklen, auf der Suche nach dem Lager, schließlich ihrer Erschöpfung und der Kälte erlegen waren«.

An einem Sturz mochte Odell nicht glauben. So argumentiert er in *Der Kampf um den Everest*: »Wer um George Mallorys Erfahrung und bergsteigerisches Können auf jedwedem Terrain weiß, wird kaum für möglich halten können, daß er gestürzt ist, zumal auf einem Abschnitt, der für ihn keine großen Schwierigkeiten darstellte.« Und was Irvine betrifft, so war er »der geborene Adept«, der in Spitzbergen bewiesen hatte, daß »er sich auf Eis und Fels sicher und leicht zu bewegen versteht.«

Die Gefährten fragten sich immer wieder, warum in der Nacht des 8. Juni kein Taschenlampenstrahl zu sehen gewesen sei. (Man weiß erst seit 1933, daß Mallory seine Lampe in Lager VI vergessen hatte.) In *Der Heldensang vom Everest* stellte Sir Francis Younghusband die gewagte These auf, daß Mallory und Irvine in eine hoffnungslose Lage gerieten und aus Rücksicht auf die Teamgefährten darauf verzichtet hätten, mit der Taschenlampe zu leuchten, um diese nicht zu einem Rettungsversuch zu bewegen und damit in Gefahr zu bringen.

Norton behauptete, daß er und Mallory sich auf eine letzte Rückkehrfrist von 16.00 Uhr geeinigt hätten. In Anbetracht dieses erneuten Belegs für Mallorys Umsicht mochte sich Odell der Umnachtungsvermutung nicht anschließen, kam aber zu dem Schluß, daß der »Siegeswille« des Freundes übermächtig geworden sei. Ähnlich spekuliert John Noel in seinem Beitrag zu *The Story of Everest*:

> Man kann sich vielleicht vorstellen, wieviel Nerven-, Verstandes- und Muskelkraft Mallory zu dieser äußersten Anstrengung hatte aufbieten müssen […] Das Ziel lag in greifbarer Nähe. Sollten sie umkehren und es aufgeben? […] Oder sollten sie nicht doch alle Bedenken in den Wind schlagen, um den Sieg zu erringen?

Auf einer Moräne nahe des Basislagers bauten Somervell und einige Träger ein drei Meter hohes Steinmal zum Gedenken an die Toten aller drei Expeditionen und ritzten deren Namen in Stein. Norton schickte einen Boten mit einer kodierten Nachricht los, die nach London gekabelt wurde: »MALLORY IRVINE NOVE REMAINDER ALCEDO.«

Die Öffentlichkeit ist über diese verschlüsselte Nachricht nie aufgeklärt worden. Offenbar wurden in der Formulierung Codewörter verwendet, die für alle Eventualitäten zurechtgelegt worden waren. NOVE ist wahrscheinlich dem lateinischen Wort *novus* (neu bzw. frisch) entlehnt, das im Superlativ unter anderem »das Höchste« oder »das Äußerste« bedeutet. REMAINDER heißt »der Rest«, und mit Alcedo ist wahrscheinlich der Eisvogel (Alcedo atthis) gemeint.

Vielleicht wollte man auf seine mythologische Bedeutung anspielen: Zeus verwandelte die um ihren verstorbenen Gemahl trauernde Königin Alkyone wie diesen in einen Eisvogel und sorgte dafür, daß während der Brutzeit 14 Tage lang alle Winde ruhten, damit die Eier nicht von den Wogen weggeschwemmt wurden. Daher spricht man von den »Halkyonischen Tagen«, Tagen glücklicher Ruhe.

Auf das Telegramm, das am 19. Juni London erreichte, hatte jemand mit Bleistift neben NOVE »im Kampf getötet« gekritzelt und neben ALCEDO »an der Basis gut angekommen«.

Die Nachricht wurde sofort verbreitet. Nach Auskunft des Biographen David Roberts wurde Ruth in Cambridge von einem Vertreter der Presse informiert. »Daraufhin ging sie mit guten Freunden eine lange Zeit spazieren.«

Clare Millikan, Mallorys ältestes Kind und im Jahre 1999 83jährig, erinnerte sich noch genau, wie sie, damals acht Jahre alt, vom Tod des Vaters erfuhr. »Es war morgens, zu der Zeit, als wir immer aufgestanden sind«, sagte sie. »Mutter nahm uns mit in ihr Schlafzimmer, wo wir uns alle aufs Bett kuschelten. Sie nahm uns in die Arme und klärte uns auf. Falsche Hoffnung ließ sie gar nicht erst aufkommen. Er werde nicht ›vermißt‹, sondern sei ganz gewiß tot und komme nicht mehr zurück.«

Das ganze Land trauerte. 59 Jahre zuvor hatte Königin Victoria das Bergsteigen verurteilt, als vier Männer, darunter der Aristokrat Lord Francis Douglas, auf dem Rückweg von der Erstbesteigung des Matterhorns abgestürzt waren. Doch in der Zwischenzeit hatte man die Forschungsreisenden Robert Falcon Scott und seine vier Begleiter, die 1912 auf dem Rückzug vom Südpol zu Tode gekommen waren, zu Nationalhelden erklärt. Und nun sprach König George V. den Familien von Mallory und Irvine sein Beileid aus. Die *Morning Post* kommentierte: »Der Geist, der zum Angriff auf den Everest rief, ist der gleiche, der auch die arktische und andere Expeditionen auf den Weg gebracht und in früheren Zeiten zur Bildung des Empire geführt hat.«

Am 17. Oktober fand in der St. Paul's Cathedral ein Gedenkgottesdienst für Mallory und Irvine statt. Am selben Abend versammelten sich der Alpenverein und die Royal Geographic Society. Norton hielt eine Rede und sagte über Mallory: »Ein Feuer brannte in ihm [...] Er war fest entschlossen, den Berg zu bezwingen [...] Mit ihm hat uns ein treuer Freund verlassen, ein großer Bergsteiger und ein Gentleman.« Mallorys Mentor Geoffrey Winthrop Young setzte eine Todesanzeige auf und sprach darin von »der erloschenen Flamme eines edelmütigen, jugendlichen Abenteuergeistes«. Er erinnerte sich, daß Mallory »den frühen Freunden stets ein ›Sir Galahad‹« gewesen sei. Geoffrey Bruce nannte ihn im Expeditionsbericht »den Bayard der Berge – ›*sans peur et sans reproche*.‹« Und in *After Everest* schrieb Howard Somervell:

> *Dulce et decorum est pro patria mori*; und im Kampf gegen einen Berg zu sterben ist wahrlich vorzüglicher und nobler als bei dem Versuch, einen anderen zu töten. Der Verlust dieser exzellenten Männer ist Teil jenes Preises, der dafür zu zahlen ist, daß der Abenteuergeist lebendig bleibt. Ohne diesen Geist wäre das Leben armselig und Fortschritt unmöglich.

Mit dieser Apotheose von Mallory und Irvine entstand die Idee vom Everest als dem »schönsten

Grabmal dieser Erde«, wie es Somervell zum Ausdruck brachte. In *Der Heldensang vom Everest* sprach Sir Francis Younghusband davon, daß »sie dort in den Armen des Mount Everest auf ewig liegen werden – 10 000 Fuß höher als jede andere Grabesstatt.« Das war natürlich übertrieben – zu jener Zeit lagen die 1922 am Nordsattel verunglückten Sherpas in ihrer Gletschergruft nur 4000 Fuß tiefer –, doch der Gedanke faszinierte und ließ erschaudern.

Von dem Moment an, da die Unglücksmeldung England erreichte, beschäftigte alle, die von dieser Tragödie Notiz nahmen, die große Frage, ob Mallory und Irvine auf dem Gipfel waren. Noel Odell war davon überzeugt. Am 10. Juli schrieb er in einem Artikel für die *Times*: »Alle Umstände und die am Berg erreichte Position in Betracht ziehend, gelange ich zu dem Schluß, daß Mallory und Irvine den Gipfel erreicht haben.« General Charles Bruce stimmte dem zu, so auch Tom Longstaff und Geoffrey Winthrop Young. Letzterer schrieb später: »So kurz vor dem Ziel umzukehren wäre jedem Bergsteiger schwergefallen, einem Mallory aber schlechterdings unmöglich gewesen. Ich kenne ihn gut genug, um das behaupten zu können.«

Verständlicherweise waren diese Zeugen voreingenommen durch ihre Freundschaft zu Mallory und die Bewunderung für seinen Mut. Die Teilnehmer der Expedition von 1933 hingegen waren einhellig der Auffassung, daß Mallory und Irvine den Gipfel *nicht* erreicht hatten – vielleicht ebenso verständlich, denn immerhin waren sie nicht zu einer »Zweitbesteigung« des Everest aufgebrochen...

Die engsten Freunde vermißten Mallory schmerzlich. In einem Beileidsschreiben an Ruth versuchte Robert Graves einen möglichst unsentimentalen Ton anzuschlagen: »Mich tröstet die Erinnerung daran, daß er mir einmal auf dem Snowdon gesagt hat, daß er hoffe, dereinst beim Bergsteigen den Tod zu finden [...] Es ist George so ähnlich, daß er sich den höchsten und gefährlichsten Berg der Welt ausgesucht hat. Ich habe ihn wirklich geliebt.«

Noch außer sich vor Trauer schrieb Ruth einen Monat nach der Nachricht vom Tode ihres Mannes an Geoffrey Winthrop Young:

> Ob er den Gipfel erreicht hat oder nicht, ist ohne Belang, was meine Bewunderung für ihn betrifft, und die geht über seinen Tod hinaus. Ich glaube, ich muß meinen Schmerz davon loslösen. Er ist groß und wird noch so lange andauern, daß mir nichts anders übrigbleibt [...] Oh, Geoffrey, wenn dies doch bloß nicht geschehen wäre. Es hätte so leicht vermieden werden können.«

Irgendwann in den ersten Wochen nach dem Tod ihres Vaters hatte Clare Millikan einen lebhaften Traum. »Während des Krieges«, so erinnerte sie sich, »kam er dann und wann von der Front nach Hause. Ich stand jedesmal am Bahnsteig und wartete auf den Zug. Im Traum schaute ich nun wieder über einen solchen Bahnsteig, sah den Zug, sah meinen Vater aussteigen und auf uns zukommen. Es war ein sehr schmerzliches Erwachen.«

Auch nach 75 Jahren hat die Legende um George Leigh Mallory nichts von ihrer Faszination eingebüßt. Unbeschadet seines fraglichen Gipfelerfolgs kann kein Zweifel daran bestehen, daß er ein alpinistisches Genie war und daß der Everest seine besten Qualitäten zum Vorschein gebracht hat. Genau darauf haben seine Freunde, die ihn am besten kannten, immer wieder hingewiesen. In seiner Trauer um den Schützling ließ sich Geoffrey Winthrop Young nicht davon abbringen zu glauben, daß dieser den Gipfel erreicht hatte, einfach »weil Mallory Mallory war«. Und ein Vierteljahrhundert später sprach Young noch einmal über eine Bergwanderung mit dem Freund in Wales: »Wir empfanden zeitvergessenes Glück [...] An einem Tag wie diesem war Mallory in Harmonie mit sich und der Welt, und dann konnte ihn nichts aufhalten.«

DANKSAGUNGEN

Dᴀᴠɪᴅ Rᴏʙᴇʀᴛs:

Die einschlägige Literatur über Mallory und den Everest war bei unseren Recherchen zu *Verschollen am Mount Everest* von unschätzbaren Wert. An erster Stelle sei *First on Everest: The Mystery of Mallory & Irvine* von Audrey Salkeld und Tom Holzel genannt, die die charakterlichen und alpinistischen Qualitäten der beiden Hauptpersonen in einer geschickten Synthese darzustellen verstanden. David Pyes *George Leigh Mallory: A Memoir* profitiert von der freundschaftlichen Beziehung zum Porträtierten. David Robertsons vorzügliche Biographie *George Mallory* bietet eine Fülle von Zitaten aus persönlichen Briefen. *The Irvine Diaries*, herausgegeben von Herbert Carr, werfen ein Schlaglicht auf den sonst meist in Mallorys Schatten stehenden Partner, und Walt Unsworths umfassende Monographie *Everest* ist eine Fundgrube für Informationen über sämtliche Everest-Expeditionen von 1921 bis 1988. Unverzichtbar waren die drei großen offiziellen Expeditionsberichte der zwanziger Jahre, die mir dankenswerterweise die Bibliothek des amerikanischen Alpenvereins in Golden, Colorado, zur Verfügung stellte. Außerdem fand ich dort weitere wichtige Quellen, die mir anderswo nur schwer zugänglich gewesen wären.

Den Mitgliedern der »1999 Mallory & Irvine Research Expedition« sowie Liesl Clark von PBS/NOVA und Peter Potterfield von MountainZone schulden wir besonderen Dank dafür, daß sie uns ihre im vergangenen Frühjahr am Berg gesammelten Eindrücke und Erfahrungen geschildert haben. Die auf die Geschichte des Alpinismus spezialisierte Historikerin Elizabeth Hawley wußte Detailkenntnisse beizusteuern, über die offenbar nur wenige verfügen.

Herzlich bedanken möchte ich mich auch bei meinem langjährigen Freund John Rasmus, der mir den Auftrag zu einem Beitrag über den Fund Mallorys für den *National Geographic Adventure* vermittelte, woraus letztlich das vorliegende Buch entstanden ist. Seine Kollegen bei dieser Zeitschrift waren mir von großer Hilfe. Jon Krakauer las jedes Kapitel im Entwurf, gab wertvolle Ratschläge und machte uns Mut. David Breashears und Galen Rowell unterstützten uns mit ihrem Sachverstand, der auf eigenen umfangreichen Erfahrungen am Everest gründet. Als Literaturagent begleitete John Ware das Projekt von Anfang an auf kompetente Weise. Bob Bender, Verlagslektor bei Simon und Schuster, der nunmehr schon vier Bücher von mir betreut hat, verwirklichte mit fachkundiger Hilfe seiner Assistentin Johanna Li die Herausgabe von *Verschollen am Mount Everest*.

Zu guter Letzt sei meiner tiefempfundenen Sympathie für Clare sowie den Freunden und Kletterpartnern Rick und George Millikan Ausdruck verliehen, über deren einzigartige Beziehung zum Helden dieses Buches ich mit demselben Bekanntschaft machte.

CONRAD ANKER:

Ich möchte meinen Eltern herzlich für ihre jahrelange Unterstützung danken und dafür, daß sie Verständnis für meine Art zu leben haben. Auch Becky Hall danke ich für ihre liebevolle Zuneigung und Alex Lowe für seine verläßliche Freundschaft.

REGISTER

A
Akja 154
Alaska 13 f.
– Angel 14
– Revelation Mountains 14
Alpen 63, 73
Ama Dablan 36
Amercan Alpine Journal 16, 69
Andrée, Salomon 36
Ang Pasang 210 f.
Ang Rita 211
Angtarkay 165
Anker, Conrad 16, 37 f., 92, 95, 142, **144 ff.**
Annapurna IV 40, 53, 118
Ausrüstung, Kleidung 185 f., 249 f.

B
Bass, Dick 148
Bass, John 148
Beetham, Bentley 104, 162
Benson, Arthur 57, 58
Birkenhead 67
Black Cuillins 61
Bloomsbury Group 60
Boardman, Pete 52
Bonington, Sir Chris 93 f.
Bouddanath 102
Breashears, David 33 f., 91 f.
Brice, Russel 76, 141, 156
Bridge, Ann s. Sanders, Cottie
Brook, Rupert 72

Bruce, Charles 56, 122, 162
Bruce, Geoffrey 123, 131, 162, 267
Bullock, Guy 110 ff.
Burke, Mick 52

C
Carr, Herbert 168
Carter, H. Adams 226
Cheesmond, Dave 34
China 32
China Reconstructs 106, 225
Chomolungma 116
Chu Yin-hua 226
Clark, Liesl 78
Copitko, Vasil 139, 159
Copland, Erin 78
Coval, Roman 158
Crawford, Colin 133

D
Da Nurn 210 f.
Daily Telegraph 93, 109
Darjeeling 68
Debrouwer, Pascal 243
Denali s. Mount McKinley
Douglas, Lord Francis 267
Dritte Stufe 231 f.

E
Eigernordwand 123
El Captain 146
Elbsandsteingebirge 253
Erster Weltkrieg 71

Everest Committee 108, 109, 122
Eyetooth 148

F
Faulkner, William 23
Finch, George 123, 131
Firstbrook, Peter 102
Fossilien 30

G
Gamma Liaison 89
Garcia, Joao 243
Gelbes Band 188 f., 211 f.
Giller, Sue 33 f.
Gorak 25
Gorbach, Volodymyr 139, 154 f.
Grant, Duncan 61, 62
Graves, Robert 63, 72
Great Smoky Mountains 12
Guardian 93
Gurney Peak 145

H
Habeler, Peter 191
Hahn, Dave 25, 39, 77, 78, 95, 103, 105, 142, 156, **219 f.**
Harris, Percy Wyn 31 f.
Hasegawa, Ryoten 32 f.
Hemmleb, Jochen 36 f., 79, 92
Hillary, Sir Edmund 36, 87, 94, 114, 153
Holzel, Tom 129, 33 ff.
Howard-Bury, Charles 108

I
IMG s. International Mountain Guides
International Mountain Guides 82

Irvine, Andrew »Sandy« 9 f., 21, 24, 26 ff., 162, **167 ff.**
Isle of Skye 61

J
Johnson, Boris 93

K
K2 53
Kailas 38
Kangchenjunga 53
Kellas, A. M. 109, 110
Keynes, Geoffrey 60
Kharta-Gletscher 115, 116, 117
Khumbu-Gletscher 114, 117
Kichatna Spires 13, 145, 149
Kleidung, Ausrüstung 185 f., 249 f.
Kloster von Rongbuk 101 f.
Kudelski, Tadusz 243

L
Lambert, Raymond 105
Latok II 40
Lawine 42
Lentikulariswolken 212
Lhapka-La-Paß 117, 118
Lho-La-Paß 113
Lhotse 36
Lliwedd 56, 74
Longstaff, Tom 123, 134
Lowe, Alex 219
Lunn, Arnold 169

M
Makalu 116
Mallory, Avie 54
Mallory, Beridge 73
Mallory, Clare s. Millikan, Clare
Mallory, George II. 94

Mallory, George Leigh   9 f., 15, 26 ff., **52 ff.**, 108 f., 110 ff., 161 ff.
Mallory, John   73, 100
Mallory, Rick   100
Mallory, Ruth   62, **72 f.**, 270
Mallory-Archiv   101
Matterhorn   267
Maxim, Hiram   169
Mellersh, Stella   100
Messner, Reinhold   43, 105, 191
Middle Triple Peak   149
Millikan, Clare   11, 12, 14, 73, 94, 100, 267, 270
Millikan, George   14
Millikan, Glenn   12
Millikan, Nick   11 f.
Millikan, Robert   12
Mont Blanc   55, 69, 74
Monte Rosa   55
Morning Post   109
Morshead, H. T.   117
Mount Everest   15, 19, 53
– Expeditionen   16, 27 ff., 53, 68, 104, 108, 216 f., 219, 226
– Politik   32, 225
Mount McKinley   14, 84, 140
– Wickersham Wall   13
– Wilcox-Plateau   14
Mount Rainer   82
Mount Robson   144
MountainZone   78
Mummery, Alfred   118
Mürren   169

N
Nanga Parbat   53, 118
National Geographic Adventure   15
Nepal   18
Nesthorn   64, 66, 67
Newsweek   90
nieves penitendes   113
Noel, John   163
Norgay, Tenzing   105, 114
Norton, E. F. »Teddy«   28, 48, 105, 123, 129, 162 ff., 268
Norton, Jake   22, 25, 39, 95, 105, 129, 141 f., 154 f., **213:**
Norton-Coulior   43
NOVA   78

O
Odell, Noel   10, 27, 30, 53, 96, 162
Old Ben   23
Osteuropa   157

P
Pawlowski, Ryszard   243
Politz, Andy   25, 39, 141 f., 142, 154 f., **205 ff.**
Pollard, Thom   77, 156, **205 ff.**
Potterfield, Peter   78
Presidential Range   11
Puja-Zeremonie   102 ff.
Pye, David   59, 67, 71, 72 f.

R
Raeburn, Harold   108, 110
Rainer Mountaineering, Incorporated   82
Rheinberger, Michael   220
Richards, Tap   25, 39, 95, 105, 141 f., 154 f., **213 f.**
RMI s. Rainer Mountaineering, Incorporated
Robertson, David   55, 67

Rongbuk-Gletscher 22, 35, 112, 169, 174
Rongbuk-Tal 107
Rowell, Galen 146
Royal Geographic Society 115

S

Salkeld, Audrey 34, 36, 56, 94, 129
Sanders, Cottie 57, 62, 66
Sauerstoffflaschen 28
Scott, Robert Falcon 267
Scott, Shellene 97
Shaw, George Bernhard 110
Shaw, Seth 149
Shawangunks 11
Sherpas 83
Sherpas 83
Sieben Gipfel 148
Simonenko, Valentin 138
Simonson, Eric »Simo« 37, 38, 77, 100, 142 f.
Sirdar 115 f.
Sirdar 115 f.
Skittles 102
Smythe, Frank 105
Snowden 72
Somervell, Howard 29, 123, 129 ff., 134, 162, 246, 267
Stella-Brief 98 f.
Stern 91
Strachey, James 60, 62
Strachey, Lytton 60 f., 111
Strutt, Edward 122 f.
Stump, Terrance »Mugs« 147 f.

T

Tasker, Joe 52
Terzeul, Vladislav »Slava« 139 ff.
Tibet 18, 32
Times 93, 109
Trisul 123
Turner, Ruth s. Mallory, Ruth
Tyndale, Harry 63

U

Unsworth, Walt 170
Unsworth, Walt 62

V

Vere Hazard, John de 163

W

Wales 72
Wang Hongbao 32 f., 106
Wheeler, Edward 119
Whetu, Mark 220
Whittaker, Con 82
Wickersham Wall s. Mount McKinley
Wiltsie, Gordon 153

Y

Young, Geoffrey Winthrop 61, 63, 64 f., 72, 74, 135, 268
Younghusband, Sir Francis 267

Z

Zangrilli, Fabrizio 87
Zweite Stufe 222 ff.

BILDNACHWEIS

Royal Geographical Society: 1, 5

John Noel/Royal Geographical Society: 6

The Alpine Club Library Collection, London: 2–4, 7, 8

N.E. Odell/Royal Geographical Society: 9

Copyright © 1999 by Conrad Anker: 15, 21

Copyright © by 1999 Thom Pollard: 10 (Photo by S. Scott),
11–14, 16, 17, 19, 20

Photo Copyright © by 1999 by Jake Norton/Mallory and Irvine
Research Expedition: 18

Karten: Clay Wadman

Vor- und Nachsatz:
American Alpine Club Library, Golden, Colorado

Rong
Basel
15-6-
16500

A C Irvine

G H Leigh-Mallory

C G Bruce

May 2ⁿᵈ/24.